三国

赵春阳◎著

中国财富出版社

图书在版编目（CIP）数据

三国群英谱 / 赵春阳著 . —北京：中国财富出版社，2019.7

ISBN 978-7-5047-6983-1

Ⅰ. ①三…　Ⅱ . ①赵…　Ⅲ . ①历史人物 – 人物研究 – 中国 – 三国时代

Ⅳ . ① K820.36

中国版本图书馆 CIP 数据核字（2019）第 145486 号

策划编辑	张彩霞	**责任编辑**	齐惠民　宋江伟		
责任印制	梁　凡	**责任校对**	刘瑞彩	**责任发行**	张红燕

出版发行	中国财富出版社		
社　　址	北京市丰台区南四环西路 188 号 5 区 20 楼	**邮政编码**	100070
电　　话	010—52227588 转 2098（发行部）		010—52227588 转 321（总编室）
	010—52227588 转 100（读者服务部）		010—52227588 转 305（质检部）
网　　址	http://www.cfpress.com.cn		
经　　销	新华书店		
印　　刷	北京京都六环印刷厂		
书　　号	ISBN 978-7-5047-6983-1 / K・0229		
开　　本	710mm × 1000mm　1/16	**版　　次**	2020 年 1 月第 1 版
印　　张	19.5	**印　　次**	2020 年 1 月第 1 次印刷
字　　数	328 千字	**定　　价**	78.00 元

序

三国称得上是国人最熟悉的历史时段。

一般来说，大家接触三国的方式是先接触《三国演义》及相关的影视、动漫、游戏作品，有一定兴趣后再阅读《三国志》，会发现演义与真实历史的诸多不同，从而产生一种被演义蒙骗的不满。因此，熟悉三国正史的人往往会对喜爱《三国演义》的人嗤之以鼻，认为他们幼稚可笑、不懂历史。

但这样的想法是不够妥当的。史学泰斗田余庆先生在其名作《秦汉魏晋史探微》中，谈到对诸葛亮“隆中对”的再认识时就说过：“我认为诸葛亮的艺术形象同样属于民族文化遗产，应当珍惜，即令它并不是或者并不完全是历史的真实，也应当如此。艺术形象毕竟是艺术创造，没有必要从历史科学的角度一一加以检验和改造，从而破坏它的艺术价值艺术形象。”并且认为“让作为艺术形象的诸葛亮和作为历史人物的诸葛亮两者并存也许更为适宜”。

可以说，三国正史与《三国演义》，同是“三国文化”的组成部分，彼此之间不应互相攻讦，而应互为补充，从不同方面丰富三国文化的内涵，使之成为人类永久的精神财富。

而且，随着各种传播媒介的发展，三国文化已经远不是三国正史和《三国演义》所能囊括，京剧等戏曲中大量的三国戏，以三国为背景的电视剧、动画片、广播剧、单机游戏、网络游戏，都已成为三国文化的一部分。《三国演义》中独创的“过五关斩六将”的桥段也好，京剧里“劝千岁杀字休出口”等名段也好，游戏《真·三国无双》所塑造的与真实历史不符的曹魏忠勇第一的夏侯惇也好，都跟正史一样，在为三国文化添砖加瓦。

赵春阳兄的这本大作就是从三国文化的高度着眼，综合三国正史与《三国演义》，对三国英雄进行评议。

“煮酒论英雄”也是中国文化从三国以来的深远传统，裴松之注解《三国志》时就对三国人物进行了大量评议，后世对《三国志》注释有突出贡献的何焯、卢弼等人也继承了裴松之的评议传统。赵兄此书体例虽新，却并非无源之水，而是从传统中来，向前贤致敬。

对于传统，在继承的同时还要加以发展。赵兄运用了大量的数据技术，是此书的独到之处。

科技改变生活，读书其实也可以因为科技进步而提升效率，比如读书时使用XMind（思维导图）来拆分逻辑，可以发现自己的思维盲点；使用Evernote（印象笔记）来多维度分类，可以总览历史的多个方面；使用Excel表格筛选，则可以集中浏览单个事物的所有要素，这些都能对读书产生显著的帮助。赵兄此书运用了地形地图、词云等多种工具，对三国人物进行直观而量化的分析，令人耳目一新，可谓与时俱进，发扬传统。

赵兄的大作非三言两语可以说尽。赵兄嘱余为序，虽自知难以胜任，但在看过此书耳目一新的形式之后，不由得感触良多，将之形诸笔端。

是为序。

桓大司马

2019年11月13日

目录

百折不挠：刘备 1
安乐皇帝：刘禅 5
智慧化身：诸葛亮 9
忠义武圣：关羽 13
万人之敌：张飞 17
完美儒将：赵云 21

三国人物大数据 1：数量篇 25

桀骜野马：马超 30
不老神箭：黄忠 34
折翅凤雏：庞统 38
季汉辅翼：法正 42
天生反骨：魏延 46
狂傲重臣：李严 50

三国人物大数据 2：词云篇 54

继往开来：蒋琬 63
中才之相：费祎 67
文武全才：姜维 71
乱世奸雄：曹操 75
允文允武：曹丕 79
独目将军：夏侯惇 83

三国人物大数据 3：姓名篇 87

虎步关右：夏侯渊 96
荆襄屏障：曹仁 100
权倾朝野：曹真 104
王佐之才：荀彧 108
曹魏谋主：荀攸 112
鬼谋毒士：贾诩 116

三国人物大数据 4：性别篇 120

算无遗策：郭嘉 124
江东梦魇：张辽 128
矮脚虎将：乐进 132
弗克其终：于禁 136
机巧灵变：张郃 140
名将之风：徐晃 144

三国人物大数据 5：寿命篇 148

如虎痴战：许褚 153

古之恶来：典韦 157
宁死不屈：庞德 161
江东猛虎：孙坚 165
江东猘儿：孙策 169
东吴大帝：孙权 173

三国人物大数据 6：籍贯篇 177

亡国之君：孙皓 180
内事重臣：张昭 184
雄姿英发：周瑜 188
二长一短：鲁肃 192
智勇双全：吕蒙 196
出将入相：陆逊 200

三国人物大数据 7：身高篇 204

一诺千金：太史慈 208
锦帆游侠：甘宁 212
江东脊梁：黄盖 216
熊虎之将：周泰 220
四朝元老：丁奉 224

刚愎自用：诸葛恪 228

三国人物大数据 8：官职篇 232

罪魁祸首：董卓 236
四世三公：袁绍 240
冢中枯骨：袁术 244
虚名无实：刘表 248
守户之犬：刘璋 252
天下无双：吕布 256

三国人物大数据 9：单挑篇 260

鹰视狼顾：司马懿 267
承上启下：司马师 271
路人皆知：司马昭 275
挟术难保：钟会 279
口吃将军：邓艾 283
三分归一：司马炎 287

三国人物大数据 10：兵器篇 291

后　记 303

百折不挠：刘备

人物资料

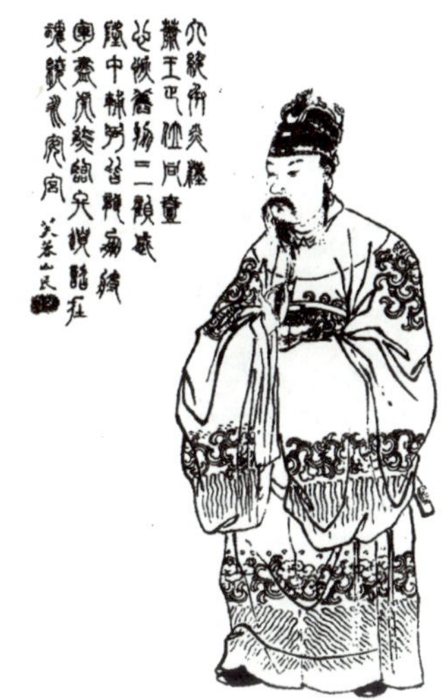

字号： 字玄德

生卒： 161—223 年

籍贯： 幽州涿郡涿县（今河北省涿州市）

相貌： 身长七尺五寸，垂手下膝，顾自见其耳。（《三国志》）身长七尺五寸，两耳垂肩，双手过膝，目能自顾其耳，面如冠玉，唇若涂脂。（《三国演义》）

武器： 双股剑

年号： 章武

谥号： 汉昭烈帝

庙号： 汉烈祖

评　价

曹操：今天下英雄，唯使君与操耳。

曹操：刘备，吾俦也。

陈登：雄姿杰出，有王霸之略，吾敬刘玄德。

袁绍：刘玄德弘雅有信义。

程昱：刘备有雄才而甚得众心，终不为人下。

刘晔：刘备，人杰也，有度而迟。

孙盛：刘备雄才。

郭嘉：备终不为人下，其谋未可测也。

刘巴：备，雄人也。

孙权：非刘豫州莫可以当曹操者。

周瑜：刘备以枭雄之姿，而有关羽、张飞熊虎之将，必非久屈为人用者。

陆逊：刘备天下知名，曹操所惮，今在境界，此强对也。

陈寿：先主之弘毅宽厚，知人待士，盖有高祖之风，英雄之器焉。

毛泽东：尽管刘备比曹操所见略逊，但刘备这个人会用人，能团结人，终成大事。

人物生平

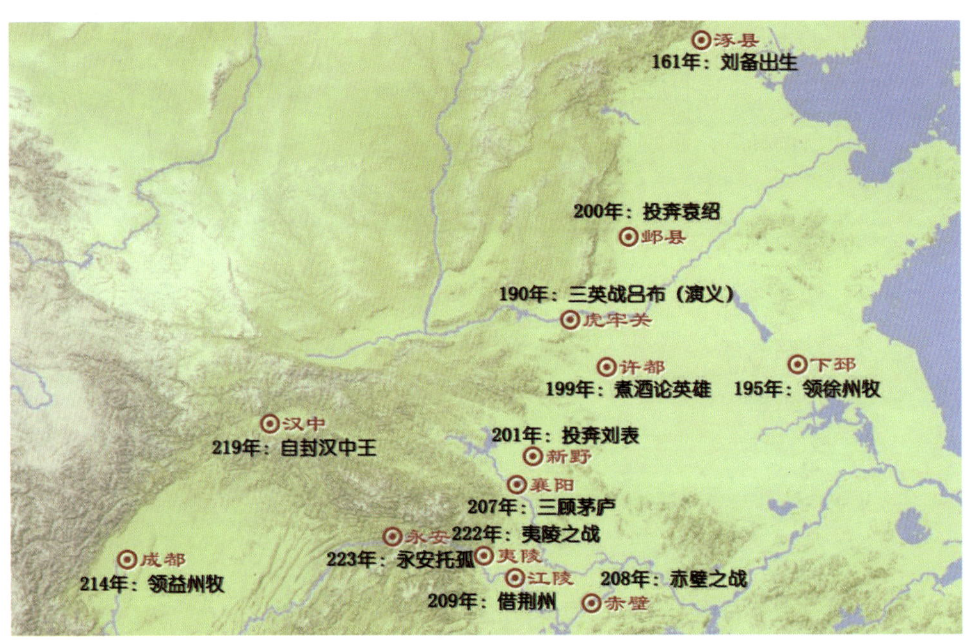

说明：本书“人物生平”部分所用的背景图来自“发现中国”网站。此部分图为示意图，并不能反映真实的古代地理面貌，且图中所标注的地名仅为其大致地理位置。

161 年：刘备出生于幽州涿郡涿县，是汉景帝之子中山靖王刘胜的后代，早年丧父，随母亲贩履织席为业。

184 年：刘备征讨黄巾贼有功，被任命为安喜县尉，后得罪督邮，弃官而走。

190 年：刘备投奔公孙瓒，担任别部司马，后因战功担任平原相。

194 年：曹操征徐州，刘备帮助陶谦保全徐州。

195 年：陶谦病故，刘备在孔融等人的推举下，接任徐州牧。

196 年：袁术进攻刘备，刘备出兵抵御袁术，吕布趁机偷袭下邳，刘备战败，被吕布安置在小沛，后投奔曹操。

198 年：刘备协助曹操在徐州擒杀吕布，曹操表奏刘备为左将军。

199 年：刘备受汉献帝衣带诏密谋除掉曹操。曹操与刘备煮酒论英雄，刘备担心被害，趁攻打袁术之机攻占徐州，次年被曹操击败，投奔袁绍。

201 年：曹操击败袁绍后转攻刘备，刘备投奔刘表，驻军新野。

207 年：刘备三顾茅庐拜访诸葛亮，诸葛亮提出《隆中对》并出山辅佐刘备。

208 年：曹操南下荆州，刘琮投降。刘备南下江陵，但在长坂坡被曹操击溃。同年，刘备与孙权组成联军，在赤壁击败曹操。

209 年：刘备占据荆南四郡。周瑜死后，又向孙权借得江陵。

211 年：刘璋邀请刘备抵御张鲁，刘备率军入蜀谋取益州，留关羽等人镇守荆州。

212 年：张松被杀，刘备反攻刘璋。次年，调诸葛亮、张飞、赵云等人入川支援。

214 年：刘备围攻成都，刘璋投降，刘备领益州牧，实现跨有荆、益的战略构想。

215 年：迫于曹操的压力，刘备将荆州长沙、零陵、桂阳三郡归还孙权。

219 年：刘备在汉中斩杀夏侯渊，曹操亲率大军救援，也被刘备击败。刘备占据汉中，自封汉中王。同年，关羽进攻襄樊，吕蒙趁机偷袭荆州，擒杀关羽。

221 年：刘备在成都称帝，国号为汉，年号章武，立刘禅为太子。同年，刘备为关羽报仇进攻荆州，次年被陆逊在夷陵击败，退守白帝城。

223 年：刘备病重，托孤于诸葛亮，不久在永安宫病逝，时年 63 岁。

人物能力

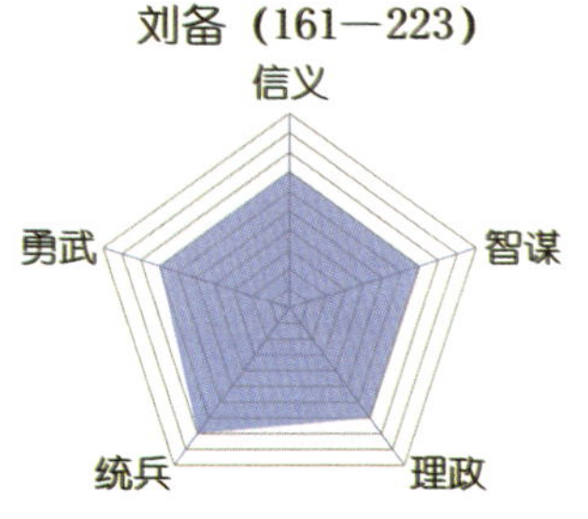

信义（7）：作为一个君主，刘备对待属下无可挑剔。桃园结义以来，刘、关、张三人颠沛流离，患难与共，两位弟弟被害，刘备宁舍江山也要报仇。三顾茅庐请诸葛亮出山，二人如鱼得水，君臣相知，白帝托孤时，刘备推心置腹，说出“若嗣子可辅，则辅之；如其不才，君可自为成都之主”。但是，刘备也有不为人下、反复难养的一面。吕布辕门射戟替刘备解围，白门楼他却落井下石；刘璋邀请刘备入蜀，他却鸠占鹊巢。综合来看，刘备的信义高于及格线，可以打 7 分。

勇武（7）：《三国演义》中的刘备虽然比不上他的两位弟弟，但年轻时也称得上弓马俱佳了。第 2 回，刘备就用弓箭射中张宝和孙仲。虎牢关时，更是与吕布打了几下。在真实的历史中，刘备更强。《典略》记载：“平原刘子平知备有武勇，时张纯反叛，青州被诏，遣从事将兵讨纯，过平原，子平荐备于从事，遂与相随……”可见当时刘备勇武之名远播。

智谋（7）：《三国演义》中，在诸葛亮出山之前，刘备面对问题时基本都是自己做决策，表现也还不错。比如，煮酒论英雄时，曹操对刘备说：“今天下英雄，唯使君与操耳！”刘备吓得筷子掉到地上，此时天空打了一个雷，刘备借用雷声巧妙地掩饰内心的慌张。再如，关羽斩颜良诛文丑时，刘备正在袁绍处，袁绍听说关羽是刘备的弟弟，便要杀刘备，刘备仰天大笑，称此乃曹操借刀杀人之计，并提出招揽关羽辅佐袁绍，袁绍大喜，又对刘备以礼相待。

统兵（8）：俗话说：“刘备的江山是哭来的。”在《三国演义》中，这么说的确没有问题，但在历史上，刘备的江山可是靠自己的本事打出来的。荆南之战、益州之战、汉中之战，都是刘备亲自指挥。但是，刘备的统兵能力与顶级军事家相比还有差距，夷陵之战被陆逊击败就是个例子。

理政（7）：《三国演义》中，刘备的理政能力很不错。陶谦三让徐州，刘备故辞不受，百姓说：“刘使君若不领此郡，我等皆不能安生矣！”携民渡江，刘备让百姓选择去留，百姓说：“我等虽死，亦愿随使君！”但是，在正史上，刘备治理益州时，曾铸新钱洗劫百姓，导致民变多次发生。

安乐皇帝：刘禅

人物资料

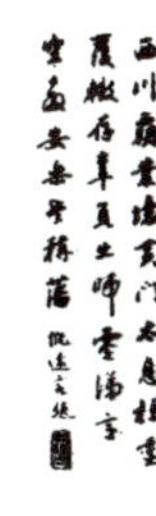

字号： 字公嗣，一说升之，小名阿斗

生卒： 207—271 年

籍贯： 幽州涿郡涿县（今河北省涿州市）

相貌： 不详

年号： 建兴、延熙、景耀、炎兴

爵位： 安乐县公（西晋）

谥号： 思公（西晋）

评　价

司马昭：人之无情，乃可至于是乎！

陈寿：后主任贤相则为循理之君，惑阉竖则为昏暗之后。

李密：安乐公得诸葛亮而抗魏，任黄皓而丧国，是知成败一也。

薛珝：主暗而不知其过，臣下容身以求免罪，入其朝不闻正言，经其野民有菜色。

王崇：后主庸常之君，虽有一亮之经纬，内无疏附之谋，外无爪牙之将，焉可括天下也。

张璠：刘禅懦弱，心无害戾。

孙盛：禅虽庸主，实无桀、纣之酷，战虽屡北，未有土崩之乱。

李特：刘禅有如此江山而降于人，岂非庸才？

常璩：主非中兴之器。

裴松之：刘禅凡下之主，费祎中才之相，二人存亡，固无关于兴丧。

俞德邻：禅以暗弱之资，而又惑于阉竖，使无此谶，其能与魏争乎？

毛泽东：刘备的儿子阿斗，都说他是扶不上墙的，但看问题不要太片面了，我看阿斗很有自知之明哩！

人物生平

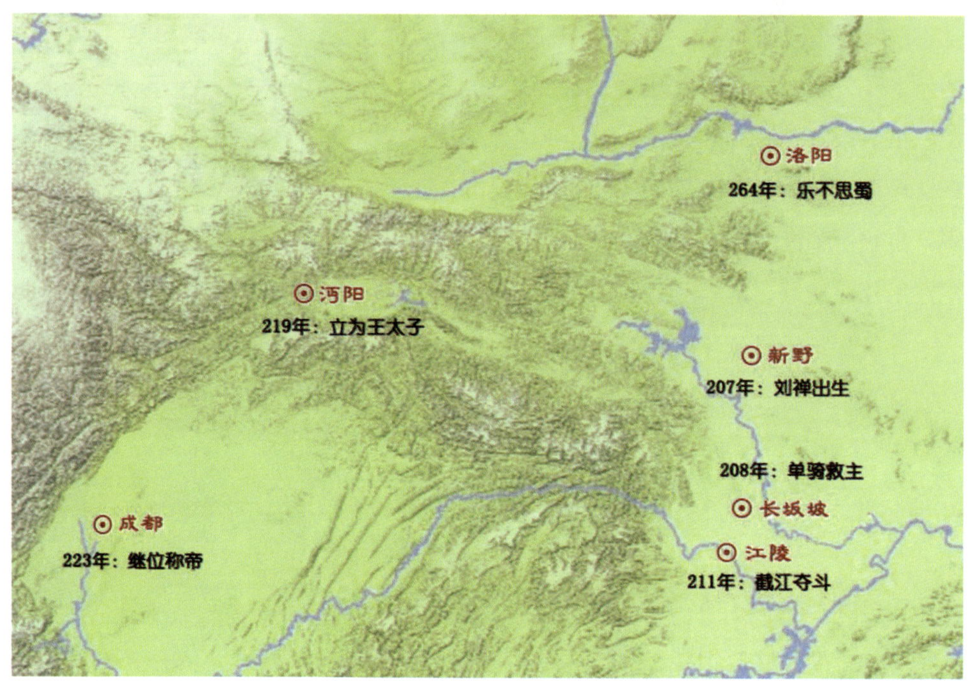

207 年：刘备之妾甘夫人于荆州生刘禅。传说甘夫人夜梦仰吞北斗，而后怀孕，故乳名阿斗。

208 年：曹操南下荆州，刘备在长坂坡被曹军击败，抛妻弃子逃走。刘备的两个女儿被曹将曹纯所擒，襁褓之中的刘禅在赵云的保护之下得以幸免。

211 年：刘禅继母孙夫人返回东吴，准备将刘禅带走，被赵云和张飞截回。

219 年：刘备占据汉中，自封汉中王，立刘禅为王太子。

221 年：刘备在成都称帝，建立蜀汉，立刘禅为皇太子。

223 年：刘备病重，去世前将刘禅托付给诸葛亮。五月，刘禅在成都继位称帝，由诸葛亮辅政，大赦天下，改元建兴，册封张飞女儿张氏为皇后。

225 年：刘禅派诸葛亮平定南方叛乱。

227 年：刘禅下诏书，准许诸葛亮北伐曹魏。

234 年：诸葛亮北伐失败，于五丈原病逝。刘禅大赦天下，任命丞相留府长史蒋琬为尚书令，总理国家政事。

237 年：刘禅皇后张氏去世。

238 年：刘禅立前皇后之妹张氏为皇后，大赦天下，改元延熙。

246 年：大司马蒋琬去世，刘禅亲政。

247 年：姜维开始北伐曹魏。

258 年：史官说象征吉祥的景星出现，刘禅大赦天下，改元景耀。同年，宦官黄皓开始干预政事。

263 年：魏国派钟会、邓艾、诸葛绪大举伐蜀，攻破汉中。刘禅大赦天下，改元炎兴。冬，邓艾偷渡阴平，直逼成都。刘禅听从谯周的建议，向邓艾投降。

264 年：刘禅全家迁往洛阳，乐不思蜀，司马昭封刘禅为安乐县公。

271 年：刘禅去世，西晋追谥刘禅为思公。

人物能力

信义（3）：263 年，刘禅听信谗言，救援不及，丢失汉中。邓艾偷渡阴平，直逼成都，刘禅接受谯周的建议准备投降，其子北地王刘谌愤怒地说："若理穷力屈，祸败必及，便当父子君臣背城一战，同死社稷，以见先帝可也。"刘禅不听，最终投降。刘谌来到昭烈庙中痛哭，将妻儿杀死后自杀。虽然我们不认同刘谌的做法，但刘禅不战而降的确辜负了他的父辈。投降后，刘禅移居洛阳，酒席上，司马昭特意为他安排了蜀国舞蹈，刘禅谈笑自若。司马昭问刘禅："颇思蜀否？"刘禅说出了那句日后成为他标签的金句："此间乐，不思蜀。"

勇武（2）：无论正史还是演义，刘禅都没有勇武方面的表现，而且他没有上过战场，大部分时间都在吃喝玩乐，所以只能给 2 分。

智谋（3）：在《三国演义》中，刘备和诸葛亮是正面人物，是主角，但这两个主角创立的蜀汉却在三国中最早灭亡。为了维护二人的形象，需要为他们找一个替罪羊，于是就有了《三国演义》中扶不起的阿斗。但是，1700 多年后的今天，为了吸引眼球，总有人贩卖"刘禅大智若愚""刘禅明哲保身""刘禅才是真聪明"这样的言论。这种做法明显矫枉过正，从一个极端过渡到了另一个极端。李特说刘禅是"庸才"，孙盛说刘禅是"庸主"，裴松之说刘禅是"凡下之主"。李特、孙盛、裴松之都是南北朝时期的人，比我们了解三国时代，他们的判断更接近历史真相。历史上的刘禅既不是昏君，也不是明君，而是庸君。

统兵（2）：无论正史还是演义，刘禅都没有统兵方面的表现，在投降之前，他甚至很少离开成都。

理政（5）：刘禅的理政能力给 5 分，虽然不及格，但已经是他五维中最高的分数了。刘禅自己的能力虽然有限，但还算能选贤任能，先后命诸葛亮、蒋琬开府治事。他在位期间，蜀国国内的经济相对平稳，与吴国的外交也基本通畅，这保障刘禅做了 41 年的皇帝，成为三国时期在位时间最长的君主。但刘禅宠幸佞臣，听信谗言，对诸葛亮和姜维心存芥蒂，在二人北伐时多次掣肘。蜀国灭亡，刘禅难辞其咎。

智慧化身：诸葛亮

人物资料

字号：字孔明，号卧龙

生卒：181—234 年

籍贯：徐州琅邪国阳都县（今山东省临沂市沂南县）

相貌：身长八尺，容貌甚伟，时人异焉。（《三国志》）身长八尺，面如冠玉，头戴纶巾，身披鹤氅，飘飘然有神仙之概。（《三国演义》）

官职：丞相

爵位：武乡侯

谥号：忠武侯

评　价

贾诩：诸葛亮善治国。

刘晔：诸葛亮明于治而为相。

刘备：孤之有孔明，犹鱼之有水也。

刘备：君才十倍曹丕，必能安国，终定大事。

孙权：丞相受遗辅政，国富刑清，虽伊尹格于皇天，周公光于四表，无以远过。

孟获：公，天威也，南人不复反矣。

司马懿：真乃天下奇才也！

陈寿：可谓识治之良才，管、萧之亚匹矣。然连年动众，未能成功，盖应变将略，非其所长欤！

司马炎：善哉，使我得此人以自辅，岂有今日之劳乎！

苏轼：人也？神也？仙也？吾不知之，真卧龙也！

康熙：诸葛亮云：“鞠躬尽瘁，死而后已。”为人臣者，惟诸葛亮能如此耳。

乾隆：诸葛孔明为三代以下第一流人物，约其生平，亦曰公忠二字而已。公故无我，忠故无私，无我无私，然后志气清明而经纶中理。

毛泽东：其始误于隆中对，千里之遥而二分兵力。其终则关羽、刘备、诸葛三分兵力，安得不败？

人物生平

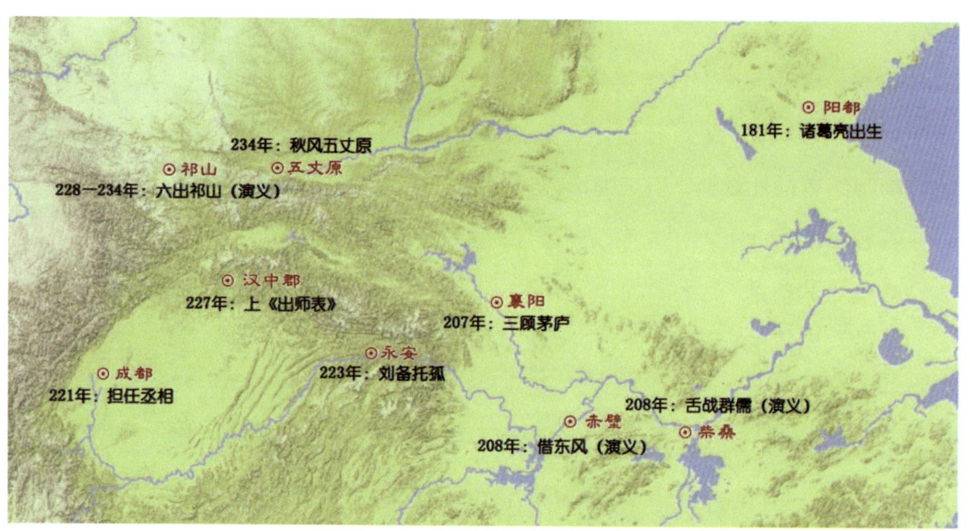

181 年：诸葛亮出生于琅邪阳都县，三岁丧母，八岁丧父，由叔父豫章太守诸葛玄抚养成人，后随诸葛玄来到荆州。诸葛玄去世后，诸葛亮在襄阳隆中隐居。

207 年：刘备三顾茅庐，诸葛亮为刘备制订了被称为“隆中对”的战略计划，并出山辅佐刘备。《三国演义》虚构了诸葛亮“火烧博望坡”“火烧新野”的故事。

208 年：刘备兵败长坂坡，诸葛亮出使江东，成功说服孙权与刘备联合，在赤壁之战中击败曹操。《三国演义》虚构了诸葛亮“舌战群儒”“智激周瑜”“草船借箭”“借东风”“智算华容道”等故事，展现了诸葛亮过人的智慧。

209 年：刘备攻占荆南四郡，命诸葛亮督守零陵、桂阳、长沙三郡，征调三郡的赋税补充军需。

211 年：刘备受刘璋之邀入蜀，留诸葛亮与关羽等人镇守荆州。

214 年：刘备反攻刘璋受阻，诸葛亮与张飞、赵云率军入蜀支援刘备。平定成都后，刘备任命诸葛亮为军师将军，署左将军府事。

221 年：刘备称帝，诸葛亮以丞相身份总理尚书事。张飞死后，诸葛亮又兼职司隶校尉。七月，刘备为报关羽之仇东征孙权，诸葛亮留守成都。

223 年：刘备病重，把刘禅托付给诸葛亮。五月，刘禅即位，封诸葛亮武乡侯，开府治事，又领益州牧，大小政事都由诸葛亮决定。

225 年：诸葛亮平定南中叛乱，《三国演义》虚构了诸葛亮七擒孟获的故事。

227 年：诸葛亮决定北伐曹魏，向后主上《出师表》。

228 年：诸葛亮第一次北伐，命赵云走褒斜道做疑兵，自己率大军走祁山道进攻陇右。陇右三郡投降，关中震动，但马谡在街亭被张郃击败，诸葛亮退回汉中。《三国演义》中虚构了空城计的故事。同年冬，诸葛亮第二次北伐，出兵散关，围攻陈仓，遭遇陈仓守将郝昭顽强抵抗，后因粮草不继退兵。

229 年：诸葛亮第三次北伐，遣陈式攻取武都、阴平二郡。

230 年：魏军三路进攻汉中，诸葛亮于城固、赤坂驻军防守，魏军无功而返。

231 年：诸葛亮第四次北伐，后因粮草不继退兵，于木门射杀张郃。

234 年：诸葛亮第五次北伐，出斜谷，在五丈原屯田准备与司马懿做持久战，秋，诸葛亮病故，时年 54 岁。

人物能力

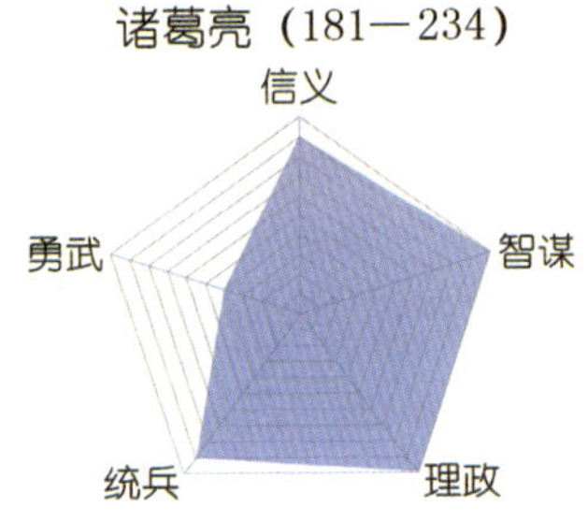

信义（9）：在《三国志》中，诸葛亮的信义可以打满分，但在《三国演义》中，为了展现诸葛亮过人的智慧，作者经常安排他把别人玩弄于股掌之间，让读者感觉诸葛亮狡猾有余，厚道不足。诸葛亮出使东吴，鲁肃多次暗中相助，但鲁肃索要荆州时，诸葛亮却连哄带骗，把鲁肃搞得里外不是人。周瑜死后，诸葛亮大喜，但去东吴吊唁时马上施展演技，“伏地大哭，泪如涌泉，哀恸不已”。连庞统都看不下去，说：“汝气死周郎，却又来吊孝，明欺东吴无人耶！”安居平五路时，诸葛亮托病不出，非要刘禅亲自来请。太后知道后都说：“丞相何故如此？有负先帝委托之意也！”

勇武（4）：无论正史还是演义，诸葛亮都没有勇武方面的表现，但诸葛亮身高八尺，多次亲自统兵来到阵前，强于一般运筹帷幄的谋士，勇武可以给到 4 分。

智谋（10）：在《三国演义》中，诸葛亮就是智慧的化身，周瑜、曹操、司马懿这些智谋超群的人也被他耍得团团转。诸葛亮贡献了很多计谋，比如火烧博望坡、草船借箭、三气周瑜、空城计等。不过，这些基本都是小说家的虚构。在正史上，诸葛亮智谋的集中体现是《隆中对》。《隆中对》是中国历史上完成度最高的战略计划，使刘备从一个寄人篱下的失意者，变成了三分天下有其一的蜀汉皇帝。毛宗岗点评《三国演义》时，称诸葛亮为“智绝”。

统兵（9）：《三国演义》中，诸葛亮火烧新野、火烧博望坡、七擒孟获、六出祁山，似乎统兵应该可以拿满分。但是，正史上，诸葛亮的统兵很一般，五次北伐，基本都以失败告终。特别是第二次北伐，面对只有千余人守卫的陈仓，诸葛亮率领数万蜀军围攻多日竟然无法攻破。陈寿对诸葛亮的评价很中肯：“连年动众，未能成功，盖应变将略，非其所长欤！”综合考虑，诸葛亮的统兵给 9 分。

理政（10）：在诸葛亮的诸多身份中，最成功的还是政治家。刘备每次外出打仗，都留诸葛亮在后方处理政务。刘备死后，诸葛亮“抚百姓，示仪轨，约官职，从权制，开诚心，布公道”，蜀国在诸葛亮治理下“田畴辟，仓廪实，器械利，蓄积饶，朝会不华，路无醉人”，陈寿评价他“可谓识治之良才，管、萧之亚匹矣”。

人物资料

字号：字云长，本字长生，外号美髯公

生卒：?—219 年

籍贯：司隶河东郡解县（今山西省运城市临猗县）

相貌：美须髯。（《三国志》）身长九尺，髯长二尺，面如重枣，唇若涂脂，丹凤眼，卧蚕眉，相貌堂堂，威风凛凛。（《三国演义》）

武器：青龙偃月刀

官职：前将军、襄阳太守

爵位：汉寿亭侯

谥号：壮缪侯

评　价

郭嘉：张飞、关羽者，皆万人之敌也。

程昱：刘备有英名，关羽、张飞皆万人敌也，权必资之以御我。

曹魏群臣：蜀，小国耳，名将唯羽。

诸葛亮：（马超）犹未及髯之绝伦逸群也。

廖立：是羽怙恃勇名，作军无法，直以意突耳，故前后数丧师众也。

周瑜：有关羽、张飞熊虎之将。

吕蒙：斯人长而好学，读《左传》略皆上口，梗亮有雄气，然性颇自负，好陵人。

陈寿：羽善待卒伍而骄于士大夫。

陈寿：羽刚而自矜，飞暴而无恩，以短取败，理数之常也。

毛泽东：《三国演义》中的关云长，大体上是不懂统一战线的，这个人并不高明，对待同盟军搞关门主义。

人物生平

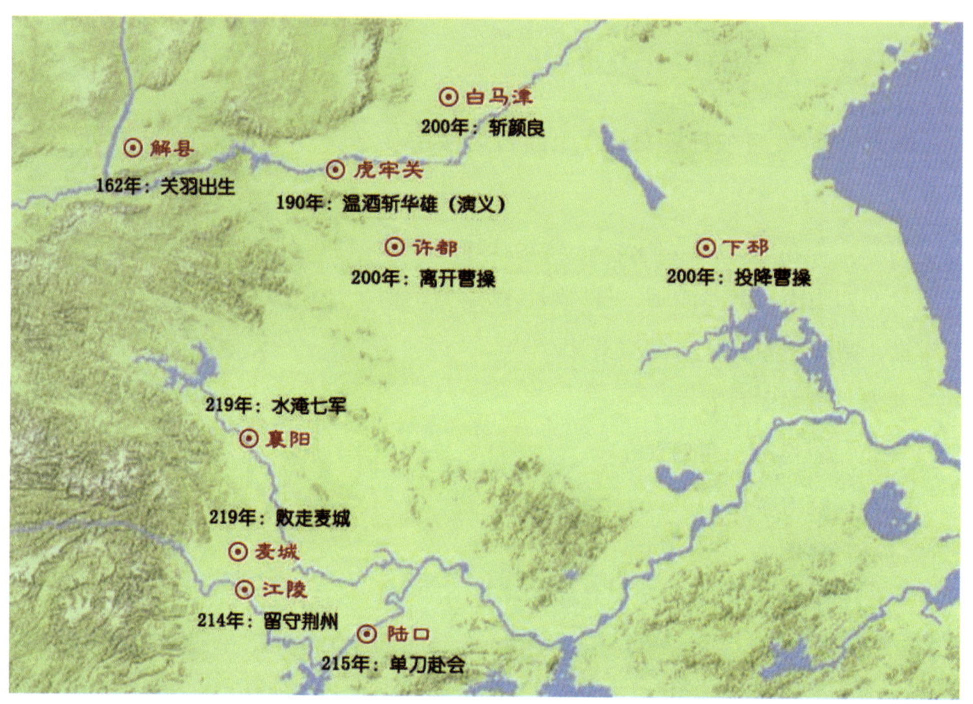

162 年：按照《三国演义》的说法，关羽 162 年出生于司隶河东郡解县。

184 年：关羽跟随刘备征讨黄巾贼，演义中刘关张桃园三结义。

190 年：关羽跟随刘备讨伐董卓，演义中关羽在虎牢关温酒斩华雄。

191 年：刘备担任平原相，任命关羽为别部司马，分统部曲。

198 年：关羽协助曹操擒杀吕布。同年，刘备逃离曹操，占据徐州，关羽负责镇守下邳。演义中，关羽斩杀徐州刺史车胄夺取徐州。

200 年：曹操进攻刘备，刘备投奔袁绍，关羽无奈之下投降曹操，被拜为偏将军。同年，关羽在两军阵前刺杀颜良，替曹操解白马之围，被封为汉寿亭侯。演义中关羽还于延津斩杀了文丑。此后，关羽离开曹操，投奔袁绍处的刘备，演义中关羽过五关斩六将与张飞在古城相会。

208 年：曹操南下荆州，刘备兵败长坂，关羽率领水军将刘备迎到夏口。此后，孙刘联军在赤壁击败曹操。演义中关羽在华容道义释曹操。

209 年：刘备占据荆南四郡，任命关羽为襄阳太守、荡寇将军。演义中，关羽与黄忠在长沙大战。

211 年：刘备入蜀，关羽与诸葛亮等人留守荆州。

214 年：刘备反攻刘璋受阻，召诸葛亮、张飞、赵云入蜀支援，留关羽镇守荆州。

215 年：因刘备占据了益州，孙权向刘备索要荆州，刘备不允，鲁肃邀请关羽赴单刀会，双方不欢而散。

219 年：刘备自封汉中王，拜关羽为前将军，与黄忠并列，关羽不满。关羽进攻襄樊，水淹七军，擒于禁，斩庞德，威震华夏。曹操迫于压力，与孙权联合，吕蒙白衣渡江，奇袭江陵。关羽退兵麦城，率兵出逃，在临沮被潘璋部将马忠生擒。后被斩首，孙权将关羽首级送给曹操。

260 年：后主刘禅追谥关羽为壮缪侯。

人物能力

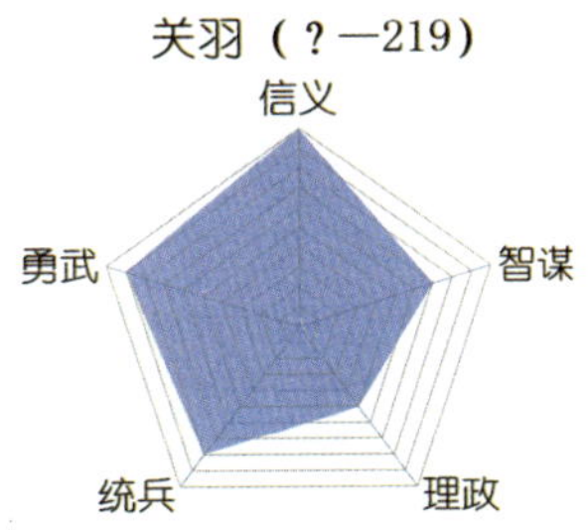

信义（10）：有这么一副对联形容关羽："赤面秉赤心，骑赤兔追风，驰驱时，不忘赤帝；青灯观青史，仗青龙偃月，隐微处，无愧青天。"红与绿，是关羽一生

的颜色。红代表忠诚，绿代表义气，在《三国演义》中，关羽就是忠义的化身。关羽身上的缺点的确很多，可以说他目中无人，可以说他刚愎自用，但是，他的忠义却不容怀疑。屯土山约三事、身在曹营心在汉、千里寻兄，体现了关羽的忠；下邳义救张辽、华容道义释曹操、长沙义放黄忠，体现了关羽的义。明清两代各行各业都尊奉关羽为祖师爷，今天我们仍然可以在各个城市看到香火旺盛的关帝庙，百姓崇拜关羽的本质是对信义的尊重。

勇武（9）：在《三国演义》中，关羽一共单挑过 34 次，其中，胜 24 次，平 7 次，败 3 次。在 34 次单挑中，关羽斩杀了 17 人，斩杀率高达 50%。而且，关羽斩杀的武将质量很高，比如虎牢关温酒斩华雄、白马斩颜良、延津诛文丑。值得一提的是，《三国演义》中大部分单挑是虚构的，但斩颜良却是真实发生过的，《三国志·关张马黄赵传》记载："羽望见良麾盖，策马刺良于万众之中，斩其首还，绍诸将莫能当者，遂解白马围。"今天，我们仍然能从这段文字中感受到关羽当年强大的气场。

智谋（7）：在《三国演义》中，关羽多次展现过自己的智谋。夺取徐州，关羽计杀车胄；单刀赴会，关羽巧妙脱身；围攻襄樊，关羽水淹七军。

统兵（8）：曹魏群臣评价关羽："蜀，小国耳，名将唯羽。"关羽是刘备最信任的将领，攻取徐州后，刘备自守小沛，命关羽守下邳，成掎角之势；刘备召诸葛亮等人入蜀支援，关羽镇守荆州，抵御魏吴。但是，败走麦城时，关羽部队溃不成军，众叛亲离，廖立甚至评价关羽"怙恃勇名，作军无法"。综合考虑，关羽的统兵可以给到 8 分。

理政（5）：关羽的理政能力相对较弱，甚至不及格。外交上，关羽破坏了蜀国与吴国的关系，孙权想与关羽结成儿女亲家，关羽却大骂"吾虎女安肯嫁犬子乎！"而错失了巩固孙刘联盟的大好机会。内政上，关羽没有处理好与糜芳、士仁（演义中的傅士仁）的关系，导致后院失火，兵败被杀。

万人之敌：张飞

人物资料

字号：字益德，《三国演义》作翼德

生卒：?—221 年

籍贯：幽州涿郡涿县（今河北省涿州市）

相貌：身长八尺，豹头环眼，燕颔虎须，声若巨雷，势如奔马。（《三国演义》）

武器：丈八蛇矛

官职：车骑将军

爵位：西乡侯

谥号：桓侯

评　价

郭嘉：张飞、关羽者，皆万人之敌也。

周瑜：有关羽、张飞熊虎之将。

刘晔：诸葛亮明于治而为相，关羽、张飞勇冠三军而为将。

傅干：张飞、关羽勇而有义，皆万人之敌，而为之将。

陈寿：飞爱敬君子而不恤小人。

陈寿：羽刚而自矜，飞暴而无恩，以短取败，理数之常也。

袁准：张飞、关羽与刘备俱起，爪牙腹心之臣，而武人也。

张说：思齐忠壮而异材，求之古人，张飞、许褚等也。

曾巩：侯以智勇为将，号万人敌。

阎负、梁殊：骁勇多权略，攻必取，战必胜，关、张之流。

陈元靓：汉失其鹿，三分鼎峙。爰佐昭烈，实惟车骑。敌万人，兵行九地。眷是雄材，霸王之器。

关羽（演义）：吾弟张翼德于百万军中取上将之头，如探囊取物耳。

人物生平

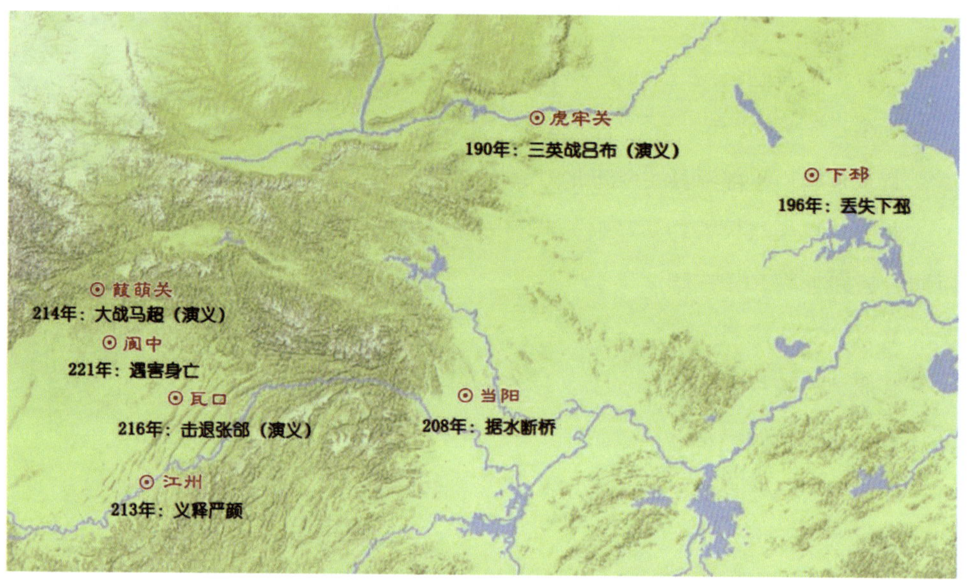

184 年：张飞跟随刘备征讨黄巾贼。演义中，刘关张桃园三结义，招兵买马战胜黄巾贼，张飞不满督邮刁难，对其鞭打。

190 年：张飞跟随刘备参加讨董之战，演义中刘关张三英战吕布。

196 年：刘备与袁术交战，留张飞镇守下邳。吕布勾结陶谦旧部曹豹偷袭下邳，张飞被击败，丢失徐州。张飞跟随刘备投靠曹操。

198 年：刘备协助曹操擒杀吕布，张飞被拜为中郎将。

208 年：曹操南下荆州，在长坂坡将刘备击败，刘备命张飞带二十骑断后。张飞据水断桥，瞋目横矛说："身是张益德也，可来共决死！"曹军无人敢接近，刘备得以免难。演义中，张飞大喝吓死曹将夏侯杰。

209 年：赤壁之战后，刘备占据荆南四郡，任命张飞为宜都太守、征虏将军，封新亭侯，后镇守南郡。

211 年：刘备入蜀，留张飞等人镇守荆州。孙权派人接孙夫人回吴，孙夫人趁机将刘禅一同带走，张飞与赵云一同截住孙夫人，夺回刘禅。

214 年：刘备召张飞等人入蜀支援，张飞攻破江州，生擒守将严颜，严颜宁死不降，张飞壮其忠义，将其释放，严颜投降。张飞连战连捷，与刘备会师成都。刘璋迫于压力，向刘备投降。刘备占据益州后，任命张飞为巴西郡太守。演义中，攻取益州前，张飞与马超在葭萌关挑灯夜战。

218 年：曹操攻破张鲁后，命张郃率军南下巴西郡，与张飞对峙五十余日。张飞率领精兵万人，绕道进军与张郃交战，由于山道狭窄，魏军前后不得相救，张郃与麾下十余人逃回南郑。演义中，张飞与张郃在瓦口关大战，张飞用计，骗张郃前来偷营，用伏兵将其击败。

219 年：刘备进位汉中王，拜张飞为右将军。

221 年：刘备称帝，拜张飞为车骑将军，领司隶校尉，进封西乡侯。刘备为关羽报仇出兵伐吴，命张飞从阆中出兵江州。出兵前，张飞被部将张达、范疆杀害，二人将张飞首级割下送给孙权。

260 年：后主刘禅追谥张飞为桓侯。

人物能力

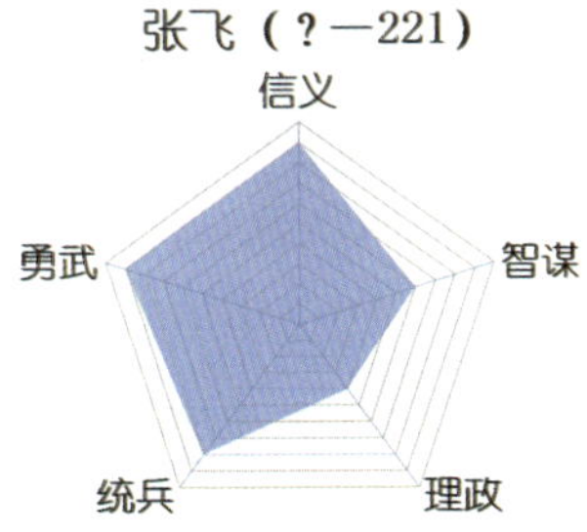

信义（9）：三国时代，武将辗转几个主公十分常见，拿刘备的五虎上将来说，关羽曾为曹操效力，赵云跟随过公孙瓒，马超与黄忠也是投降过来的，而张飞是少数从一而终的武将。正因为如此，张飞容不下别人有半点不忠，古城相会时，张飞以为关羽降了曹操，见到关羽挥矛便刺；长坂坡时，张飞听说赵云反投曹操，

要把赵云一枪刺死。但是，我们肯定张飞忠的同时，也感觉他的信和义有些缺失。刘关张桃园结义，辗转重逢，张飞不问青红皂白便要取二哥性命，义在哪里？赵云为刘备肝脑涂地，张飞听一面之词，便要杀死他，信在何处？

勇武（9）：在《三国演义》中，张飞一共单挑过36次，22胜14平0负，未尝败绩。而且，张飞是全书中唯一一位能与吕布单挑100多回合不分胜负的武将。徐州之战，面对醉酒的张飞，吕布“素知飞勇，亦不敢相逼”。如果我们拿纪灵做参照物，会发现张飞甚至强于关羽。第14回，面对关羽，纪灵抵抗了30回合全身而退；第21回，纪灵不到10回合就被张飞斩杀。

智谋（6）：相声《八扇屏》中称赞张飞：“长坂桥前救赵云，吓退曹操百万军，姓张名飞字翼德，万古留芳莽撞人！”在多数读者眼中，张飞是一个头脑简单、四肢发达的莽撞人。其实，这是一个误解，在《三国演义》中，张飞粗中有细，经常会使出一些妙计，比如，在徐州张飞用诈降之计斩杀刘岱，在当阳张飞用疑兵之计吓退曹兵，在江州张飞用真假张飞之计生擒严颜，在瓦口张飞用醉酒之计击败张郃。张飞的弱点是性格急躁，而不是智谋不足。

统兵（8）：正史中，带兵入蜀，张飞用计收降严颜；镇守巴西，张飞把张郃打得落花流水。演义中，张飞还曾在武陵击败金旋，在汉中击败许褚。我们可以对比一下《三国演义》中的张飞与《水浒传》中的李逵，两人相貌虽像，但有本质的区别，李逵只是一勇之夫，而张飞是历史名将。

理政（4）：与统兵能力相比，张飞的理政能力就要差很多了。镇守徐州，没能处理好与陶谦旧部的关系，导致徐州失守。镇守阆中，因为鞭打士卒，被范疆、张达暗杀。

完美儒将：

人物资料

字号：字子龙，外号常胜将军

生卒：?—229 年

籍贯：冀州常山郡真定县（河北省石家庄市正定县）

相貌：身长八尺，姿颜雄伟。（《三国志》）身长八尺，浓眉大眼，阔面重颐，威风凛凛。（《三国演义》）

武器：钢枪

官职：镇军将军

爵位：永昌亭侯

谥号：顺平侯

评 价

刘备：子龙一身都是胆也。

刘禅：云昔从先帝，功积既著。朕以幼冲，涉涂艰难，赖恃忠顺，济于危险。

姜维：柔贤慈惠曰顺，执事有班曰平，克定祸乱曰平，应谥云曰顺平侯。

萧常：云虽虎臣，其所建明通达国体，如还田宅以系民心，留军资以须冬赐，舍吴而专事魏，有诸葛亮念所不到者。若其不纳赵范之兄嫂，以远同姓之嫌，律己之严如此。方时诸将，其最优乎？

李贤：智勇兼全，子龙可谓有古大臣之风。

徐奋鹏：故子龙不特浑身是胆，殆浑身是忠……故子龙不特浑身是胆，殆浑身是智，为三分之完人欤。

王复礼：顺平真儒将哉。其律己也严，接人也慎，其见理也明，其去私也力。若夫当阳救主，奋不顾身；汉水立功，威还似虎。

乾隆：使如赵云所言，居河、渭上流，以伐逆寇，汉事未必无成。

卢弼：樊氏国色，而子龙不取，贤于关羽之乞娶秦宜禄妻去远矣。

沈伯俊：历史上的赵云，虽然在功业上不能冠冕众人，却具有人所不及的美德。

人物生平

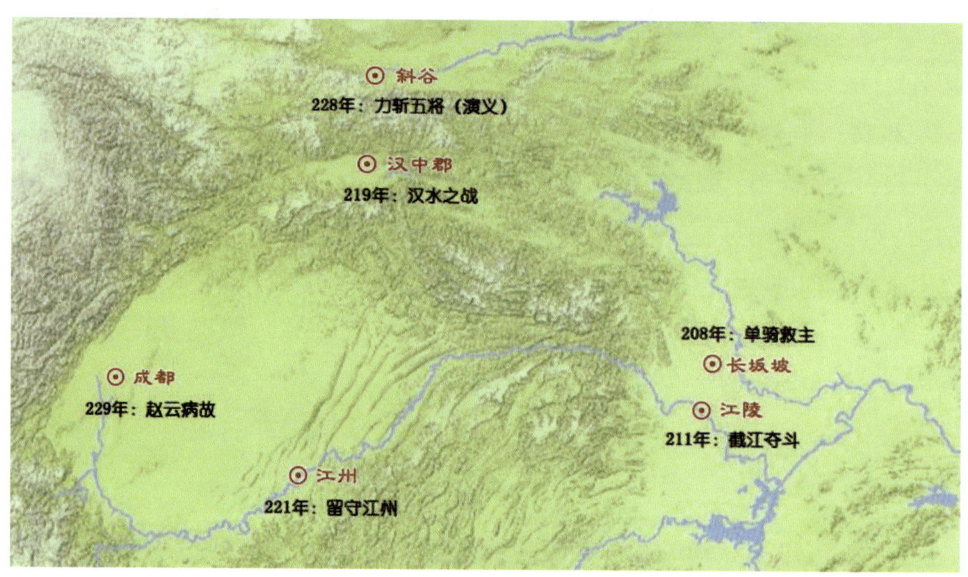

191 年：赵云受百姓推举率义兵投奔公孙瓒，其间结识刘备。后赵云之兄去世，赵云告别公孙瓒回到老家。演义中，赵云在磐河击败文丑，救公孙瓒于危难中。

200 年：刘备投奔袁绍，赵云来到邺城与刘备相见，跟随刘备前往荆州。

202 年：刘备与夏侯惇在博望坡交战，赵云生擒曹将夏侯兰。

208 年：曹操南下荆州，在长坂坡击败刘备，赵云保护甘夫人与刘备幼子阿斗成功脱险。演义中赵云单骑救主，杀死曹营名将五十余员。

209 年：赵云跟随刘备平定荆南四郡，取代赵范成为桂阳太守。同年，刘备迎娶孙权之妹，孙夫人骄横，刘备特命赵云掌管内事。演义中，赵云保护刘备前往东吴迎亲，在诸葛亮锦囊妙计的帮助下，赵云与刘备成功返回荆州。

211 年：刘备入蜀，孙权派人接孙夫人回吴，孙夫人趁机将刘禅一同带走，赵云截江夺斗，再一次救回刘禅。

214 年：刘备与刘璋反目，诸葛亮与赵云、张飞率军入蜀支援，一路平定郡县。攻克江州后，兵分两路，赵云率军由外水深入，攻取江阳，与诸葛亮在成都会合。刘璋迫于压力向刘备投降。刘备占据益州后，封赵云为翊军将军。

219 年：汉水之战中，赵云救出黄忠，用空营计大败曹操，刘备拜赵云为虎威将军。同年，刘备自领汉中王，演义中赵云被封为五虎将。

221 年：刘备为报关羽之仇，欲东征孙权，赵云劝谏，刘备不听，留赵云都督江州。刘备在夷陵被陆逊击败，赵云率兵前往永安救援。

223 年：刘备病逝，后主刘禅继位，以赵云为中护军、征南将军，封永昌亭侯，后迁升为镇东将军。

225 年：诸葛亮南征，演义中赵云跟随诸葛亮七擒孟获。

228 年：诸葛亮第一次北伐，赵云率疑兵出斜谷，兵弱敌强，在箕谷被击败，但聚众固守，不至大败，退军后被贬为镇军将军。演义中，赵云夺印担任北伐先锋，以 70 岁的高龄力斩韩家五虎。

229 年：《三国志》记载赵云于此年病故，但据《后出师表》赵云卒于 228 年。

261 年：后主刘禅追谥赵云为顺平侯。

人物能力

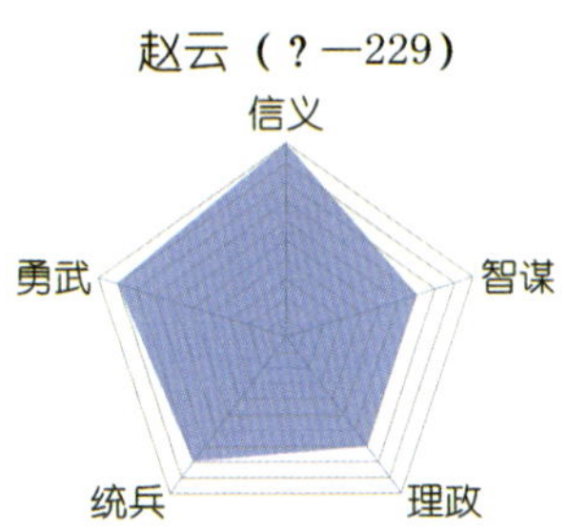

信义（10）：儒家讲究五常，即仁、义、礼、智、信。无论在演义还是历史中，

赵云都可以称得上是五常之将。攻取益州，建议还宅与民，可见其仁；汉水之战连救黄忠、张著，箕谷退兵亲自断后，皆舍生忘死，可见其义；赵范投降，以寡嫂相配，赵云严词拒绝，可见其礼；汉水空营退曹兵，阻谏刘备伐吴，可见其智；兄长去世与刘备分别时，赵云承诺刘备日后相见，9 年后，赵云投奔刘备，为刘备组建骑兵，可见其信。宋人萧常感叹："方时诸将，其最优乎？"明人徐奋鹏称赵云"为三分之完人欤"，赵云的信义可得满分。

勇武（9）：在《三国演义》中，赵云一共单挑 40 场，斩杀 3 人，是全书的单挑王和斩杀王。40 场单挑中，赵云胜 31 场，平 8 场，输 1 场，常胜将军名不虚传。唯一输的一场是面对张郃，当时赵云怀抱阿斗，不愿恋战，夺路而走，算不上严格的战败。赵云斩杀的武将中不乏名将，如高览、朱然等人。长坂坡一战，赵云连斩曹营名将五十余员；70 岁时仍力斩韩家五虎。此外，赵云的箭法也十分了得，借东风后赵云接诸葛亮回来，一箭射断东吴追兵船索。箕谷退兵时，故意射中万政盔缨。赵云唯一欠缺的是与名将百回合大战，距离吕布还有差距。

智谋（7）：作为一员武将，赵云的智谋体现在两个方面：一方面是战斗智慧，汉水之战，蜀军兵少，但赵云大开营门，偃旗息鼓，利用曹操多疑的心理吓退敌军，然后率军反击，大获全胜。另一方面是战略智慧，刘备东征孙权前，赵云深明大义，提出："国贼是曹操，非孙权也，且先灭魏，则吴自服。……不应置魏，先与吴战；兵势一交，不得卒解。"可惜刘备不听，于是有夷陵之败。

统兵（8）：博望坡之战，赵云生擒敌将；取桂阳，赵云兵不血刃；进益州，赵云率兵走水路直逼成都；汉水之战，赵云空营退敌击败曹操。赵云唯一一次统兵失败是在箕谷不敌兵力强于自己的曹真。

理政（7）：赵云曾在桂阳担任太守，在荆州掌管内事，在江州督运粮草，每一次都出色地完成了任务，理政能力可以拿到 7 分。

三国人物大数据 1：数量篇

我看的第一本《三国演义》有个前言，上面说："《三国演义》一共写了 400 多个人物"，这种说法准确吗？有人统计过，《西游记》一共写了 600 多个人物，《水浒传》一共写了 700 多个，《红楼梦》一共写了 900 多个，可是阅读时，我们会觉得《三国演义》中的人物比其他三本都多，肯定不止 400 多个。

罗贯中的《三国演义》取材自陈寿的《三国志》，《三国志》是纪传体史书，按人物分卷，共 65 卷，《魏书》30 卷、《蜀书》15 卷、《吴书》20 卷。有些人物，自己单独一纪或一传，比如卷一是写曹操的《武帝纪》，卷三十二是写刘备的《先主传》，卷四十七是写孙权的《吴主传》。有些人物，几个合为一传，比如卷十七是写"五子良将"的《张乐于张徐传》，卷三十六是写"五虎上将"的《关张马黄赵传》，卷五十四是写东吴三大都督的《周瑜鲁肃吕蒙传》。还有些人物，附在其他人物的传记后面，比如《陈登传》附在《张邈传》之后，《马谡传》附在《马良传》之后，《陆抗传》附在《陆逊传》之后。

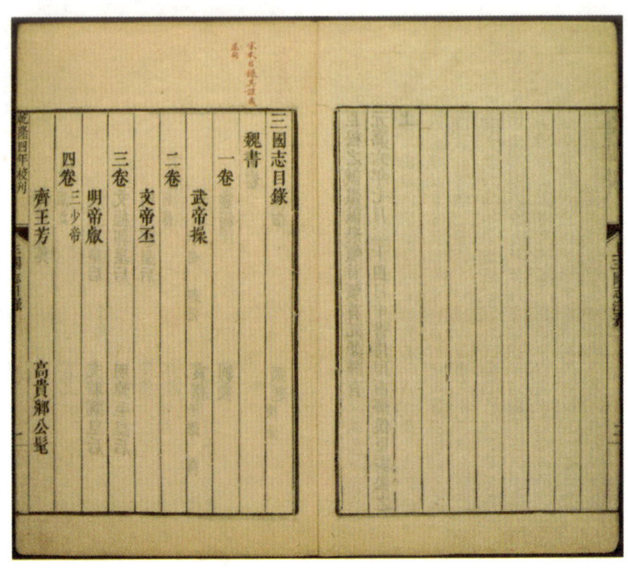
三國志目錄
魏書
一卷 武帝操
二卷 文帝丕
三卷 明帝叡
四卷 三少帝 齊王芳 高貴鄉公髦
乾隆四年校刊

武英殿本《三国志》目录

据统计，《三国志》中，《魏书》为 247 人立传，《蜀书》为 83 人立传，《吴书》为 129 人立传，共计 459 人。

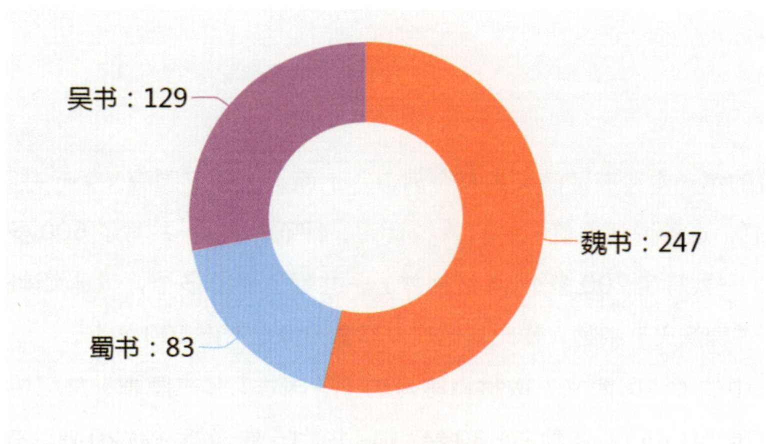

《三国志》立传人物数量统计

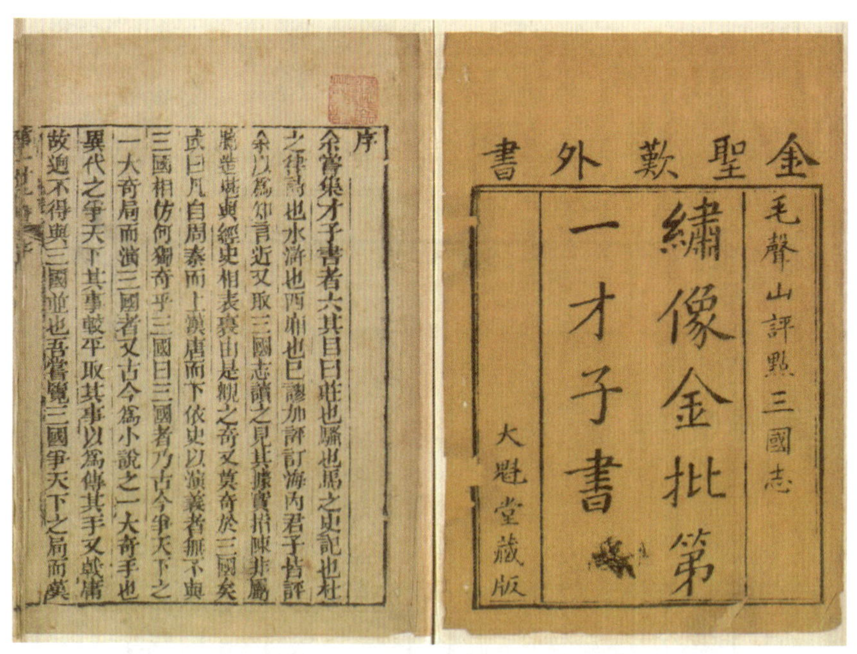

序

余嘗集才子書者六其目曰莊也騷也馬之史記也杜之律詩也水滸也西廂也已謬加評訂海內君子皆許余以爲知言近又取三國志讀之見其據實指陳非屬臆造堪與經史相表裏由是觀之奇又莫奇於三國矣或曰凡自周秦而上漢唐而下依史以演義者無不與三國相仿何獨奇乎三國曰三國者乃古今爭天下之一大奇局而演三國者又古今爲小說之一大奇手也異代之爭天下其事較平取其事以爲傳其手又較庸故迥不得與三國並也吾嘗覽三國爭天下之局而歎

金聖歎外書

毛聲山評點三國志

繡像金批第一才子書

大魁堂藏版

毛本《三国演义》

再看《三国演义》。我们现在看到的《三国演义》是经明末清初文人毛纶、毛宗岗父子修订而成，简称“毛本”，共120回。而“罗本”，即罗贯中的版本，叫《三国志通俗演义》，共240则。较之罗本，毛本人物鲜明、情节紧凑、语言流畅，深受读者喜爱，逐渐占据市场。清代之后，罗本已经很少见了。

《三国志通俗演义》的开头，有一份《三国志宗僚》，宗即宗主，僚即官僚，三国志宗僚的意思就是“三国志各势力文武官员”。这份《三国志宗僚》相当于一个三国人物小传，包括姓名字号、籍贯、官职等。比如：

吕布，字奉先，五原郡九原人，官至奋威将军，温侯。

赵云，字子龙，常山真定人，官至镇东将军。

典韦，无字，陈留己吾人，官至都尉。

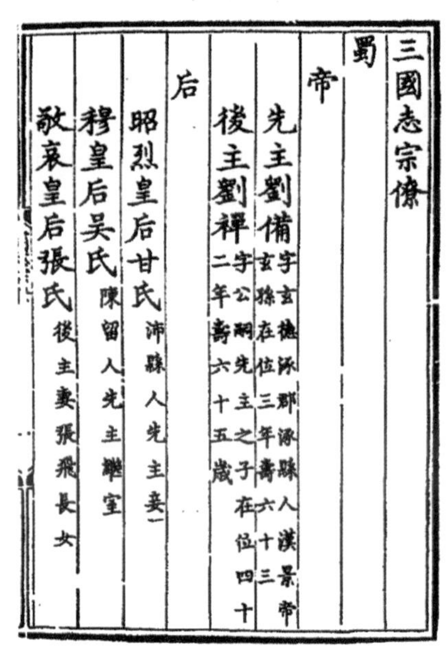
三國志宗僚
蜀
帝
先主劉備 字玄德涿郡涿縣人漢景帝玄孫在位三年壽六十三
後主劉禪 字公嗣先主之子在位四十二年壽六十五歲
后
昭烈皇后甘氏 沛縣人先主妾
穆皇后吳氏 陳留人先主繼室
敬哀皇后張氏 後主妻張飛長女
皇后張氏 後主繼室飛次女
先主三男
後主
劉永 字公壽封魯王
劉理 字奉孝封梁王
後主七男
劉璿 字文衡太子
劉瑶 封安定王
劉琮

《三国志宗僚》

这份《三国志宗僚》很明显抄自《三国志》，因为里面的很多人物根本没在《三国志通俗演义》中出现过，比如魏国的袁涣、阎温等，蜀国的杨戏、陈祗等，吴国的士燮、胡综等。另外，很多《三国志通俗演义》中的重要人物也没列入《三国志宗僚》，比如魏国的蒋干、郝昭等，蜀国的陈式、费观等，吴国的乔国老、全端等。

《三国志宗僚》一共有多少人呢？据统计，魏国有 254 人，蜀国有 114 人，吴国有 125 人，合计 493 人。

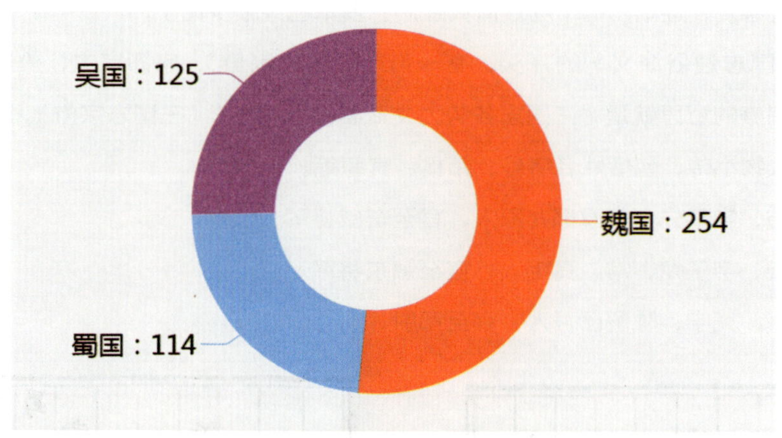

《三国志宗僚》中魏蜀吴三国人物数量统计

《三国志宗僚》中的 493 人比《三国志》立传的 459 人多了 34 人，这 34 人大多是在《三国志通俗演义》中较重要而《三国志》却没立传的人物，最典型的就是司马懿、司马师、司马昭和司马炎。陈寿是西晋人，不敢为司马家族立传，他们的传记出现在唐代房玄龄等人编撰的《晋书》中。

现在脉络清晰了，《三国志》一共为 459 人立传，《三国志通俗演义》中的《三国志宗僚》增加了一些，变成 493 人，后人根据《三国志宗僚》大体一算，于是就有了"《三国演义》一共写了 400 多个人物"的说法。但是，《三国演义》中的人物远远不止 400 多人。

根据三国大家沈伯俊先生在《三国演义大辞典》中的统计，《三国演义》一共写了 1258 人，其中，魏国 419 人，蜀国 238 人，吴国 174 人，其他势力 427 人。这个数字，还不包括那些没有姓名的过场人物，如那位因敲诈勒索而被张飞鞭打的督邮、诸葛亮庄上记不得许多名字的小童等；至于一般的使者、差役、军士、侍女之类，更不在计算内。

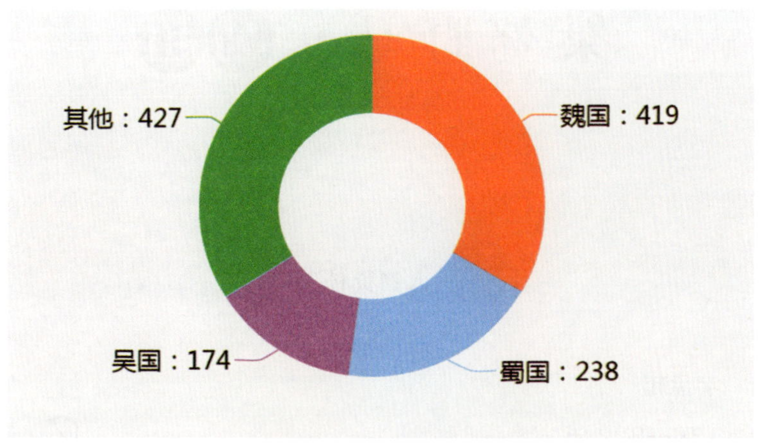

《三国演义大辞典》中的各国人物数量

《三国演义》写的 1258 人中，有 206 人是完全虚构的，其余 1052 人可以在史书中找到。虚构人物的身份多是武将，因为武将是三国武将单挑的消耗品。比如第 27 回关羽“过五关斩六将”、第 92 回赵子龙力斩五将，这 11 个被杀的武将全部是虚构的。

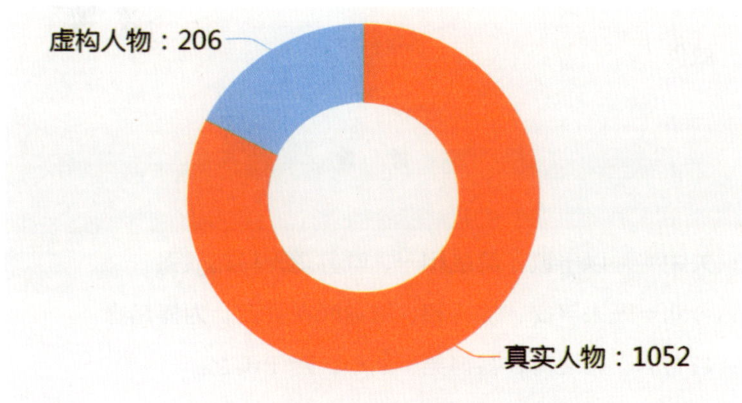

《三国演义》虚、实人物数量对比

人们常说，《三国演义》“七实三虚”，如果单从人物的虚实数量看，真实人物数量占比大概 83.62%，虚构人物数量占比大概 16.38%，远高于 7:3。

桀骜野马：马超

人物资料

字号：字孟起

生卒：176—222 年

籍贯：司隶扶风郡茂陵县（今陕西省兴平市）

相貌：面如傅粉，唇若抹朱，腰细膀宽，声雄力猛，白袍银铠。（《三国演义》）

武器：长枪

官职：骠骑将军

爵位：斄乡侯

谥号：威侯

评　价

荀彧：关中将帅以十数，莫能相一，唯韩遂、马超最强。

周瑜：今北土既未平安，加马超、韩遂尚在关西，为操后患。

杨阜：超有信、布之勇，甚得羌、胡心，西州畏之。

杨阜：超强而无义。

姜叙母：汝背父之逆子，杀君之桀贼，天地岂久容汝，而不早死，敢以面目视人乎！

王商：超勇而不仁，见得不思义，不可以为唇齿。

刘备：信著北土，威武并昭。

诸葛亮：孟起兼资文武，雄烈过人，一世之杰，黥、彭之徒，当与益德并驱争先，犹未及髯之绝伦逸群也。

陈寿：马超阻戎负勇，以覆其族，惜哉！能因穷致泰，不犹愈乎！

孙盛：马超背父，其为酷忍如此之极也。

曹操（演义）：马超不减吕布之勇。

曹操（演义）：马儿不死，吾无葬地矣。

人物生平

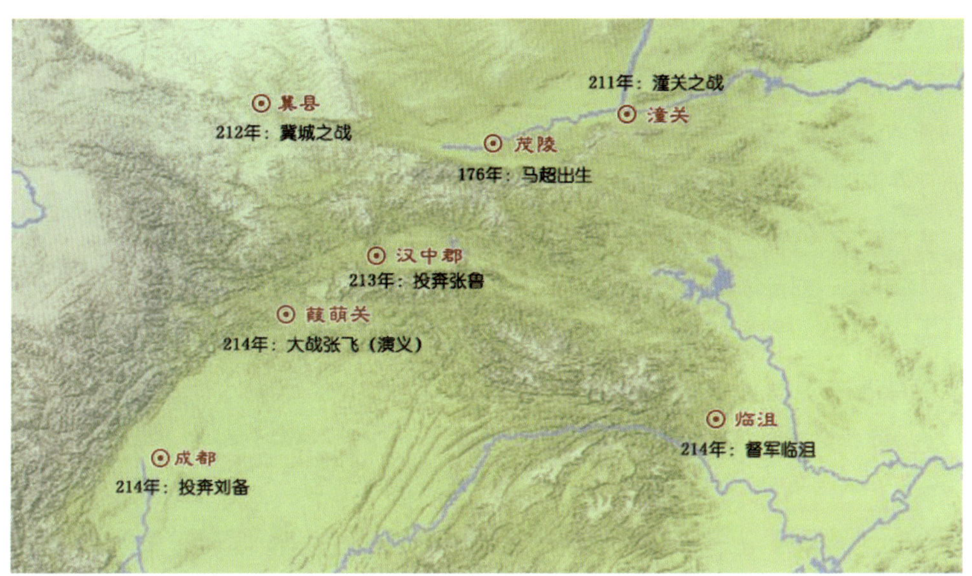

176 年：马超出生，为东汉伏波将军马援的后代，父亲马腾是凉州军阀，有羌族血统。

194 年：演义中，马腾举义兵勤王，与李傕、郭汜交战，马超当时十七岁，斩杀王方，生擒李蒙。

196 年：马腾与韩遂兄弟火并，马超险被韩遂部将阎行杀死。

202 年：马超跟随司隶校尉钟繇到平阳征讨郭援、高干。马超带伤作战，率部将斩杀郭援，被拜为徐州刺史，后被拜为谏议大夫。

208 年：马腾与韩遂不和，请求返回京师。朝廷以马超为偏将军，拜都亭侯，统领马腾部曲。

211 年：曹操征讨汉中取道关中，马超与韩遂联合集结关西诸将反对曹操西进。

关西联军与曹军在潼关对峙，马超趁曹军半渡击之，大破曹军，差点射死曹操。曹操采纳贾诩的计谋，离间马超、韩遂，在渭水南岸击败关西联军，马超逃到陇右地区。演义中，马超杀得曹操割须弃袍，逼许褚裸衣出战。

212 年：马腾因马超兴兵被曹操杀死。演义中，为了维护马超的形象，将马腾之死安排在马超兴兵之前。在陇右，马超率领羌戎反攻陇上郡县，杀死凉州刺史韦康，占据冀城，自称征西将军，领并州牧。

213 年：韦康旧部杨阜、姜叙、梁宽、赵衢等人合谋，里应外合反击马超，马超全家被杀，逃到汉中依附张鲁。

214 年：马超认为张鲁不足以成大事，见刘备正在围攻刘璋，转投刘备，帮助刘备取得成都。刘备拜马超为平西将军，督临沮，封前都亭侯。演义中，马超与张飞在葭萌关挑灯夜战三百余合。

219 年：刘备自封汉中王，拜马超为左将军，演义中马超被封为五虎将。

221 年：刘备称帝，马超迁升为骠骑将军，领凉州牧，进封斄乡侯。

222 年：马超病逝，时年 47 岁。去世前，马超上书刘备，希望刘备照顾他的从弟马岱。《三国演义》并未正面交代马超之死。

260 年：后主刘禅追谥马超为威侯。

人物能力

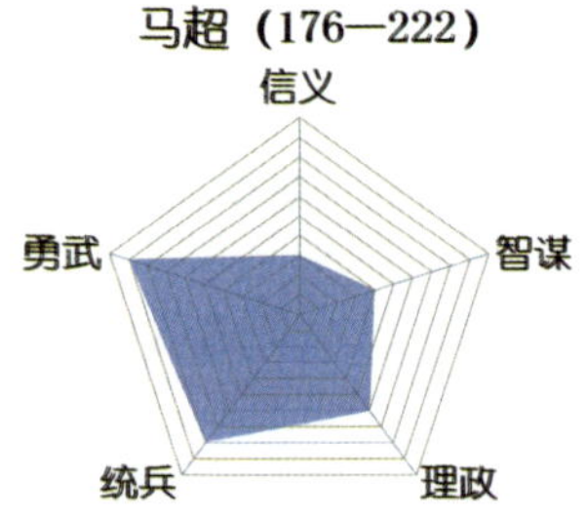

信义（3）：王商评价马超“勇而不仁”，杨阜评价马超“强而无义”，姜叙的母亲在被马超杀死前更是大骂马超：“汝背父之逆子，杀君之桀贼，天地岂久容汝，而不早死，敢以面目视人乎！”说马超不仁、不义、不忠、不孝丝毫不过分。攻下历城后，马超将杨阜、姜叙的族人全部杀死，包括杨阜的老母，这是不仁；围攻冀城，凉州刺史韦康率众投降，马超却将其处死，这是不义；张鲁在马超走投无路之时将其收留，但马超却不辞而别转投刘备，这是不忠；马腾在曹操手下为官，马超却起兵反曹导致父亲被杀，这是不孝。考虑到《三国演义》对马超形象的维护，信义给到 3 分。

勇武（9）：演义中，马超先后与许褚、张飞大战 200 多回合，打得许褚卸甲，张飞去盔。不光是单挑，马超一对多的时候也有上佳表现。第 59 回，马超独战侯选、李堪、梁兴、马玩、杨秋五将，结果“砍翻马玩，剁倒梁兴，三将各自逃生”。第 64 回，杨阜兄弟八人齐战马超，结果“宗弟七人，皆被马超杀死”。曹操曾说“马超不减吕布之勇”，民间也有“一部三国，前表吕布，后表马超”的说法。

智谋（4）：潼关之战时，马超的智谋有过一些表现，比如曹操北渡黄河时，趁曹军半渡出击，曹操西渡黄河时劝韩遂阻截曹操，曹操也因此说：“马儿不死，吾无葬地矣。”但是，更多时候马超表现得有勇无谋，比如在渭南中了贾诩的离间之计，在冀城中了杨阜的调虎离山之计，这两次中计都导致决定性的大败。

统兵（8）：《三国演义》第 60 回，曹操藐视张松，张松历数曹操败兵经历：“濮阳攻吕布之时，宛城战张绣之日；赤壁遇周郎，华容逢关羽；割须弃袍于潼关，夺船避箭于渭水。”这六次败兵，有两次是拜马超所赐。相对于演义，历史上马超的统兵能力要差一些，虽然曾败郭援、破韦康，但也曾被杨阜、张郃等人击败。综合来看，马超的统兵能力可以打 8 分。

理政（6）：无论演义还是正史中，马超均没有表现出太高的理政能力，但考虑到他曾策动氐雷定等七部万余落响应刘备，联名劝刘备领汉中王进《立汉中王上表汉帝》时各列群臣之首，政治影响力还是很大的，可以给 6 分。

不老神箭：黄忠

人物资料

字号：字汉升，一作汉叔

生卒：?—220 年

籍贯：荆州南阳郡（今河南省南阳市）

相貌：须发苍白。（《三国志通俗演义》）

武器：大刀

官职：后将军

爵位：关内侯

谥号：刚侯

评　价

诸葛亮：忠之名望，素非关、马之伦也，而今便令同列。马、张在近，亲见其功，尚可喻指；关遥闻之，恐必不悦，得无不可乎！

关羽：大丈夫终不与老兵同列！

陈寿：忠常先登陷陈，勇毅冠三军。

陈寿：黄忠、赵云强挚壮猛，并作爪牙，其灌、滕之徒欤？

杨戏：将军敦壮，摧峰登难，立功立事，于时之干。

程公许：马超、黄忠、赵云、费祎、吕蒙、程普、步骘、甘宁辈皆智勇绝伦，足以当一面。

诸葛亮（演义）：虽今年近六旬却有万夫不当之勇。

关羽（演义）：老将黄忠，名不虚传。

张郃（演义）：黄忠谋勇兼备。

张郃（演义）：老将黄忠，甚是英雄。

人物生平

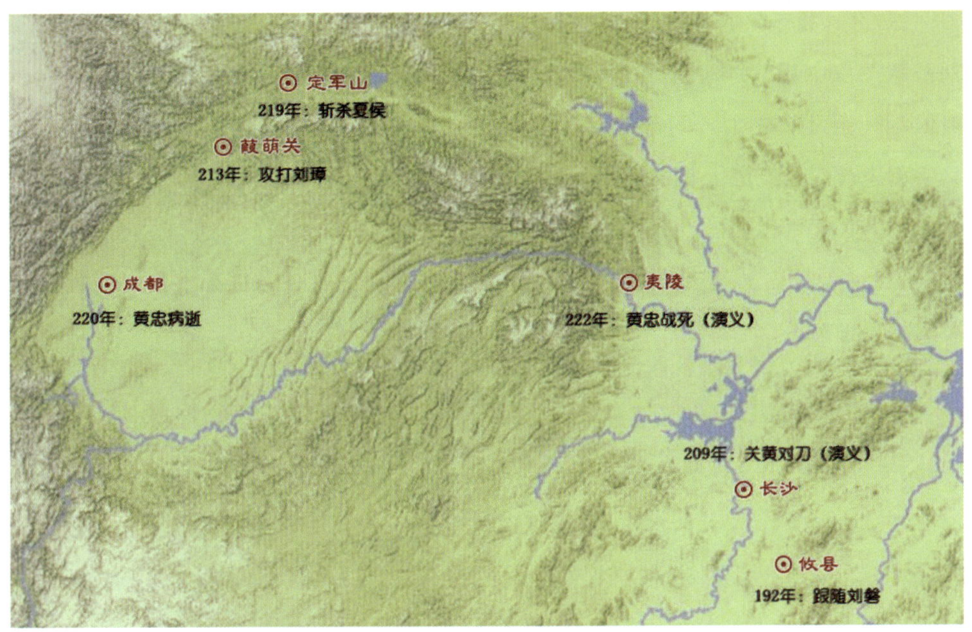

192 年：黄忠被荆州牧刘表任命为中郎将，跟随刘表侄子刘磐镇守长沙攸县。

199 年：刘磐与孙策交战于艾县，黄忠随军前往。

208 年：曹操南下荆州，刘表病死，刘表之子刘琮投降曹操，黄忠代理裨将军，仍然驻军攸县，隶属长沙太守韩玄。同年，曹操在赤壁被孙刘联军击败，退回北方，长沙郡相对独立。

209 年：赤壁之战后，刘备趁机占领包括长沙在内的荆南四郡，黄忠跟随韩玄投降刘备。演义中，关羽攻打长沙，与黄忠惺惺相惜，互放对手一马。韩玄认为黄忠通敌，要处死黄忠，被魏延救下。关羽想招降黄忠，但黄忠托病不出，后刘备亲自相请，黄忠才同意归顺。

211 年：刘璋邀刘备入蜀，黄忠跟随刘备前往。

213 年：刘备与刘璋决裂后，黄忠率兵自葭萌关向成都进兵。在战斗中，黄忠常冲锋陷阵，勇冠三军，一路攻到涪城。演义中，黄忠与魏延争功，魏延中计险些被杀，多亏黄忠相救。

214 年：黄忠随刘备进围成都，数十日后，刘璋投降。刘备自领益州牧，拜黄忠为讨虏将军。

218 年：刘备进攻汉中，黄忠随军出征，在阳平关与夏侯渊对峙。

219 年：黄忠在定军山与夏侯渊交战，黄忠身先士卒，斩杀夏侯渊，曹军大败。刘备取得汉中后，拜黄忠为征西将军。演义中，黄忠亲手刀劈夏侯渊，但历史上夏侯渊死于乱军之中。同年，刘备自领汉中王，封黄忠为关内侯，拜后将军。演义中黄忠被封为五虎上将，与关羽并列，引关羽不满。

220 年：黄忠去世，黄忠之子黄叙早夭，黄忠无后。

222 年：历史上黄忠此时已病故，但演义中黄忠随刘备东征孙权，夷陵之战中被吴将马忠射杀。

260 年：后主刘禅追谥黄忠为刚侯。

人物能力

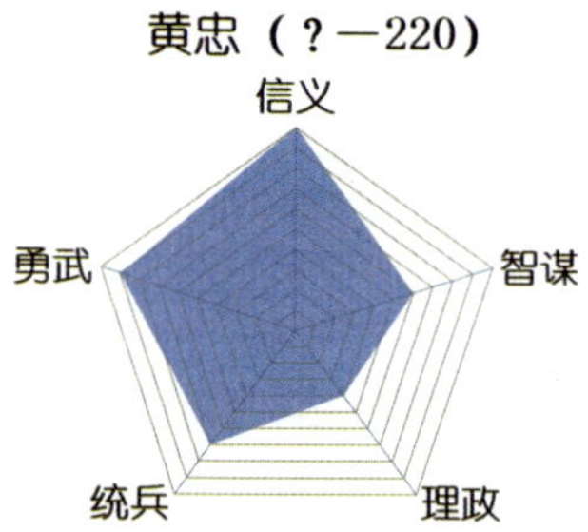

信义（10）：《三国演义》中长沙之战，黄忠最终投降刘备，但这并不能影响黄忠的信义。长沙太守韩玄诬陷黄忠通敌，要杀死黄忠，魏延救下黄忠，杀死韩玄，黄忠拦挡不住。韩玄死后，黄忠托病不出，不愿投降。刘备亲自到黄忠家中相请，黄忠这才答应归顺，并提出厚葬韩玄。魏延的救命之恩，黄忠一直没忘。第 62 回，黄忠与魏延争功，险些动手，但魏延与邓贤交战马失前蹄，黄忠不计前嫌，及时赶到，一箭射死邓贤，将魏延救出。夷陵之战，75 岁的黄忠仍然冲锋陷阵，马革裹尸，临死前，对刘备说：“臣乃一武夫耳，幸遇陛下。臣今年七十有五，寿亦足矣。望陛下善保龙体，以图中原！”

勇武（9）：《三国演义》中，黄忠单挑有两次高光时刻，一次是战长沙关黄对刀，与关羽大战三场不分胜负；另一次定军山之战以逸待劳，神兵天降，斩杀夏侯渊，夏侯渊也是三国时曹魏方面被斩杀的级别最高的将领。除了马上功夫好，黄忠还有神箭绝技。长沙之战，为报关羽不杀之恩，黄忠故意射中关羽盔缨。当时，关羽骑着赤兔马，在高速移动当中，相比吕布辕门射戟时的静止靶，难度要高很多。

智谋（6）：黄忠的智谋在武将中也是比较高的，葭萌关用骄兵之计战胜夏侯尚，天荡山速战速决击败夏侯德，定军山以逸待劳斩杀夏侯渊，黄忠可以算是夏侯一家的克星。但是，黄忠也有他的弱点：喜欢争功。汉中之战，黄忠与赵云争功，前去劫粮，被曹军包围，若不是赵云拼死相救，凶多吉少。夷陵之战，黄忠与关兴、张苞争功，孤军深入，中了吴军埋伏，被吴将马忠射中肩膀，因此丧命。

统兵（7）：黄忠统兵的优异表现主要在葭萌关之战、天荡山之战和定军山之战中，其中葭萌关之战和天荡山之战，都是演义虚构的。另外，米仓山之战和夷陵之战中，黄忠两次赌气孤军深入，一次险些丧命，一次中箭身亡，都是要减分的。综合考虑，黄忠的统兵能力给 7 分。

理政（4）：无论是正史还是演义，黄忠并没有理政方面的表现。而且，黄忠不善于处理与同僚的关系，先后与魏延、赵云产生不快，所以理政只能给 4 分。

折翅凤雏：庞统

人物资料

字号：字士元，号凤雏

生卒：179—214 年

籍贯：荆州南郡襄阳（今湖北省襄阳市）

相貌：浓眉掀鼻，黑面短髯，形容古怪。（《三国演义》）

官职：军师中郎将

爵位：关内侯

谥号：靖侯

评　价

庞统自评：论帝王之秘策，揽倚伏之要最，吾似有一日之长。

司马徽：南州士之冠冕。

司马徽：德公诚知人，此实盛德也。

鲁肃：庞士元非百里才也，使处治中、别驾之任，始当展其骥足耳。

杨戏：军师美至，雅气晔晔，致命明主，忠情发臆，惟此义宗，亡身报德。

诸葛亮：庞统、廖立，楚之良才，当赞兴世业者也。

陈寿：庞统雅好人流，经学思谋，于时荆、楚谓之高俊。

方孝孺：然徽以孔明、庞统并称，吾窃有疑焉。论者惜统早死，故功业不及孔明；余谓使统不死，终非孔明比也。

李光地：庞士元论人才，不肯求全责备，这个心胸，便可以称凤雏。

司马徽（演义）：伏龙、凤雏，两人得一，可安天下。

诸葛亮（演义）：士元非百里之才，胸中之学，胜亮十倍。

人物生平

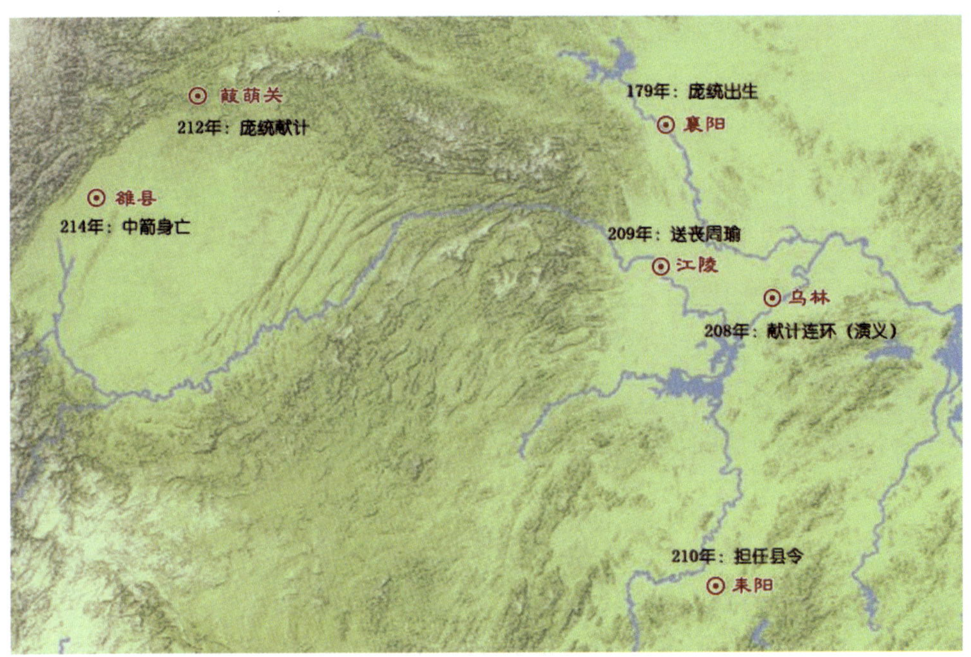

179 年：庞统出生于襄阳，是汉末名士庞德公的侄子，庞德公的儿子庞山民是诸葛亮的姐夫。

196 年：庞统十八岁，受到很多名士赏识，庞德公将诸葛亮与庞统合称为“卧龙凤雏”，司马徽认为庞统是“南州士之冠冕”。

200 年：嘉靖本《三国志通俗演义》中，庞统在孙策死后成为孙权帐下的谋士，但毛本《三国演义》删除了这个设定。

208 年：演义中，庞统为促成周瑜、诸葛亮火烧赤壁的计划，利用蒋干进入曹营，建议曹操把战船连环以克服曹军不习水战的特性。献计成功后，庞统以招揽江东人才为由离开曹营。历史上，曹操的确将战船连环了，但这并不是庞统的功劳。为了防止远离岸边的战船顺流漂走，当时所有战船都要连环。

209 年：赤壁之战后周瑜任南郡太守，周瑜病死后，庞统作为南郡功曹为周瑜送丧至东吴。东吴士人大多听说过庞统的名声，庞统临走时前去相送，陆绩、顾劭、全琮等人与庞统结下了深厚的友谊。

210 年： 刘备占领荆州后，命庞统以从事的身份担任耒阳县令。但庞统不理政务，不久即被免官，后在鲁肃和诸葛亮的推荐下，被刘备任命为治中从事，不久与诸葛亮同任军师中郎将。演义中，刘备听说庞统不理政务，终日饮酒，命张飞前去调查。庞统当着张飞面不到半日将百余天公务尽数处理，张飞拜服，向刘备推荐庞统。

211 年： 益州牧刘璋邀请刘备入蜀抵御张鲁，庞统建议刘备趁机夺取益州，刘备采纳，留诸葛亮等人镇守荆州，自己与庞统等人入蜀。

212 年： 与刘璋相会后，刘备驻军葭萌关。庞统向刘备进献上中下三计，刘备采取中计，杀死葭萌关守将杨怀、高沛，与刘璋正式决裂，进军成都。

214 年： 刘备围攻雒城，庞统率众攻城，被箭射死，时年 36 岁。

260 年： 后主刘禅追谥庞统为靖侯。

人物能力

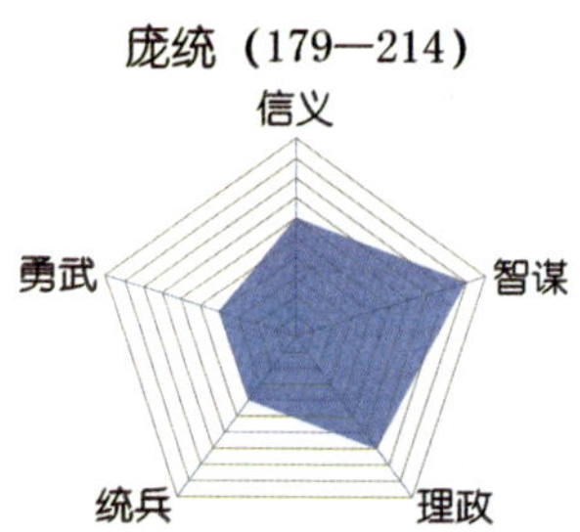

信义（6）： 虽然“卧龙凤雏”并称，但无论是智谋还是信义，庞统都不及诸葛亮，特别在信义方面，庞统更是与诸葛亮有云泥之别。演义中，庞统心胸狭隘。进攻雒城时，诸葛亮从荆州寄信提醒庞统谨慎，庞统却认为：“孔明怕我取了西川，成了功，故意将此书相阻耳。”在选择进军路线时，刘备想到诸葛亮的提醒，建议庞统还守涪关，但庞统对刘备说：“主公被孔明所惑矣：彼不欲令统独成大功，故作此言以疑主公之心。”庞统不顾诸葛亮和刘备的提醒，搭上了自己的性命。

勇武（4）：庞统虽然没有武力方面的表现，但勇气可嘉。赤壁之战时，庞统只身进入曹营；进军雒城时，庞统率兵走凶险的小路。

智谋（9）：庞统英年早逝，但在有限的出场时间里，智谋方面的表现非常优秀。赤壁之战，庞统只身来到曹营，凭借三寸不烂之舌，骗过曹营诸多谋士，成功说服曹操把战船连环。张松献图，刘备犹豫是否要牺牲信义换取益州，庞统说："权变之时，固非一道所能定也。"刘备恍然大悟，决定入蜀。刘备与刘璋决裂，屯兵葭萌关，庞统进献上中下三条计谋供刘备选择，助刘备夺取益州。虽然人称"伏龙、凤雏，两人得一，可安天下"，但庞统距离诸葛亮还有一点儿差距，智谋无法给满分。

统兵（4）：正史中，庞统唯一一次统兵是围攻雒城，但在这次战斗中他被乱箭射死。庞统更像是一名纯谋士，统兵能力是不及格的。

理政（7）：演义中，庞统在耒阳县表现出了很强的理政能力。第 57 回，庞统"随即唤公吏，将百余日所积公务，都取来剖断。吏皆纷然赍抱案卷上厅，诉词被告人等，环跪阶下。统手中批判，口中发落，耳内听词，曲直分明，并无分毫差错。民皆叩首拜伏。不到半日，将百余日之事，尽断毕了"。诸葛亮甚至说："士元非百里之才，胸中之学，胜亮十倍。"但是，由于庞统英年早逝，他的理政能力在国计民生等大事上没有表现，只能给到 7 分。

季汉辅翼：法正

人物资料

字号：字孝直

生卒：176—220 年

籍贯：司隶扶风郡郿国（今陕西省宝鸡市眉县）

相貌：不详

官职：尚书令、护军将军

谥号：翼侯

评　价

曹操：吾收奸雄略尽，独不得法正邪？

诸葛亮：主公之在公安也，北畏曹公之强，东惮孙权之逼，近则惧孙夫人生变于肘腋之下；当斯之时，进退狼跋，法孝直为之辅翼，令翻然翱翔，不可复制。

诸葛亮：法孝直若在，则能制主上，令不东行；就复东行，必不倾危矣。

杨戏：翼侯良谋，料世兴衰，委质于主，是训是谘，暂思经算，睹事知机。

陈寿：诸葛亮与正，虽好尚不同，以公义相取。

陈寿：法正著见成败，有奇画策算，然不以德素称也。拟之魏臣，统其荀彧之仲叔，正其程、郭之俦俪邪？

孙盛：正务眩惑之术，违贵尚之风，譬之郭隗，非其伦矣。

萧常：统、正见理之明，料事之审，一时谋臣，无出其右。昭烈肇基王业，讫承大统，实二人之力。使天假之年，与诸葛亮同心辅政，混一之功，日月可冀。不幸蚤世，惜哉！

郝经：统、正虽道义不足，而智谋亚于亮。统卒于围雒之际，正没于取汉中之明年。使二子不死，与亮左右，功烈岂止于是？

刘璋（演义）：法正卖主求荣，忘恩背义之贼。

人物生平

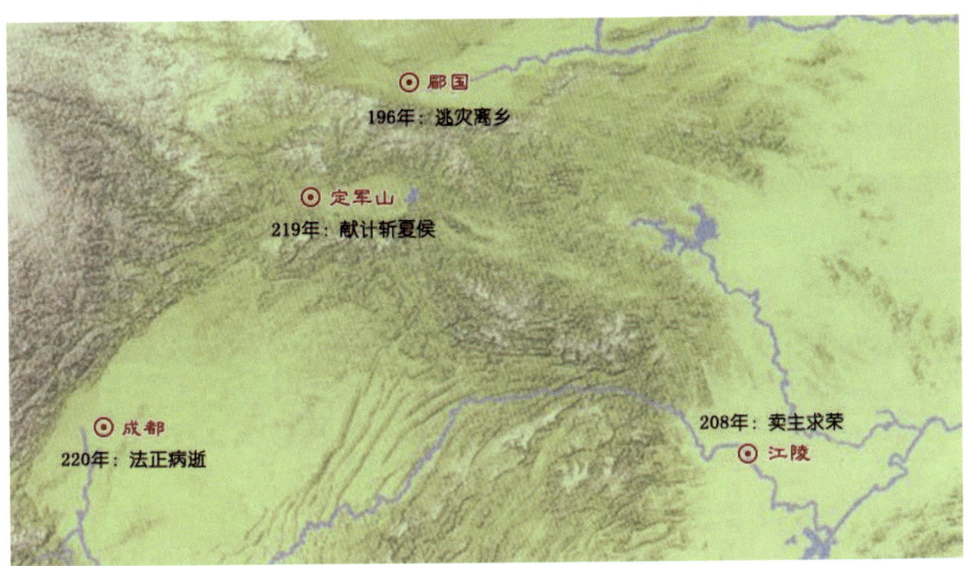

176 年：法正出生于司隶扶风郡郿国，祖父法真为东汉名士，号玄德先生，父亲法衍官至司徒掾、廷尉左监。

196 年：为躲避饥荒，法正与同郡人孟达一同入蜀依附刘璋，担任新都县令，之后又被任命为军议校尉。益州别驾张松与法正交好，两人认为刘璋不足以成大事，希望能另寻明主。

208 年：赤壁之战前，张松出使荆州，见到曹操，遭遇冷落，回来后劝说刘璋与曹操断绝来往，改与刘备交好，并推荐法正前往。法正在荆州见到刘备，回来后对张松夸赞刘备雄才大略，两人密谋帮助刘备夺取益州。

211 年：曹操准备征讨张鲁，刘璋担心益州受到威胁，在张松的劝说下邀请刘备入蜀对付张鲁。法正再次前往荆州，劝说刘备与张松里应外合夺取益州，刘备采纳，留诸葛亮等人镇守荆州，亲自率军入蜀。

212 年：刘备与刘璋决裂，向成都进军，益州从事郑度建议刘璋坚壁清野拖垮刘备。刘备知道后十分担忧，法正认为刘璋虽然没有什么才能，但是非常爱民，不会采纳这个会损害百姓利益的计策，后果如法正所料。包围雒城时，法正写了一封长信劝刘璋投降，刘璋没有回应。

214 年： 刘璋投降，刘备成为益州之主，任命法正为蜀郡太守、扬武将军。在外，法正是成都之长；在内，法正是刘备智囊。法正建议刘备重用许靖，迎娶刘璋兄长刘瑁遗孀吴氏，刘备均采纳。

217 年： 曹操收降张鲁后并未继续进攻巴蜀，而是留下夏侯渊、张郃驻守汉中。法正认为，曹魏此时内部出现了问题，夏侯渊、张郃的才能不足以守住汉中，应该立即发兵夺取汉中，刘备采纳。

219 年： 刘备在汉中定军山与夏侯渊对峙，法正见夏侯渊正士气低落，提议全力进攻夏侯渊，刘备采纳，命黄忠居高临下从后方擂鼓突袭，夏侯渊猝不及防被黄忠斩杀。同年，曹操亲自来到汉中，但不久退兵，刘备占据汉中，自称汉中王，任命法正为尚书令、护军将军。

220 年： 法正去世，时年 45 岁，谥号翼侯。

人物能力

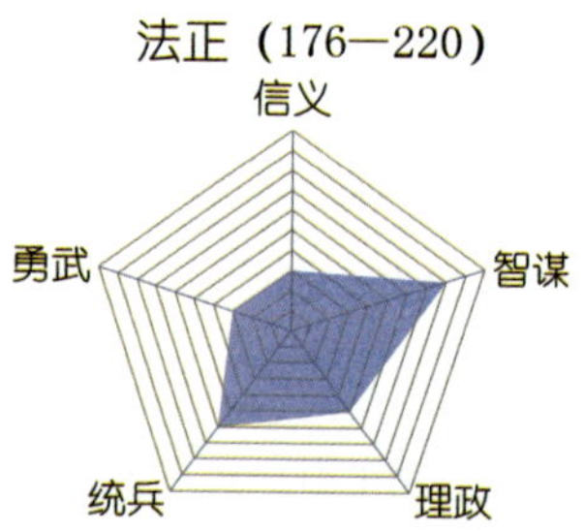

信义（3）： 不客气地说，法正是个吃里爬外、心胸狭隘的小人。建安初年（196 年）法正逃难到益州，刘璋将其收留并给他官做。但法正感觉自己不被重用，与张松串通，勾结刘备夺取益州。演义中，刘璋骂他："法正卖主求荣，忘恩背义之贼！"刘备成为益州之主后，任命法正为蜀郡太守。手握生杀之权，法正开始打击报复当初与自己有过节的人，擅自处死多人，甚至被告到诸葛亮处。

勇武（3）：法正的身份是谋主，没有上阵杀敌的表现，勇武只能给到 3 分。

智谋（8）：《三国志》中，法正排在诸葛亮、庞统之后，是刘备这边的第三号谋士。攻占益州时，刘备担忧刘璋坚壁清野，法正说："终不能用，无可忧也。"拿下益州后，法正又建议刘备进攻汉中，并分析汉中的战略意义：上可以讨伐国贼；中可以蚕食雍凉，开拓国境；下可以固守要害。定军山之战，法正献以逸待劳之计，斩杀夏侯渊。曹操亲征，听闻是法正献计取汉中，感慨不已，说："吾故知玄德不办有此，必为人所教也。"刘备为报关羽之仇，进攻东吴，在夷陵被陆逊击败。诸葛亮感叹道："法孝直若在，则能制主上，令不东行；就复东行，必不倾危矣。"

统兵（6）：定军山一战，法正辅助黄忠斩杀夏侯渊，表现出不错的统兵能力，《三国演义》第 71 回写道："午时以后，法正见曹兵倦怠，锐气已堕，多下马坐息，乃将红旗招展，鼓角齐鸣，喊声大震。黄忠一马当先，驰下山来，犹如天崩地塌之势。"但法正缺少独立带兵的经历，统兵能力只能算刚刚及格。

理政（5）：法正是刘备的谋主，但理政能力并不是很强。法正在刘璋处先后担任新都令、军议校尉，都不是特别重要的官职。帮助刘备夺取益州后，法正成为蜀郡太守，其间他滥用职权，滥杀无辜，引起上下不满。诸葛亮制定严法《蜀科》，触动了地方豪强势力。法正认为成都初定，应效仿刘邦约法三章，放宽约束。但诸葛亮认为不能盲从，应当因时制宜，并写了《答法正书》给他，晓以大义，事后证明诸葛亮的做法是正确的。

天生反骨：魏延

人物资料

字号：字文长

生卒：?—234 年

籍贯：扬州庐江郡义阳县（今河南省信阳市桐柏县）

相貌：身长八尺，面如重枣，目若朗星。（《三国演义》）

武器：刀

官职：征西大将军、凉州刺史、前军师

爵位：南郑侯

评　价

孙权：杨仪、魏延，牧竖小人也。虽尝有鸣吠之益于时务，然既已任之，势不得轻，若一朝无诸葛亮，必为祸乱矣。

杨戏：文长刚粗，临难受命，折冲外御，镇保国境。不协不和，忘节言乱，疾终惜始，实惟厥性。

陈寿：延既善养士卒，勇猛过人，又性矜高，当时皆避下之。

陈寿：魏延以勇略任……并咸贵重。览其举措，迹其规矩，招祸取咎，无不自己也。

裴松之：由今观之，皆以亮不用延计为怯。凡兵之动，佑敌之主，知敌之将，邈之不用延计者，佑魏主之明略，而司马懿辈不可轻也。

李苗：每读《蜀书》，见魏延请出长安，诸葛不许，叹息谓亮无奇计。

程公许：魏延骁勇，欲以奇兵间道与大军会，孔明信用其说，安知三秦之不归于汉？

胡寅：兵行诡道求胜而已，延之计可用甚明。

陈普：关羽不能当一面，魏延何敢比淮阴。

诸葛亮（演义）：食其禄而杀其主，是不忠也；居其土而献其地，是不义也。吾观魏延脑后有反骨，久后必反。

人物生平

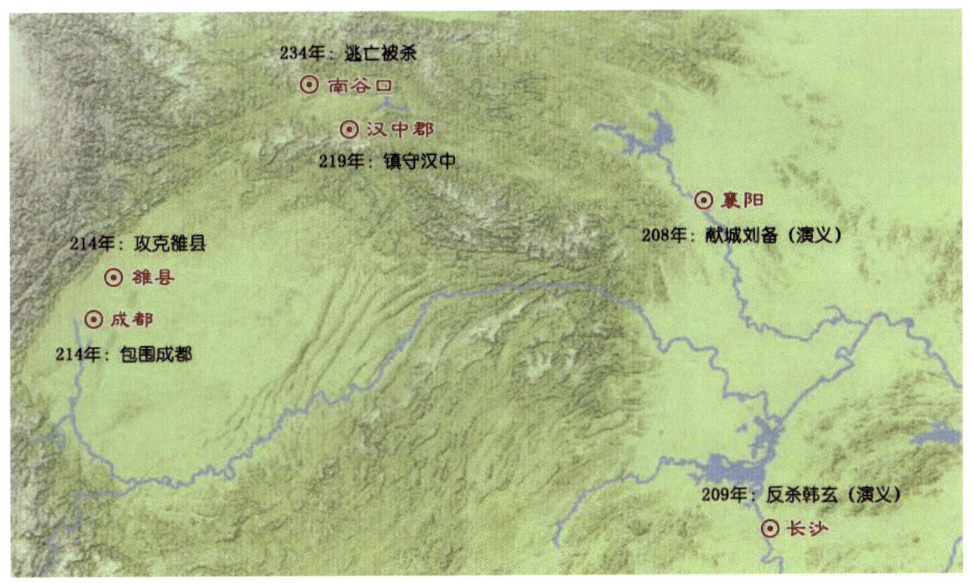

208 年：演义中，曹操南下荆州，刘备放弃新野前往江陵，经过襄阳，魏延杀死守门士卒邀刘备进城，但刘备并未接受，魏延无奈投奔长沙太守韩玄。

209 年：演义中，关羽攻打长沙，韩玄诬陷黄忠通敌欲杀黄忠，魏延救下黄忠，并杀死韩玄，投降刘备。诸葛亮因魏延脑后长有反骨欲杀之，被刘备制止。

211 年：益州牧刘璋邀请刘备抵御汉中张鲁，魏延以部曲跟随刘备入蜀，与刘璋相会后驻军葭萌关。

212 年：刘备与刘璋决裂，魏延跟随刘备反攻刘璋。

214 年：魏延跟随刘备攻克雒城，围攻成都，逼降刘璋。刘备领益州牧后，魏延迁升为牙门将军。演义中，进攻雒城时虚构了黄魏争功的故事。

219 年：刘备击败曹操夺取汉中，自封汉中王，回到成都前，力排众议提拔魏延为汉中太守，并封镇远将军。

221 年：刘备称帝，封魏延为镇北将军。

223 年：刘备去世，刘禅登基，封魏延为都亭侯。

225 年：诸葛亮平定南中叛乱。演义中，魏延跟随诸葛亮七擒孟获，屡立战功。

227 年：诸葛亮进驻汉中，准备北伐，接管汉中兵权，魏延改任丞相司马、凉州刺史。

228 年：诸葛亮第一次北伐，魏延提出子午谷奇谋，向诸葛亮申请一万兵力，由子午谷进军奇袭长安，但诸葛亮认为此计过于冒险，并未采用。魏延常说诸葛亮过于谨慎，感叹自己的才能得不到施展。

230 年：魏延率军进入羌人部落，战胜魏将费瑶、郭淮，迁升为前军师、征西大将军，进封南郑侯。

231 年：诸葛亮第四次北伐，司马懿命张郃进攻王平，诸葛亮派魏延等人迎战，击败魏军。

234 年：诸葛亮第五次北伐，以魏延为先锋。诸葛亮病故后，魏延与杨仪反目，分别上表称对方谋反，刘禅征求群臣意见后选择相信杨仪。杨仪派马岱追杀魏延，将其斩首。演义中，诸葛亮死前留下锦囊妙计安排马岱将魏延除掉。

人物能力

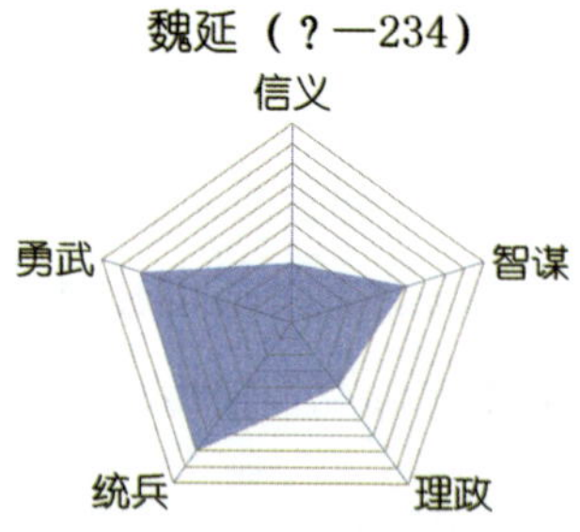

信义（3）：演义中，魏延多次做出背主之事，第一次是在襄阳，刘备南奔江

陵经过襄阳，刘琮闭门不见，魏延杀死守门将士邀请刘备入城；第二次是在长沙，关羽进攻长沙，魏延杀死太守韩玄，向关羽献城投降；第三次是在汉中，诸葛亮病逝，魏延反叛，率军攻打南郑。但是，若要细论，这三次背主，魏延多多少少都有情可原。在襄阳，刘琮拒绝接纳流离百姓引不满；在长沙，韩玄要杀死黄忠惹众怒；在汉中，刘禅相信杨仪一面之词认定魏延反叛。魏延，本应该成为一代名将，可惜性矜高，造化弄人。

勇武（8）：很多人觉得魏延的武力很强，但若是细究会发现，魏延并没有战胜过什么名将。《三国演义》第 41 回，魏延甚至无法战胜武力并不算优秀的文聘："魏延与文聘交战，从巳至未，手下兵卒，皆已折尽。"第 72 回，魏延还曾败于庞德之手："延弃弓绰刀，骤马上山坡来杀曹操。刺斜里闪出一将，大叫：'休伤吾主！'视之，乃庞德也。德奋力向前，战退魏延，保操前行。"即使这样，魏延也能排到五虎上将之后，是蜀汉武将中的最佳第六人。

智谋（6）：在智谋方面，魏延最著名的就是"子午谷奇谋"了："今假延精兵五千，负粮五千，直从褒中出，循秦岭而东，当子午而北，不过十日可到长安。"这个计划是否可行，历代争议不断。不过，就像邓艾偷渡阴平一样，即使子午谷奇谋成功的概率不大，但其他方法既然都已失败了，何不尝试一下呢？

统兵（8）：刘备占据汉中，自封汉中王，回成都前，准备留一员大将镇守汉中，当时大多数人都认为刘备会选张飞，但是刘备却出人意料地提拔魏延为汉中太守。刘备问魏延："今委卿以重任，卿居之欲云何？"魏延回答："若曹操举天下而来，请为大王拒之；偏将十万之众至，请为大王吞之。"魏延说到做到，在他担任汉中太守的八年时间里，曹魏未敢来犯。

理政（4）：魏延担任汉中太守的数年中，汉中太平无事，陈寿称其"善养士卒"。然而魏延不善于处理人际关系，诸葛亮死后，魏延与杨仪反目，分别上表刘禅称对方谋反，但蒋琬、董允都劝刘禅相信杨仪，魏延因此被杀。

狂傲重臣：李严

人物资料

字号：字正方，后改名李平

生卒：?—234 年

籍贯：荆州南阳郡（今河南省南阳市）

相貌：腹中有鳞甲。（《三国志》）

官职：尚书令、中都护、骠骑将军

爵位：都乡侯

评　价

诸葛亮：部分如流，趋舍罔滞，正方性也。

诸葛亮：平为大臣，受恩过量，不思忠报，横造无端，危耻不办，迷罔上下，论狱弃科，导人为奸，情狭志狂，若无天地。自度奸露，嫌心遂生。

陈寿：都护李严性自矜高。

陈寿：李严以干局达。

陈震：正方腹中有鳞甲，乡党以为不可近。

常璩：其太守，汉兴以来，鲜后显者。

杨戏：正方受遗，豫闻后纲，不陈不佥。造此异端，斥逐当时，任业以丧。

虞溥：严少为郡职吏，用性深刻，苟利其身。乡里为严谚曰："难可狎，李鳞甲。"

诸葛亮（演义）：吾已见李严武艺，不可力取。

诸葛亮（演义）：李严在白帝城，此人可当陆逊也。

诸葛亮（演义）：匹夫为一己之故，废国家大事。

人物生平

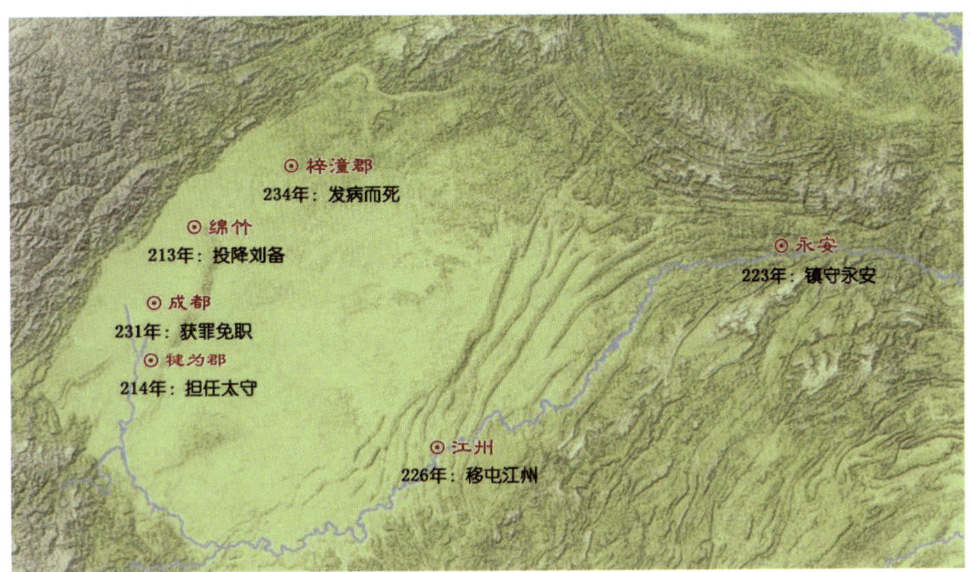

208 年：李严年轻时是郡里的一个小吏，以才干著称，荆州牧刘表先后让他在多个郡县做官。担任秭归令时，曹操南下荆州，李严入蜀投靠刘璋，刘璋任命他为成都令，颇有名声。

213 年：刘备入蜀后，反攻刘璋，刘璋任命李严为护军，在绵竹抵抗刘备，但李严率领部下投降，刘备封他为裨将军。演义中，李严与黄忠力战四五十回合不分胜负，被诸葛亮用计生擒。

214 年：刘备逼降刘璋，任命李严为犍为太守、兴业将军。益州在刘璋治理下法纪松弛，刘备命李严与诸葛亮等人制定重典《蜀科》。

218 年：盗贼马秦、高胜等纠集数万人在郪县起兵叛乱，进攻资中县。当时刘备在汉中，无暇顾及，李严率本郡士兵五千人前往讨伐，斩杀马秦、高胜等人。其余人四散逃命。后又有越嶲郡夷帅高定派兵围攻新道县，李严前去救援，击退敌军。刘备以李严有功，封为辅汉将军。

222 年：刘备率军伐吴，在夷陵被陆逊击败，退守白帝城。刘备征召李严到永安宫，任命他为尚书令。

223 年：刘备病故，李严与诸葛亮受遗诏辅佐后主刘禅，李严担任中都护，统管内外军事，留守永安。刘禅即位后，封李严为都乡侯，加光禄勋。

226 年：李严迁升为前将军。诸葛亮准备出兵北伐，希望李严在后方总理政事，把李严调到离成都更近的江州，留护军陈到驻守永安，受李严统属。

230 年：李严迁升为骠骑将军。魏国大司马曹真三路进攻汉中，诸葛亮命李严率两万人赶赴汉中支援。诸葛亮表奏李严之子李丰接替李严，担任江州都督，命李严以中都护署丞相府事务。同年，李严改名为李平。

231 年：诸葛亮第四次北伐，驻军祁山，李严负责督运粮草。当时是夏秋之交，阴雨连绵，粮草供应不上，李严请求诸葛亮退军。诸葛亮回来后，李严为开脱自己督运粮草不利的罪责，上表后主说军粮充足，称诸葛亮退兵目的是诱敌深入。诸葛亮指出李严前后书信的矛盾之处，李严认罪，被免除一切职务，流放梓潼。

234 年：诸葛亮病故，李严获悉，认为自己不可能再恢复官职了，发病而死。

人物能力

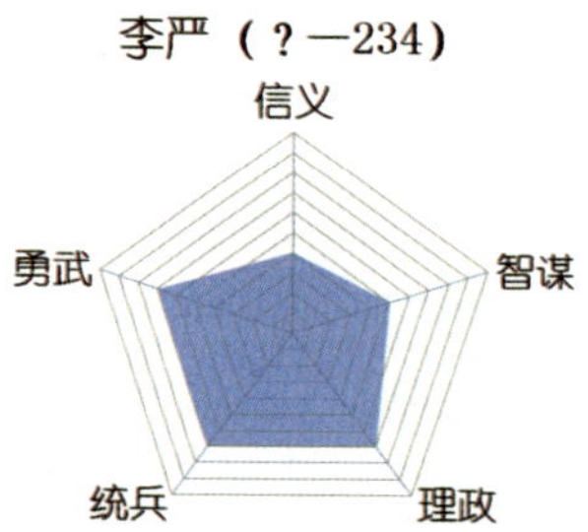

信义（4）：在未曾反叛的人中，李严的信义可能是最低的。诸葛亮第一次北伐，命李严镇守汉中，但李严百般推脱，要求划出五个郡另立巴州，由他担任巴州刺史，诸葛亮虽未同意，但为了安抚李严，仍然任命他为江州都督。后来，魏军三路进攻汉中，诸葛亮再次提出调李严镇守汉中，但李严竟以司马懿邀请他投奔魏国为由要挟诸葛亮，诸葛亮只得提拔他的儿子李丰接任江州都督。诸葛亮第四次北伐，李严督运粮草不利，为开脱罪责，一边请求诸葛亮撤军，一边告诉刘禅诸葛亮退军是为了诱敌深入。李严既无信，也无义，不过还算忠，因此信义给4 分。

勇武（7）：《三国演义》第 65 回，李严曾与黄忠大战四五十回合不分胜负，诸葛亮看到后也说："吾已见李严武艺，不可力取。"但李严只有这么一次表现，勇武只能给 7 分。

智谋（5）：与诸葛亮一样，李严同为刘备的托孤重臣，但他的很多做法十分幼稚。李严曾经写信劝诸葛亮加九锡晋爵称王，这等于把诸葛亮往火坑里推。诸葛亮十分不悦，写信反驳了他。北伐期间，司马懿曾拉拢李严，这件事本不该公开说，但他竟然借此要挟诸葛亮。负责督运粮草时，李严一面对诸葛亮说粮草不继，一面又对后主说粮草充足，这种谎言很容易被拆穿，完全没意义。

统兵（7）：李严的统兵能力优秀，曾率领五千多人击败马秦、高胜领导的数万反贼。越巂夷王高定围攻新道县，也被李严击败。永安是对吴前线，夷陵之战后一直由刘备亲自镇守，刘备病重后，把这个重任交给了李严。但李严未曾有过与名将交战记录，统兵只能给 7 分。

理政（7）：投降刘备之前，李严先后在刘表和刘璋手下做事，颇有政绩。投降刘备后，李严被任命为犍为太守。在任期间，李严凿山通路，修复水利，建造府寺，当地官员百姓都很满意。李严还曾参与制定《蜀科》，这后来成为蜀汉法律体系的基础。但李严性格狂傲，在任期间多次与同僚产生矛盾。曾因迁移郡治官邸一事与功曹杨洪争执，杨洪主动辞职。都督江州后，李严又与牙门将王冲发生摩擦，导致王冲叛逃。

三国人物大数据②：词云篇

词云是一种非常有效的文本分析工具，可以把复杂的文本转化为词语组成的云图，并用颜色加以区分，用大小表现词语出现的次数，实现数据可视化。用词云进行文本分析，既直观又美观，可以达到深度学习的目的。下面这个图就是维克托·迈尔·舍恩伯格 *Big Data*（《大数据时代》）一书的词云图：

Big Data 词云

我们可以清晰地看到，书中出现最多的两个词是 Big（大）和 Data（数据），其次是 Storage（存储）、Analytics（分析）、Technologies（科技）等词。如此一来，《大数据时代》这本书的主要内容就一目了然了。

现在我们就用词云工具来分析一下《三国演义》。我们采取的是人民文学出版社的版本（1973 年 12 月北京第 3 版），也就是去掉批语的毛本《三国演义》。《三国演义》一共 120 回，我们选取了出现次数大于或等于 120 次的所有词语，得到如下词云图：

《三国演义》词云（大于或等于 120 次）

此词云图显示，玄德、孔明、曹操是三个出现最多的名字。具体来说，玄德出现了 1813 次，孔明出现了 1691 次，曹操出现了 943 次。这三组数据，有很多值得玩味的地方。

刘备、诸葛亮占据词云前两位并不意外，毕竟《三国演义》是以蜀汉为正统的。但为什么罗贯中更爱叫刘备、诸葛亮的字玄德、孔明，而对曹操却总是直呼其名呢？这可能还是尊刘抑曹的思想在作祟。在古代，只有比较亲近的人才会叫对方的字，罗贯中是站在蜀汉的立场上写《三国演义》的，在内心更倾向于刘备、诸葛亮，于是亲切地叫他们玄德、孔明。而曹操，作为书中的头号大反派，罗贯中与他划清了界限。

还有一点也值得注意，就是玄德出现的次数要多于孔明。在我们心中，诸葛亮才是《三国演义》的男一号，为什么刘备的存在感反而更高呢？

原因之一是刘备从登场到退场跨越的章回更多。刘备在第 1 回“宴桃园豪杰三结义，斩黄巾英雄首立功”正式登场，直到第 85 回“刘先主遗诏托孤儿，诸葛亮安居平五路”才去世，一共存在了 85 回。而诸葛亮第一次亮相是在第 36 回“玄德用计袭樊城，元直走马荐诸葛”，死于第 104 回“陨大星汉丞相归天，见木像魏都督丧胆”，一共生存了 69 回，比刘备少了 16 回。

原因之二是诸葛亮的其他称呼较多。刘备在书中常用的称呼只有刘备、玄德、先主，而诸葛亮则有一大堆：诸葛亮、孔明、丞相、军师、先生等，这些称呼分流了孔明一词出现的次数。

关羽也存在这样的问题，关公这个词在《三国演义》中出现过 519 次，排在第 10 位，而云长出现过 443 次，排在 12 位，两者之和是 962 次，要高于出现 943 次的曹操。让人意外的是，关羽这个名字在《三国演义》中只出现了 9 次，这是出于对关羽的尊重，作者不愿或不敢直呼其名。

我们再来看看分段故事的词云。对于这部 120 回的鸿篇巨制，如何划分情节结构，不同的学者有着不同的观点，但大体上差异不大。

1994 年中央电视台制作的《三国演义》电视剧分为五部，分别是：群雄逐鹿（演原著第 1—33 回）、赤壁鏖战（演原著第 34—59 回）、三足鼎立（演原著第 60—86 回）、南征北战（演原著第 87—105 回）、三分归一（演原著第 106—120 回）。

三国学者郑铁生在论文《〈三国演义〉成书过程意象整合的虚实关系》中认为《三国演义》分为六部分，分别是："第 1—9 回写宦官外戚争权夺势，董卓进京军阀混战；第 10—33 回写曹操起家，逐鹿中原，扫荡群雄，统一北方；第 34—50 回写赤壁大战，天下三分；第 51—85 回写刘备一举夺得荆襄二州，发展西川奠定蜀汉；第 86—115 回写七擒孟获，北伐中原；第 116—120 回写司马篡位，三国归晋。"

综合各种观点，我认为《三国演义》可以分为六部分，分别是：

· 汉室倾颓（第 1—9 回）：写董卓乱政，致使东汉崩溃。

· 群雄逐鹿（第 10—33 回）：写群雄割据，逐鹿中原。

· 赤壁之战（第 34—57 回）：写赤壁之战，曹、刘、孙三家争夺荆州。

· 三足鼎立（第 58—86 回）：写曹刘孙三家开疆拓土，形成三足鼎立的局面。

· 南征北战（第 87—105 回）：写诸葛亮七擒孟获，六出祁山。

· 三分归晋（第 106—120 回）：写司马家族建立西晋，一统三国。

分析第 120 回全书的词云时，我们选取了出现次数大于或等于 120 次的词语。下面我们采取相同的方法，分析分段故事时，也根据所跨回目数作为标准来选取词语。

汉室倾颓（第 1—9 回）词云（大于或等于 9 次）

前 9 回主要写董卓乱政的故事，吕布、袁绍、董卓、貂蝉都是这段故事中的重要人物，因此着墨较多。这段故事还有一个作用，就是交代魏、蜀、吴三家的代表人物，所以曹操、刘备、孙坚也获得了很多露脸机会。

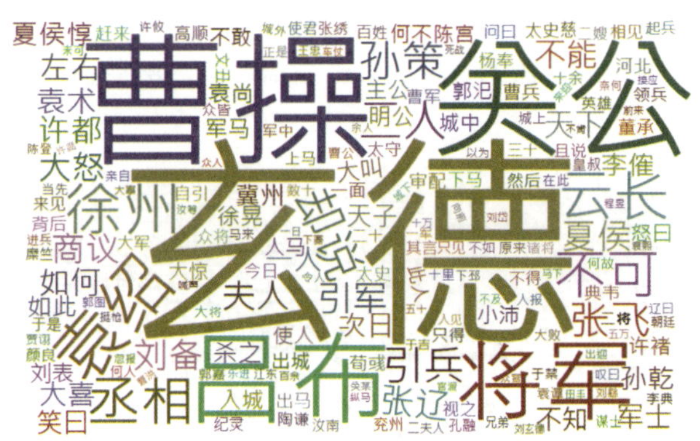

群雄逐鹿（第 10—33 回）词云（大于或等于 24 次）

第 10—33 回写群雄逐鹿中原，重点讲述曹操统一北方、刘备颠沛流离、孙氏建立江东基业。体现到词云中，出现次数最多的是玄德，其次是曹操，孙策也位列前茅。在这段故事中，关羽、吕布、袁绍三人与刘备、曹操都有瓜葛，因此获得了较高的出场率。关羽开始跟随刘备，后又投降曹操。吕布曾夺取刘备的徐州，也曾辕门射戟帮助刘备；他在濮阳差点杀死曹操，后被曹操在白门楼擒杀。袁绍一方面是刘备的寄主，另一方面又是曹操的劲敌。

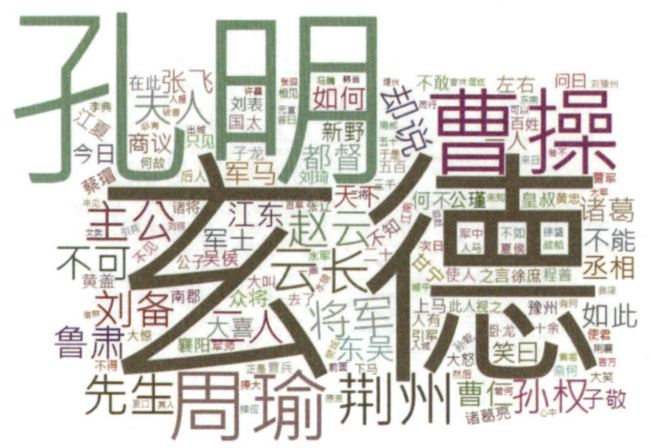

赤壁之战（第 34—57 回）词云（大于或等于 24 次）

第 34—57 回写赤壁之战前后曹、刘、孙三家争夺荆州的故事，从诸葛亮出山开始到周瑜病死为止。除了无处不在的男一号刘备刘玄德，存在感最高的三个人是孔明、曹操、周瑜。这也符合我们的阅读感受，赤壁之战虽说是曹操对抗孙权、刘备的战争，但孙刘联盟的真正决策者是周瑜和诸葛亮。

三足鼎立（第 58—86 回）词云（大于或等于 29 次）

第 58—86 回写曹、刘、孙三家开疆拓土形成三足鼎立的局面。具体来说，曹操击败马超占据关西，击败张鲁占据汉中；刘备击败刘璋占据巴蜀，击败曹操占据汉中；孙权击败关羽占据荆州。除去已经死了的周瑜，刘备、诸葛亮、曹操仍然延续了上段故事中的高出场率。此外，孙权与曹操争夺合肥，与关羽争夺荆州，也经常露脸。马超在《三国演义》中的精彩表现都集中在这段故事中，比如“许褚裸衣战马超”“张飞挑灯战马超”。关羽也在这段故事中谢幕，谢幕前有很多经典故事，比如“单刀赴会”“水淹七军”“刮骨疗毒”“败走麦城”。

南征北战（第 87—105 回）词云（大于或等于 19 次）

第 87—105 回写七擒孟获、六出祁山的故事，诸葛亮是绝对的主角，在词云上的体现就是孔明霸屏。作为诸葛亮的两个对手，孟获和司马懿也获得了较高的出场率。魏延在这段故事中的出场率也很高，因为南征孟获、北伐中原他都全程参与，有很多戏份。

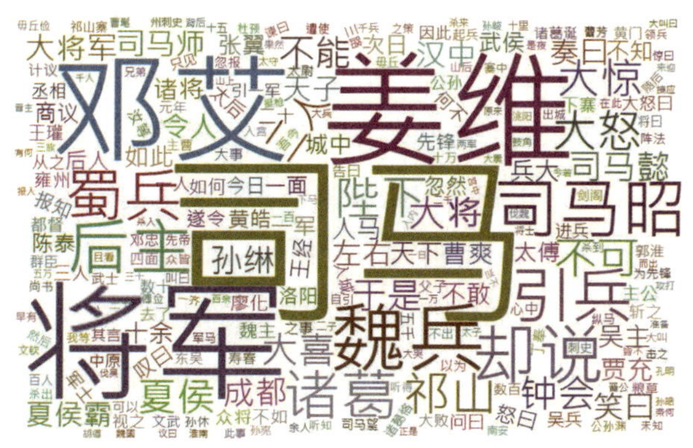

三分归晋（第 106—120 回）词云（大于或等于 15 次）

第 106—120 回写司马氏统一三国，出现最多的词汇是司马，司马这个词包括：司马懿、司马昭、司马师、司马炎。除了司马家族，出现次数最多的人物是姜维和邓艾。岌岌可危的蜀汉政权全靠姜维苦苦支撑，最后被邓艾从阴平攻破。后主刘禅在这段故事中也获得了较高的出场率，还拥有了作为主角的唯一一段故事，就是著名的“乐不思蜀”。

分析完《三国演义》，我们再看《三国志》。《三国志》一共 65 卷，我们选取出现过 65 次以上的词形成词云，可以得到下图：

《三国志》词云（大于或等于 65 次）

《三国志》的词云图与《三国演义》有明显的差异。《三国志》中出现次数最多的十个人名中，曹魏这边的有四个：太祖（曹操）、文帝（曹丕）、明帝（曹叡）、宣王（司马懿）；蜀汉这边的有三个：先主（刘备）、诸葛亮、关羽；东吴这边只有一个：孙权；另两个是汉末两大诸侯：袁绍和刘表。

《三国演义》以蜀汉为正统，因此玄德和孔明两词出现次数最多。《三国志》以曹魏为正统，因此太祖一词出现次数最多，一共出现了 1552 次。排名第二的是先主一词，一共出现了 523 次，仅是太祖一词的 1/3。而诸葛亮一词只出现了 166 次，排在第七位，可以看出，《三国演义》扩大了诸葛亮的影响。文帝和明帝两词在《三国演义》中存在感都不高，但是在《三国志》中分别排在第三位和第八位。

司马懿在《三国志》中没有传记，因为陈寿是西晋人，写当朝皇帝的爷爷容易丢脑袋。但司马懿是西晋真正的创立者，出场次数排在第四位。

吴国这边仅有光杆司令孙权一人，看来，不光是《三国演义》，在《三国志》中吴国也是彻头彻尾的配角。

关羽是前十位中仅有的武将，称其三国第一武将毫不为过，这也能从一个角度解释后人在三国武将中特别推崇关羽的原因。

河北袁绍和荆州刘表也进了前十，虽然最后没有成事，但是他们地盘大，人才多，对三国时局有巨大的影响。

《三国志》分为《魏书》《蜀书》《吴书》，其中，《魏书》30 卷、《蜀书》15 卷、《吴书》20 卷，我们再分卷来看。

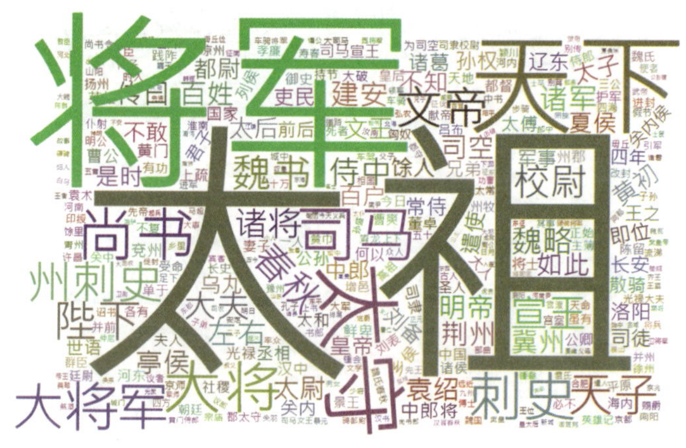

《魏书》词云（大于或等于 30 次）

《魏书》中，太祖（曹操）霸屏，一共出现 1546 次，是《魏书》的绝对核心。然后是文帝（曹丕）的 250 次、宣王（司马懿）的 206 次、明帝（曹叡）的 150 次，词云准确地反映了曹魏军政大权的更迭。袁绍作为曹操统一北方的最大敌人，一共出现 145 次，排名第五位，甚至超过了排名第六位的刘备和排名第七位的孙权。

《蜀书》中，先主（刘备）出现最多，一共 520 次，作为刘备最大的敌人，曹公（曹操）超越其他蜀汉人物排名第二，一共出现 158 次。诸葛亮出现 114 次，排名第三，比后主刘禅 97 次还多，这反映了刘备死后诸葛亮主政的事实。孙权出现 54 次，排名第五位。

《蜀书》词云（大于或等于 15 次）

《吴书》词云（大于或等于 20 次）

《吴书》词云图令人意外，曹公（曹操）一共出现 121 次，排名第一位，甚至超过了孙权的 70 次。这大概是因为孙权很少亲自指挥战斗，而曹操却一直是东吴的敌人。陆逊排名第三位，一共出现 58 次。陆逊出将入相，在东吴扮演着重要角色。陆逊的传记在《吴书》中独占一卷，在《三国志》中，能有这个待遇的非君主人物，也只有他与诸葛亮。与孙权亦敌亦友的刘备出现 51 次，排名第四位。

曹操在《魏书》和《吴书》中排名第一位，《蜀书》中排名第二位，三国第一人实至名归。

继往开来：蒋琬

人物资料

字号： 字公琰

生卒： ?—246 年

籍贯： 荆州零陵郡湘乡县（今湖南省湘潭市湘乡）

相貌： 不详

官职： 大司马

爵位： 安阳亭侯

谥号： 恭侯

评　价

诸葛亮：蒋琬，社稷之器，非百里之才也。

诸葛亮：公琰讬志忠雅，当与吾共赞王业者也。

诸葛亮：臣若不幸，后事宜以付琬。

陈寿：蒋琬方整有威重，费祎宽济而博爱，咸承诸葛之成规，因循而不革，是以边境无虞，邦家和一，然犹未尽治小之宜，居静之理也。

袁宏：公琰殖根，不忘中正。岂曰模拟，实在雅性。亦既羁勒，负荷时命。推贤恭己，久而可敬。

裴松之：蒋、费为相，克遵画一，未尝徇功妄动，有所亏丧，外却骆谷之师，内保宁缉之实，治小之宜，居静之理，何以过于此哉！

王夫之：蒋琬改诸葛之图，欲以舟师乘汉、沔东下，袭魏兴、上庸，愈非策矣。

王夫之：故蒋琬死，费祎刺，而蜀汉无人。

端木埰：诸贤早世，宿将只一赵云，内治只一蒋琬。向宠、董允以下力皆有不逮将相之任。

汤鹏：蒋琬为广都长，不治事；为大将军录尚书事，则群僚服。当其蓄也，畴必之？迨其发也，乃称之。

人物生平

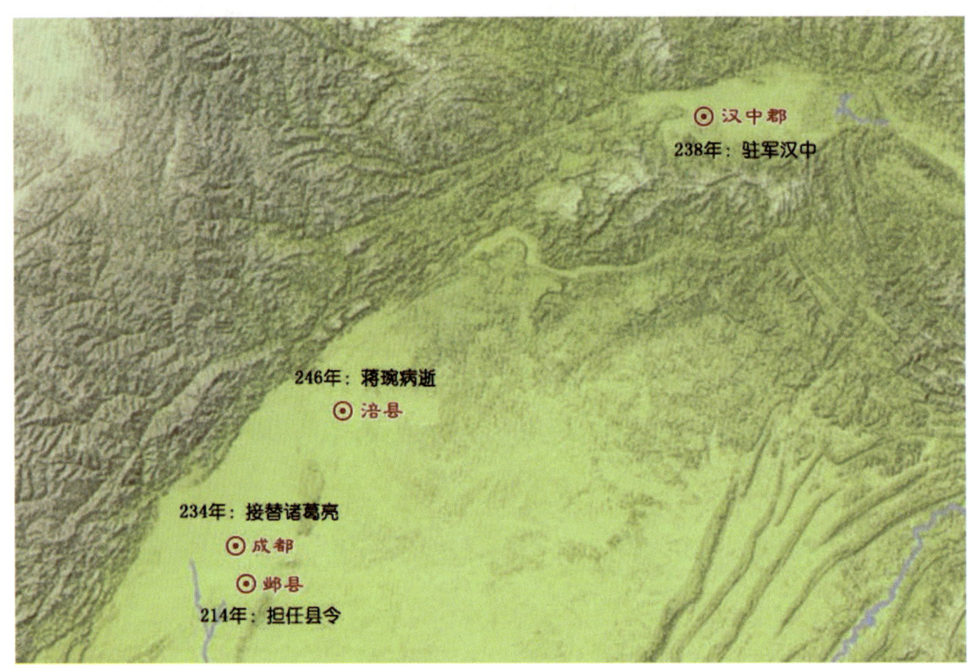

211 年：蒋琬以州书佐的身份跟随刘备入蜀。

214 年：刘备占据益州后，任命蒋琬为广都长。刘备出巡至广都县，发现蒋琬不理政务，常常大醉不醒，大怒。诸葛亮为蒋琬求情，虽没有获罪，但被免官。不久，蒋琬担任什邡令。

219 年：刘备自封汉中王，调蒋琬入朝担任尚书郎。

223 年：后主刘禅即位，丞相诸葛亮开府治事，征召蒋琬为东曹掾，又举荐他为茂才，后迁升参军。

227 年：诸葛亮驻军汉中，准备进行北伐，蒋琬留守成都，与长史张裔处理丞相府的一切事务。

230 年：蒋琬接替张裔担任丞相长史，加抚军将军。诸葛亮每次出兵，蒋琬都能提供充足的后勤供给。诸葛亮秘密上表刘禅，夸赞蒋琬，建议他去世后由蒋琬接替丞相的职务。

234 年：诸葛亮病逝，蒋琬被任命为尚书令，不久又加行都护，领益州刺史，迁大将军，录尚书事，封安阳亭侯。当时，由于诸葛亮去世，蜀国士气低落，蒋琬从容不迫，带领朝中上下走出阴影。

238 年：刘禅下诏，建议蒋琬继承诸葛亮遗志，继续北伐，命蒋琬开府治事，并加封蒋琬为大司马。同年，蒋琬趁司马懿前往辽东讨伐公孙渊之际，率兵进驻汉中。蒋琬驻军汉中的六年间，曹魏不敢来犯，其间，蒋琬还多次命姜维骚扰曹魏。

244 年：蒋琬认为，诸葛亮五次北伐之所以失败，是因为秦岭道路艰险，后勤补给不便，不如沿汉水、沔水东下。于是，蒋琬打造舟船，准备进攻曹魏魏兴、上庸两地。但不料蒋琬旧病复发，未能施行。蒋琬上书刘禅，建议任命姜维为凉州刺史，自己返回涪县。不久，蒋琬病情加重，又将益州刺史之职让与费祎。

246 年：蒋琬病逝，谥号恭侯。

人物能力

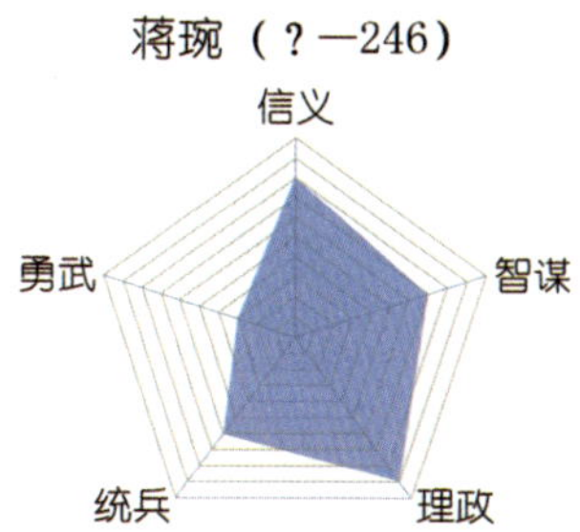

信义（8）：蒋琬为人正直，从不公报私仇，督农杨敏曾评价蒋琬："作事愦愦，诚非及前人。"有人将此话告诉蒋琬，主管官员请求治杨敏罪，蒋琬说自己确实不如前人，又有什么理由将杨敏治罪呢？后来杨敏触犯法律，大家都认为他必死无疑，但蒋琬内心没有偏见，免除了杨敏重罪。不过，蒋琬也有减分项，与《三国演义》中的庞统一样，蒋琬担任县令时觉得自己大材小用，不理政务，终日醉酒，差点被刘备治罪。

勇武（3）：无论正史还是演义，蒋琬都没有勇武方面的表现，只能得到一个壮年文臣的标准分，3 分。

智谋（7）：蒋琬曾提出了影响蜀汉二十多年的战略计划，堪称蜀汉后期的《隆中对》。他上疏说，曹魏如今占据九个州，根深蒂固，消灭他们并不容易。如果吴蜀两国齐心协力，呈掎角之势，虽说不能马上铲除曹魏，但也可以步步蚕食，翦除其羽翼。然而，吴国约定出兵的时间一拖再拖，多次无果，让人进退两难，寝食不安。他每与费祎等人商议，都认为凉州胡人地区是军事要地，进退自如，曹魏也很重视这个地方。而且，羌胡十分思念汉朝，偏军又曾深入羌地，击退郭淮。从长远考虑，应该把羌胡地区当作头等大事来办，并任命姜维为凉州刺史。此后姜维九伐中原，就是依据这个计划行事的。

统兵（6）：蒋琬继承诸葛亮的遗志，进驻汉中，伺机北伐。在汉中的 6 年，曹魏没有找到机会进攻汉中，蒋琬的统兵能力是及格的。

理政（9）：刘备因蒋琬不理政务要将其治罪，诸葛亮替他求情说："蒋琬，社稷之器，非百里之才也。其为政以安民为本，不以修饰为先，愿主公重加察之。"蒋琬的确没有辜负诸葛亮的厚望，在诸葛亮北伐期间，蒋琬为诸葛亮提供了粮草和兵力的支持。诸葛亮死后，蜀汉人心惶惶。蒋琬从容不迫，带领朝廷上下继往开来，使国家走入正轨。临去世前，蒋琬还推荐了两个人，费祎和姜维，这一文一武也是蜀汉后期的依仗。

中才之相：费祎

人物资料

字号：字文伟

生卒：?—253 年

籍贯：荆州江夏郡鄳县（今河南信阳市罗山县西南）

相貌：不详

官职：大将军

爵位：成乡侯

谥号：敬侯

评　价

来敏：君信可人，必能办贼者也。

孙权：君天下淑德，必当股肱蜀朝。

陈寿：费祎宽济而博爱，（咸）承诸葛之成规，因循而不革，是以边境无虞，邦家和一，然犹未尽治小之宜，居静之理也。

裴松之：蒋、费为相，克遵画一，未尝徇功妄动，有所亏丧，外却骆谷之师，内保宁缉之实，治小之宜，居静之理，何以过于此哉！今讥其未尽而不着其事，故使览者不知所谓也。

裴松之：刘禅凡下之主，费祎中才之相，二人存亡，固无关于兴丧。

常璩：祎当国功名略与蒋琬比，而任业相继，虽典戎于外，庆赏刑威，咸咨于己。承诸葛之成规，因循不革，故能邦家和壹。自祎殁后，阉宦秉权。

司马光：祎雅性谦素，当国功名，略与琬比。

葛芝：虽大臣如费祎董允，名将如赵云关张之属类，多奉仰成规，未闻有捐而不与之意。

人物生平

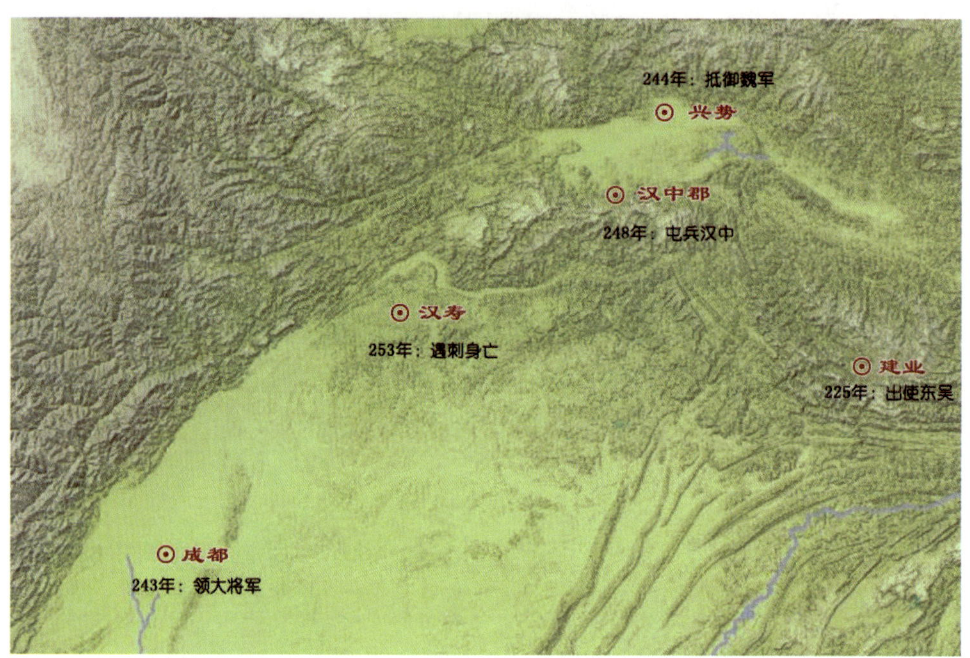

214 年：刘备逼降刘璋，成为益州之主，当时，出生在荆州的费祎正在巴蜀游学，决定留在益州。

221 年：刘备称帝，立刘禅为太子，费祎担任太子舍人，后又迁升为庶子（太子属官）。

223 年：刘禅继位后，任命费祎为黄门侍郎。

225 年：诸葛亮南征回朝，任命费祎为昭信校尉，出使东吴重修盟好。面对东吴君臣的嘲讽，费祎不卑不亢，据理力争，维护了蜀国的尊严，赢得了孙权的尊重。从东吴返回后，费祎迁升为侍中。

227 年：诸葛亮驻军汉中，准备北伐，以费祎为参军。费祎多次出使吴国，总能顺利完成任务。

230 年：费祎转任中护军，后又担任司马。当时，魏延与长史杨仪不和，经常争论，甚至刀兵相见。费祎多次从中调解，保证诸葛亮在世期间能充分发挥魏延、杨仪的能力。

234 年：诸葛亮去世，费祎担任后军师。不久，代替蒋琬为尚书令。

241 年：费祎至汉中与蒋琬讨论国事，年末才回到成都。

243 年：蒋琬从汉中返至涪县，费祎迁升为大将军，录尚书事。

244 年：魏军在兴势驻军，刘禅命费祎前去御敌。费祎来到兴势后魏军退兵，费祎因此被封为成乡侯。同年，蒋琬病重，将益州刺史之职让给费祎。费祎在朝廷的名望与蒋琬不相上下。

248 年：费祎到汉中驻守。从蒋琬到费祎，虽然身处朝廷之外，但赏罚之事，一直坚持向后主请示后再去执行。

251 年：费祎返回成都，成都术士说都城不适合他居住，费祎相信，在冬季到汉寿屯兵。

252 年：后主下诏，命费祎开府治事。

253 年：蜀汉举行岁首大会，魏国投降过来的郭修也在座。费祎欢饮大醉，被郭修刺杀，谥号敬侯。

人物能力

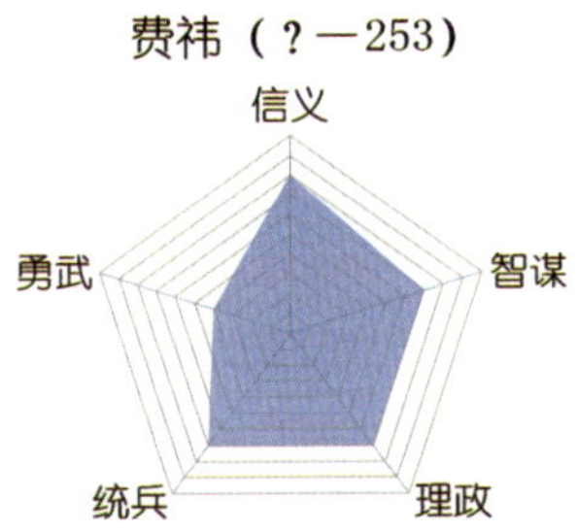

信义（8）：工作上，费祎心胸宽广，246 年，刘禅听从费祎建议大赦天下，大司农孟光公开指责费祎赦免了很多有罪之人，称费祎的做法“上犯天时，下违人理”。费祎听到后，并没有反驳或记恨，反而对孟光表示了感谢。生活中，费祎生性简朴，家无余财，儿子们穿布衣，吃素食，出入没有车马跟随，与普通百姓没有两样。

勇武（4）：费祎曾经多次驻军汉中，亲临前线，虽然没有勇武方面的表现，但勇武比一般谋士要高一些，可以给到 4 分。

智谋（7）：费祎的智谋更多体现在舌辩上，他多次出使东吴，面对东吴君臣的嘲讽，费祎总能从容应对。一次，孙权设宴款待费祎，事先告诉群臣：费祎来时，继续吃饭，不要起身。费祎到后，见群臣自顾吃饭，无人施礼，他说，凤凰来的时候，麒麟懂得停止饮食，但骡马不懂，只顾低头吃饭。孙权十分敬重费祎，费祎返回蜀国前，孙权以宝刀相赠，但费祎说："臣以不才，何以堪明命？然刀所以讨不庭、禁暴乱者也，但愿大王勉建功业，同奖汉室，臣虽暗弱，终不负东顾。"孙权感叹："君天下淑德，必当股肱蜀朝，恐不能数来也。"

统兵（7）：244 年，魏国大将军曹爽进攻汉中，刘禅命费祎御敌。光禄大夫来敏前来送行，请求与费祎下围棋。这时战报传来，全军枕戈待旦，形势危急。费祎却面不改色，仍然从容对弈，来敏说他刚才只是试探一下，看来费祎果然值得被委以重任，一定能击败敌军。费祎到了前线，魏军立即退兵。此后，费祎又多次驻军汉中，魏军不敢再来进攻。

理政（7）：外交上，费祎多次出使东吴，对修复吴蜀关系有巨大贡献。内政上，费祎官至尚书令，开府治事，成为诸葛亮、蒋琬的继任者。但是，费祎在工作上墨守成规，缺乏创见，裴松之称其"中才之相"。另外，费祎比较迷信，听术士一面之词，离开成都移居汉寿，最后却在汉寿遇刺身亡，着实有些讽刺。

人物资料

字号： 字伯约

生卒： 202—264 年

籍贯： 凉州天水郡冀县（今甘肃省天水市甘谷县）

相貌： 不详

武器： 枪

官职： 大将军

爵位： 平襄侯

评　价

诸葛亮：姜伯约忠勤时事，思虑精密。

诸葛亮：姜伯约甚敏于军事，既有胆义，深解兵意。

钟会：公侯以文武之德，怀迈世之略，功济巴、汉，声畅华夏，远近莫不归名。

邓艾：姜维，自一时雄儿也。然与某相值，故穷耳。

郤正：如姜维之乐学不倦，清素节约，自一时之仪表也。

郭颁：时蜀官属皆天下英俊，无出维右。

曹奂：蜀所恃赖，唯维而已。

常璩：姜维才非亮匹，志继洪轨，民嫌其劳，家国亦丧矣。

廖化：“兵不戢，必自焚”，伯约之谓也。

陈寿：姜维粗有文武，志立功名，而玩众黩旅，明断不周，终致陨毙。

傅玄：维为人好立功名，阴养死士，不修布衣之业。

赵云（演义）：谁想此处有这般人物！

诸葛亮（演义）：吾自出茅庐以来，遍求贤者，欲传授平生之学，恨未得其人。今遇伯约，吾愿足矣！

人物生平

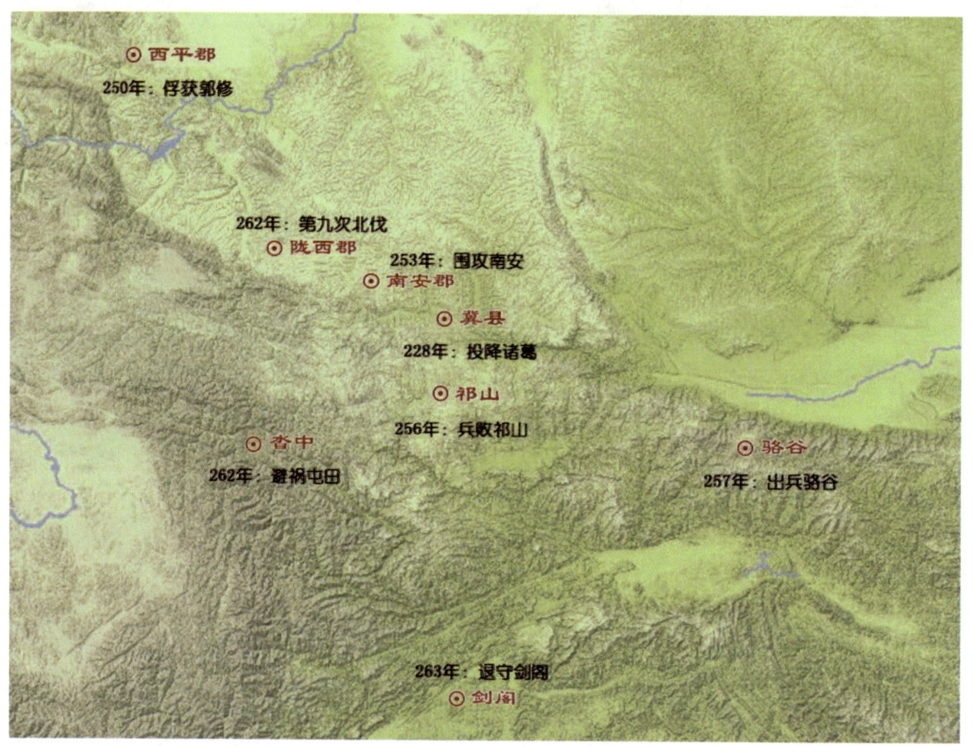

228 年：诸葛亮第一次北伐，姜维在走投无路的情况下投降诸葛亮。

229 年：姜维担任仓曹掾，加奉义将军，封当阳亭侯，后迁升为中监军征西将军。

234 年：诸葛亮病逝，刘禅任命姜维为右监军辅汉将军，封平襄侯。

243 年：姜维迁升为镇西大将军，领凉州刺史。

247 年：姜维迁升为卫将军，第一次北伐，与郭淮、夏侯霸战于陇西郡洮西。

249 年：姜维第二次北伐，率军出西平郡，不克而还。

250 年：姜维第三次北伐，再次出兵西平郡，俘获魏中郎将郭修而还。

253 年：姜维第四次北伐，率领数万人出石营，围攻南安郡，粮尽退军。

254 年：姜维第五次北伐，进攻陇西郡，大破徐质援军。

255 年：姜维第六次北伐，出狄道，于洮西大破王经，邓艾、陈泰等人并力解围，姜维退军。

256 年：姜维迁升为大将军，第七次北伐，兵出祁山，被邓艾击败，伤亡惨重。姜维上书谢罪，自求贬职，改任后将军，代行大将军职权。

257 年：姜维第八次北伐，率军数万出骆谷，与司马望、邓艾相持，姜维多次挑战，司马望、邓艾坚守不出。

258 年：姜维退兵，重新任大将军。

262 年：姜维第九次北伐，率军进入陇西郡洮阳，被邓艾击败，退驻沓中。当时宦官黄皓弄权，姜维请求除掉黄皓，刘禅不肯，姜维担心被害，申请到沓中屯田。

263 年：魏国南下灭蜀，姜维被邓艾牵制，无法救援汉中，汉中失守，姜维退保剑阁，抵御钟会。邓艾偷渡阴平，刘禅投降，命令姜维放弃抵抗。

264 年：姜维假意与钟会联合反魏，希望借钟会之手再兴汉室，事泄被杀。

人物能力

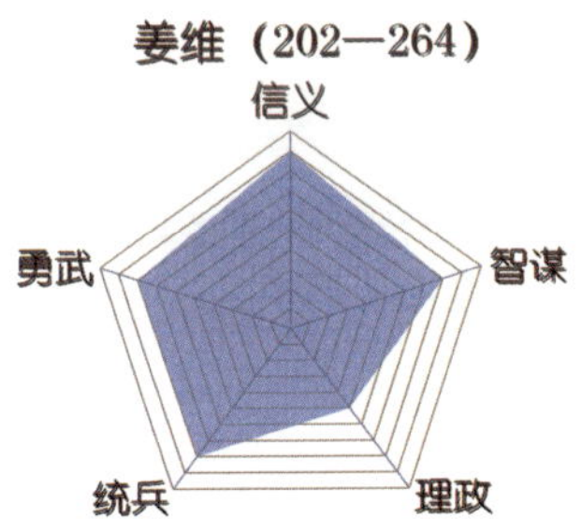

信义（9）：姜维虽然叛魏投蜀，但事出有因。诸葛亮北伐，天水太守马遵怀疑姜维有异心，抛弃姜维逃到上邽。姜维追到上邽，马遵不让姜维进城，姜维走投无路才投降诸葛亮。到了蜀国，姜维忠心耿耿，一直都在坚持诸葛亮的北伐大业。即使在刘禅投降后，姜维还想利用钟会复兴蜀汉，最后以身殉国。个人修为上，姜维也无可挑剔，郤正曾说：“姜伯约据上将之重，处群臣之右。宅舍弊薄，资财无余，侧室无妾媵之亵，后庭无声乐之娱……”

勇武（8）：演义中，姜维一出场，就与赵云进行了一次单挑："云挺枪直取姜维。战不数合，维精神倍长。云大惊，暗忖曰：'谁想此处有这般人物！'"赵云回营见到诸葛亮，夸奖姜维枪法与他人大不同。《三国演义》中，能让赵云做出如此评价的人，只有姜维。正史上，姜维与钟会密谋反魏，事情败露，胡烈率军来攻，63 岁的姜维仍然"率会左右战，手杀五六人"。

智谋（8）：姜维"文武双全，智勇足备"，曾两次识破诸葛亮计谋。蜀军进攻天水，姜维看出诸葛亮想骗魏兵出城，从而乘虚而入。于是将计就计，设置伏兵前后夹击，击退赵云。获胜之后，姜维又判断诸葛亮必来偷袭，分兵四支，等诸葛亮前来，半夜杀出，再次击败蜀军。诸葛亮知道中计后感叹："兵不在多，在人之调遣耳。此人真将才也！"

统兵（8）：姜维北伐中原，从 247 年开始，到 262 年结束，历时 16 年，前后 9 次。其中，姜维大胜 1 次、小胜 2 次、大败 1 次、小败 2 次、打平 3 次，总体来说胜负相当。但是，蜀国是小国，姜维能调动的兵力有限，在这种情况下依然能与郭淮、邓艾等魏国优秀将领打成平手，姜维的统兵能力非常优秀。

理政（5）：与他的军事能力相比，姜维的政治能力要弱很多。在处理人事关系上，姜维常常被孤立，右车骑将军廖化曾经批评姜维："'兵不戢，必自焚'，伯约之谓也。"宦官黄皓也对他不满，逼得姜维到沓中屯田避祸。陈寿这样批评姜维："玩众黩旅，明断不周，终致陨毙。"

乱世奸雄：曹操

人物资料

字号：一名吉利，字孟德，小字阿瞒

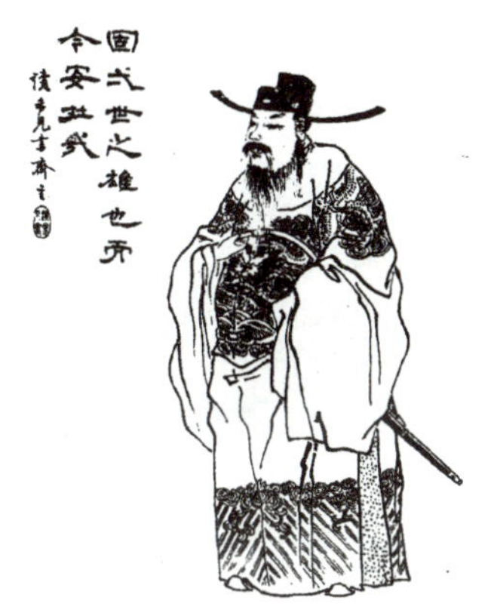

生卒：155—220 年

籍贯：豫州沛国谯县（今安徽省亳州市亳县）

相貌：姿貌短小，神明英发。（《魏氏春秋》）身长七尺，细眼长髯。（《三国演义》）

官职：丞相

谥号：武皇帝

庙号：太祖

评　价

桥玄：天下将乱，非命世之才不能济也，能安之者，其在君乎！

许劭：子治世之能臣，乱世之奸雄。

鲍信：夫略不世出，能总英雄以拨乱反正者，君也。

刘备：今指与吾为水火者，曹操也，操以急，吾以宽；操以暴，吾以仁；操以谲，吾以忠。

诸葛亮：曹操智计殊绝于人，其用兵也，仿佛孙、吴。

孙权：操之所行，其惟杀伐小为过差，及离间人骨肉，以为酷耳。至于御将，自古少有。

陈寿：抑可谓非常之人，超世之杰矣。

王沈：（太祖）御军三十余年，手不舍书，昼则讲武策，夜则思经传，登高必赋，及造新诗，被之管弦，皆成乐章。

裴松之：魏太祖机变无方，略不世出。

李世民：帝以雄武之姿，常艰难之运。栋梁之任，同乎曩时；匡正之功，异乎往代。

鲁迅：曹操是一个很有本事的人，至少是一个英雄。我虽不是曹操一党，但无论如何，总是非常佩服他。

《剑桥中国秦汉史》：曹操出身微贱，是大诗人、大战略家，也是现实主义的政治思想家；他反对儒家的礼仪和道德束缚。

人物生平

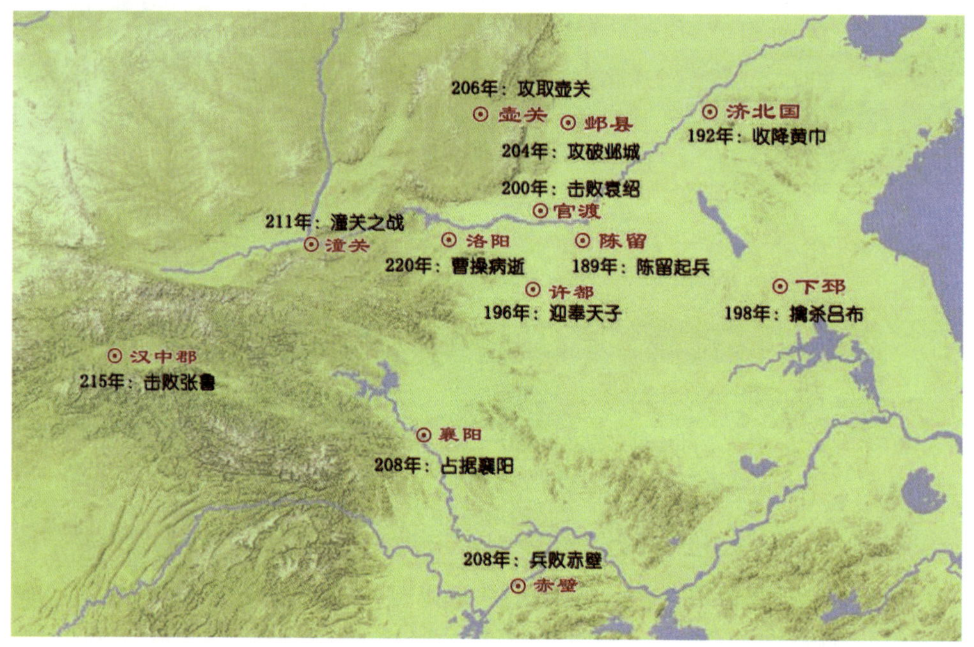

155 年：曹操出生，其父曹嵩是中常侍大长秋曹腾的养子，官至太尉。

174 年：曹操被举荐为孝廉，担任洛阳北部尉，后迁顿丘令，又被征拜为议郎。

184 年：黄巾起义爆发。曹操被拜为骑都尉，征讨颍川黄巾贼，迁升为济南相。不久，曹操被征为东郡太守，但曹操没有赴任，称病回乡。

188 年：凉州叛乱，天下骚动，朝廷征召曹操为典军校尉。

189 年：董卓入主洛阳，废少帝立献帝，曹操逃至陈留，聚合义兵，准备讨董。

190 年：关东诸侯以袁绍为盟主起兵讨董，曹操担任奋武将军。

191 年：董卓放弃洛阳，逃到长安，讨董联盟解散，袁绍表奏曹操为东郡太守。

192 年：青州黄巾贼攻打兖州，济北相鲍信迎请曹操领兖州牧，曹操大破黄巾贼。

194 年：曹操为报父仇进攻徐州陶谦，吕布趁机抢占兖州，后被曹操击退。

196 年：曹操奉迎汉献帝于许都，担任司空。同年，曹操开始实行屯田。

198 年：曹操水淹下邳，擒杀吕布，夺取徐州。

200 年：曹操在官渡击败袁绍，开始反攻河北。

205 年：曹操先后击败袁尚和袁谭，占据冀州和青州。

206 年：曹操攻取壶关，捕杀高干，占据并州。

207 年：曹操北征乌桓讨袁尚、袁熙，二人逃至辽东被公孙康杀死，曹操占据幽州大部。至此，曹操彻底肃清袁氏势力，整个华北平原都在曹操的掌控之下。

208 年：曹操南下荆州，刘表病死，刘琮投降，刘备逃到江夏，与孙权联合。赤壁之战中，曹操被孙刘联军用火攻击败。

211 年：以韩遂、马超为首的关西诸将反叛，曹操亲率大军平叛。双方在潼关对峙，曹操听从徐晃建议迂回渡过黄河，又按贾诩之计离间关西联军，在渭南将其击溃。后逐步平定凉州，统一中国北方。

215 年：曹操西征张鲁，占据汉中。回到邺城后，汉献帝封曹操为魏王。

219 年：曹操在汉中被刘备击败，回到洛阳。同年，关羽攻打襄樊，威震华夏，曹操与孙权联合击杀关羽。

220 年：曹操病逝，时年 66 岁，谥号武王。

人物能力

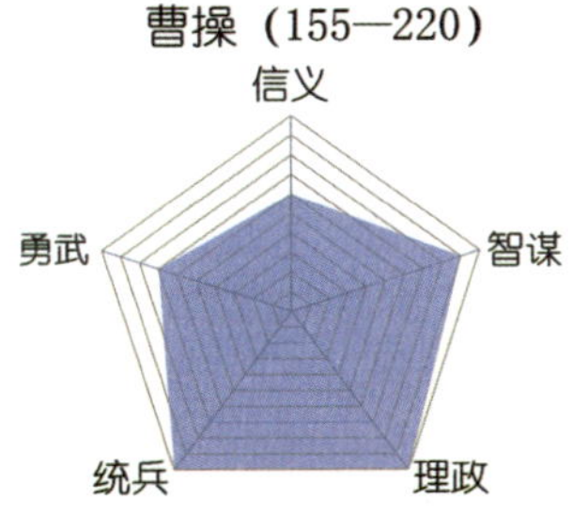

信义（6）：曹操是个性格非常复杂的人，在信义方面有得有失。张绣降而复叛，杀死曹操长子曹昂、爱将典韦，但再次投降时，曹操仍然接纳了他；陈琳为袁绍写讨曹檄文，骂遍曹操祖孙三代，归顺后曹操既往不咎。另外，吕伯奢冒死收留曹操，曹操误杀其家人后又将吕伯奢杀死；荀彧是曹操统一北方的首席功臣，仅仅因为反对曹操称王，就被曹操赐死；攻打徐州时，曹操为了泄愤，大肆屠杀百姓，致使泗水不流。综合考虑，曹操信义 6 分。

勇武（7）：演义中，除了刺杀董卓，曹操并没有太多勇武方面的表现。但在正史上，曹操的武艺高强。《太平御览》记载：曹操十岁时，在谯水里游泳，遇到一条鳄鱼，曹操奋力猛打鳄鱼，将其击退。长大后，曹操勇武过人，《魏氏春秋》记载：曹操曾潜入张让家中刺杀张让，被张让家人发现，曹操挥舞双戟，且战且退，跳墙逃走。

智谋（9）：曹操的智慧体现在政治、军事、外交多个方面。何进为铲除宦官邀请董卓入京，曹操认为兴师动众事情一定会暴露，何进不听，反被宦官杀死。潼关之战，曹操用离间之计，使马超、韩遂互相猜忌，一举击败关西联军。袁尚、袁熙逃入辽东，诸将建议曹操乘胜追击，曹操采用隔岸观火之计，最终公孙康不愿得罪曹操，主动将二袁首级送给曹操。

统兵（10）：纵观曹操一生，擒吕布、破袁绍、胜刘备、败马超、战孙权，战术灵活多变，治军法令严明，在整个中国历史上，都是名列前茅的军事家。理论方面，曹操撰写《孙子略解》，开创整理注释《孙子兵法》的先河，丰富和发展了中国古代军事理论。三国时代，如果仅仅有一个人的统兵能力可以到 10 分，那也应该是曹操。

理政（10）：经济方面，曹操实行屯田，改革户籍，兴修水利，在很短时间内让“白骨露于野，千里无鸡鸣”的中原地区变得“农官兵田，鸡犬之声，阡陌相属”。人事方面，曹操实行唯才是举，只要有才能，即使道德方面有瑕疵，出身下层，他也会提拔选用，这打破了世族门第观念，起到了抑制豪强、加强集权的作用。

人物资料

字号： 字子桓

生卒： 187—226 年

籍贯： 豫州沛国谯县（今安徽省亳州市亳县）

相貌： 不详

年号： 黄初

谥号： 文皇帝

庙号： 高祖，一作世祖

评　价

诸葛亮：曹丕篡弑，自立为帝，是犹土龙刍狗之有名也。

孙权：及操子丕，桀逆遗丑，荐作奸回，偷取天位。而叡么麽，寻丕凶迹，阻兵盗土，未伏厥诛。

陈寿：文帝天资文藻，下笔成章，博闻强识，才艺兼该。

陈寿：若加之旷大之度，励以公平之诚，迈志存道，克广德心，则古之贤主，何远之有哉！

葛洪：自建安之后，魏之武文，送终之制，务在俭薄，此则墨子之道，有可行矣。

垣荣祖：昔曹操、曹丕上马横槊，下马谈论，此于天下可不负饮食矣！

王勃：文帝富裕春秋，光应禅让，临朝恭俭，博览坟典，文质彬彬，庶几君子者矣。

刘知几：文帝临戎不武，为国好奢，忍害贤良，疏忌骨肉。

王锴：文帝八岁能属文，博览古今，贯穿经史。及居帝位，益尚谦和。坐不废书，手不释卷。

范仲淹：魏文帝宠立郭妃，谮杀甄后，被发塞口而葬，终有反报之殃。

毛泽东：曹丕也是他儿子，也有些才华，但远不如曹操，曹丕在政治上也平庸。

人物生平

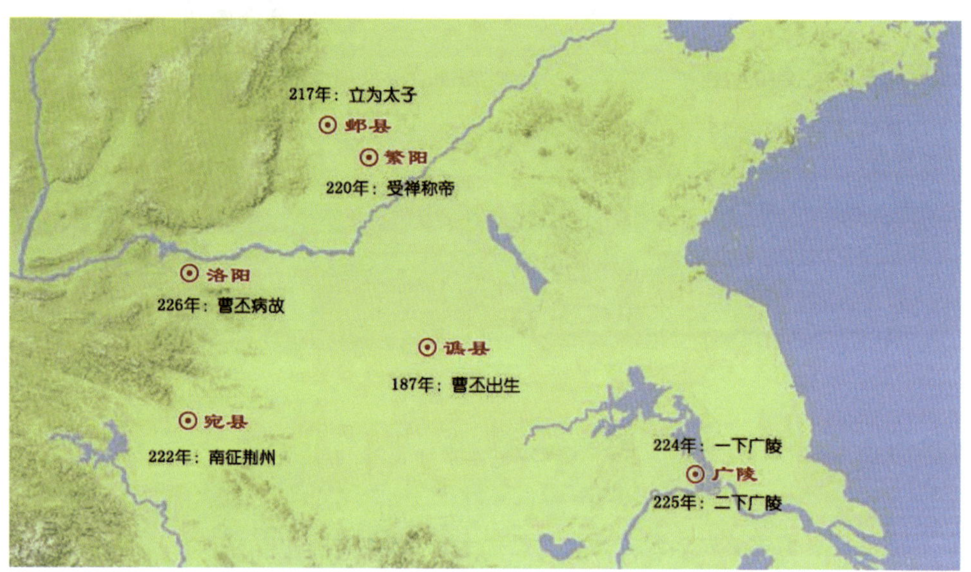

187 年：曹丕生于谯县，是曹操的第三个儿子。

194 年：曹丕八岁，能作文，喜读书，善骑射，好击剑。

197 年：曹操征宛城，张绣降而复叛，曹操长子曹昂被杀，曹丕乘马逃脱。

204 年：曹操攻破邺城，曹丕纳袁熙之妻甄氏为妻。

208 年：司徒赵温举荐曹丕为官，但曹操认为曹丕才能不够，之所以被举荐是因为曹丕是自己的儿子，赵温也因此被免官。

211 年：曹丕担任五官中郎将、副丞相。

217 年：曹丕在司马懿、贾诩、陈群、吴质等人的帮助下，在储位争夺战中战胜曹植，被曹操立为魏太子。

219 年：曹操西征刘备，曹丕作为储君驻守邺城，魏讽趁机谋反，曹丕率众平定叛乱，诛杀魏讽。

220 年：曹操病逝，曹丕继任丞相、魏王，并改元延康。年底，汉献帝被迫禅让帝位，曹丕三次上书辞让后在繁阳设坛称帝，改元黄初，大赦天下。曹丕奉汉献帝为山阳公，追尊祖父曹嵩为太皇帝，父亲曹操为武皇帝。

221 年：孙权迫于刘备东征的压力，向曹丕请降。曹丕拜孙权为大将军，封吴王，加九锡。同年，甄氏失宠，被曹丕赐死。

222 年：孙权拒绝遣长子孙登到魏国做人质，曹丕南征荆州，孙权临江拒守，双方互有胜负。孙权进贡言和，曹丕退兵。

224 年：曹丕亲率水军南下广陵，改从东线进攻孙权。孙权采用徐盛之计，设置疑兵迷惑曹丕。与此同时，长江水位暴涨，曹丕所乘龙舟几乎被掀翻，曹丕无奈退军。

225 年：曹丕再次率水军南下广陵，在长江边上检阅部队。但由于天气寒冷，水道结冰，战船无法入江，曹丕再次退军。

226 年：曹丕返回洛阳，病重，命镇军大将军陈群、中军大将军曹真、征东大将军曹休、抚军大将军司马懿共同辅佐嗣主曹叡。数日后，曹丕去世，时年 40 岁，谥号文皇帝。

人物能力

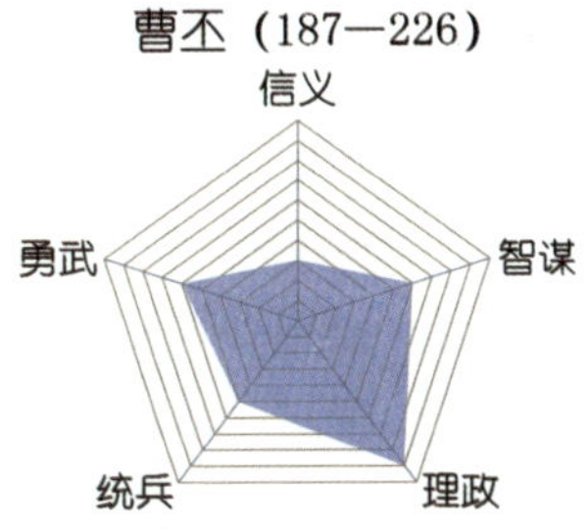

信义（3）：建安二十五年（220 年）正月，曹操病逝，曹丕继任魏王，着手篡汉称帝。同年十二月二十八日，曹丕废汉献帝为山阳公，登坛称帝。就当时的三国局势来看，曹丕称帝本无可厚非，但这个时间点距离曹操去世还不到一年，曹丕有些太过着急了。成为皇帝后，曹丕又开始打压对自己继承权有威胁的兄弟，命曹植在七步之内成诗，否则就把他处死。对于女人，曹丕也不手软。曹丕嫔妃众多，皇后甄氏稍有怨言，就被曹丕赐死。

勇武（6）：曹丕虽然没有上阵单挑的经历，但八岁学击剑，剑法一流。一次，曹丕与奋威将军邓展等人宴饮，席间讨论击剑技巧。曹丕提出与邓展切磋武艺，邓展同意。当时，几人正在吃甘蔗，为了避免受伤，就用甘蔗作为武器格斗。曹丕三次击中邓展肩膀，邓展不服气，认为曹丕的甘蔗好，换了一根继续。邓展突然直刺，曹丕闪过，抬脚踢中邓展脑袋，邓展这才拜服。

智谋（6）：曹丕是一位优秀的诗人，我国现存最早的文人七言诗就是他的。曹丕还是一位文艺理论家，他的《典论·论文》是中国最早的文学理论著作。在军事谋略方面，曹丕也颇有见地。刘备伐吴，与陆逊交战，连营七百里，曹丕得知后，对群臣说："备不晓兵，岂有七百里营可以拒敌者乎！"但是，曹丕不顾贾诩等人的劝阻，执意伐吴，表现得不够聪明。

统兵（5）：曹丕三次御驾亲征，都没有成功。222 年，曹丕挥师南下，进攻江陵，吴国坚守，双方互有胜负，魏军遭遇瘟疫，曹丕无奈撤军。224 年，曹丕广陵观兵，准备从东线渡江，但江水暴涨，曹丕的龙舟都险些被掀翻，吓得曹丕退兵。225 年，曹丕再次兵发广陵，但天气寒冷，江边结冰，战船无法进入长江，曹丕感叹："嗟乎，固天所以隔南北也！"再次无功而返。

理政（9）：即位魏王之初，曹丕便出台两项新政，第一项是规定宦官最高只能做到诸署令，从制度上杜绝了宦官干政，彻底解决了东汉政府的顽疾。第二项是采纳陈群的意见，确立九品中正制，把人事任免权从地方收归到中央，赢得了士族的支持，为称帝奠定了基础。

独目将军：夏侯惇

人物资料

字号：字元让，外号盲夏侯

生卒：?—220 年

籍贯：豫州沛国谯县（今安徽省亳州市亳县）

相貌：为流矢所中，伤左目。(《三国志》)

武器：枪

官职：济阴太守、大将军

爵位：高安乡侯

谥号：忠侯

评　价

曹操：魏绛以和戎之功，犹受金石之乐，况将军乎！

曹丕：昔先王之礼，于功臣存则显其爵禄，没则祭于大蒸，故汉氏功臣，祀于庙庭。大魏元功之臣功勋优著，终始休明者，其皆依礼祀之。

段默：伏波与先帝有定天下之功。

司马炎：惇，魏之元功，勋书竹帛。昔庭坚不祀，犹或悼之，况朕受禅于魏，而可以忘其功臣哉！

陈寿：惇虽在军旅，亲迎师受业。性清俭，有余财辄以分施，不足资之于官，不治产业。

檀珪：夏侯惇魏氏勋佐，金德初融，亦始就甄显，方赏其孙，封树近族。

袁守定：凡有急事用民力，以身先之，亦鼓舞民气之一道，夏侯惇为陈留太守，大旱蝗起，惇乃断太寿水作陂，身自负土，率将士劝种稻。民赖其利。

王歆：元让当时雄将……武则扫荡丑类、绥靖地方，文则劝课农桑、并为军屯。何曹夏侯之能者如是之多耶？岂梁沛间真有帝王气耶？

人物生平

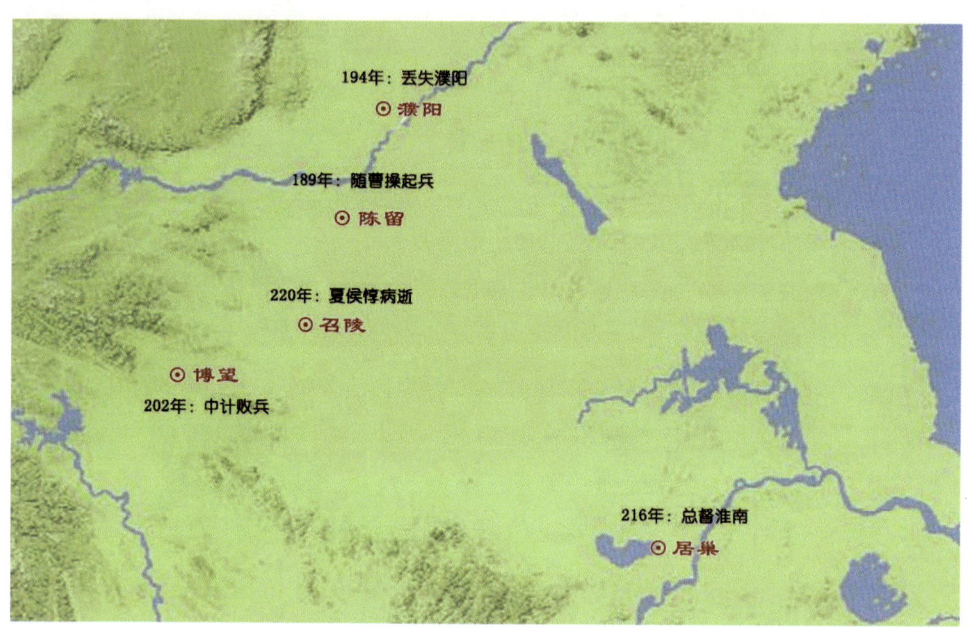

189 年：夏侯惇是西汉开国功臣夏侯婴之后，以胆烈闻名，曹操在陈留起兵时，夏侯惇担任裨将。

190 年：关东群雄举义兵征讨董卓，曹操担任奋武将军，以夏侯惇为司马，屯兵白马。后迁升为折冲校尉，领东郡太守。

194 年：曹操征陶谦，留夏侯惇镇守濮阳。吕布与张邈里应外合，击败夏侯惇，夺取濮阳。曹操从徐州赶回，夏侯惇跟随曹操反击吕布，在战斗中被流矢射中，左眼失明。演义中，夏侯惇被吕布部将曹性射中左眼，拔箭时带出眼球，夏侯惇说："父精母血，不可弃也！"随即把自己的眼球吃掉。此后，夏侯惇复领陈留、济阴太守，任建武将军，封高安乡侯。

196 年：曹操奉迎汉献帝到许都，夏侯惇转任河南尹。

198 年：夏侯惇协助刘备抵御吕布，但被吕布部将高顺击败。

202 年：刘表派刘备北攻叶县，与夏侯惇于博望坡对峙，刘备烧营自退，夏侯惇不听李典所劝，前去追击，被刘备设伏兵击败。

204 年：曹操攻破邺城，夏侯惇迁升为伏波将军，兼任河南尹。

206 年：卫固等人在河东反叛，曹操派夏侯惇前去征剿。夏侯惇未至，卫固等人被钟繇剿灭。

207 年：夏侯惇因累年战功，获增封邑一千八百户，与以前所赐封邑加起来共有二千五百户之多。

215 年：夏侯惇跟随曹操讨伐汉中张鲁。

216 年：夏侯惇跟随曹操征讨孙权，撤军后，命夏侯惇总督淮南二十六军，与张辽等人屯兵居巢，防卫孙权。

219 年：曹操击败关羽后，驻军摩陂，任命夏侯惇为前将军，总督各军回到寿春，后又屯兵召陵。

220 年：曹操病故，曹丕继任魏王，拜夏侯惇为大将军，数月后，夏侯惇病逝，谥号忠侯。

人物能力

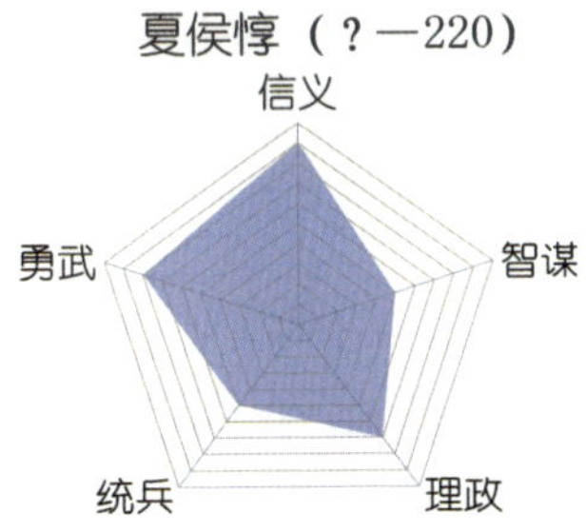

信义（9）：夏侯惇尊师重道，14 岁时，有人侮辱他的老师，夏侯惇大怒，将其杀死。日后，即使身处军旅，夏侯惇仍然不忘请老师讲学，并且亲自迎送。此外，夏侯惇生活简朴，每有余财都分给众人，从来不置办家产。

勇武（8）：在民间，有一个三国武将排名的顺口溜：“一吕二赵三典韦、四关五马六张飞、七黄八夏九姜维。”夏侯惇力压许褚，排在曹魏武将的第二名。在《三国演义》中，夏侯惇单挑只输给吕布一次，即使面对过五关斩六将的关羽，夏侯惇也毫不畏惧，声称要将其生擒。夏侯惇最著名的是拔矢啖睛：“阵上曹性看见，暗地拈弓搭箭，觑得亲切，一箭射去，正中夏侯惇左目。惇大叫一声，急用手拔箭，不想连眼珠拔出，乃大呼曰：‘父精母血，不可弃也！’遂纳于口内啖之，仍复挺枪纵马，直取曹性。性不及提防，早被一枪搠透面门，死于马下。”在历史上，夏侯惇在勇武方面的表现一般，综合考虑给 8 分。

智谋（5）：202 年，刘表派刘备向北进攻叶县，夏侯惇在博望坡抵御刘备。刘备烧掉营寨撤军，李典认为这是刘备的一计，不可追击。但夏侯惇一意孤行，果然中了刘备的埋伏。虽然夏侯惇在战争中的表现不佳，但战略眼光还是不错的。桓阶劝曹操称帝，夏侯惇反对，认为应先平灭蜀国，蜀国灭亡了吴国自然就会归服，届时再受禅称帝也不晚，曹操采纳了这个意见。日后，司马氏统一天下的顺序与夏侯惇说的完全一样。

统兵（5）：夏侯惇虽然贵为大将军，但统兵能力一般般。曹操东征，留夏侯惇镇守濮阳，吕布趁机偷袭，夏侯惇并没有守住城池。刘备进攻叶县，烧营自退，夏侯惇前去追击，被刘备击败。曹操曾命夏侯惇总督淮南二十六军，这个职务很重要，但具体的工作是管理和协调，真正临阵指挥的还是张辽、李典等人。

理政（7）：经济方面，夏侯惇担任陈留、济阴太守期间，天下大旱，蝗灾并起，夏侯惇截断太寿水，建成池塘，亲自担土填池，率领士兵种稻耕田，解决了粮草问题，百姓也因此受益。人事方面，夏侯惇发现并向曹操推荐了很多优秀人才，如典韦、韩浩。

三国人物大数据3：姓名篇

说到姓氏，我们首先想到的就是《百家姓》中的“赵钱孙李，周吴郑王……”《百家姓》以赵姓开头，并非因为姓赵的人最多，而是因为《百家姓》成书于北宋，皇帝姓赵，赵就自然成了天下第一姓。《百家姓》的作者是钱塘的一位书生，很可能他就姓钱，至少钱姓是他老家所在的吴越国国姓，所以钱就放到了第二位。如果按照人数排，赵姓排不到第一，钱姓也排不到第二。

2010 年，我国进行了第六次人口普查，从数量上看，我国当前的十大姓氏是李、王、张、刘、陈、杨、赵、黄、周、吴。

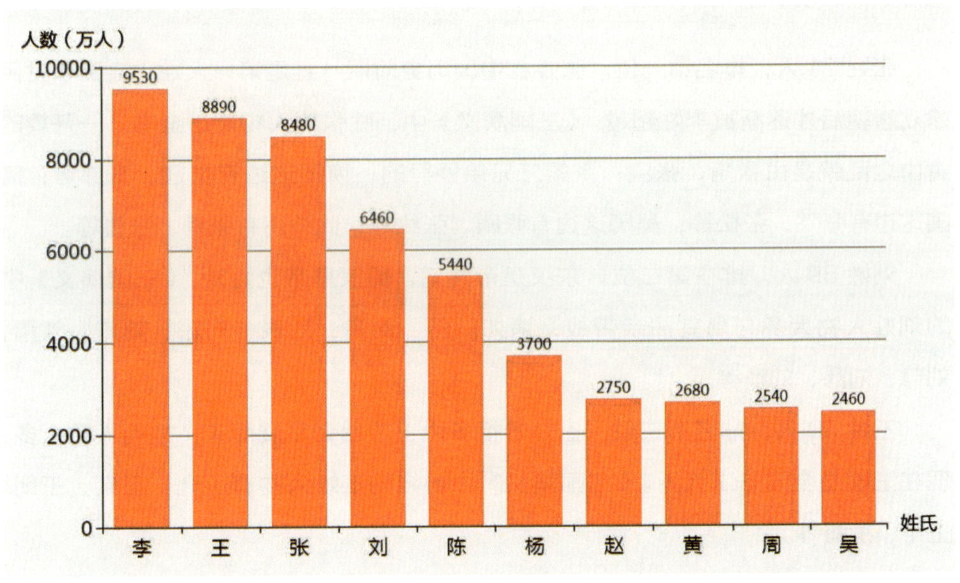

2010 年中国十大姓氏

在《三国演义》中，有名有姓的人一共 1228 个，人数最多的十大姓氏是张、刘、王、孙、曹、李、陈、杨、韩、赵。

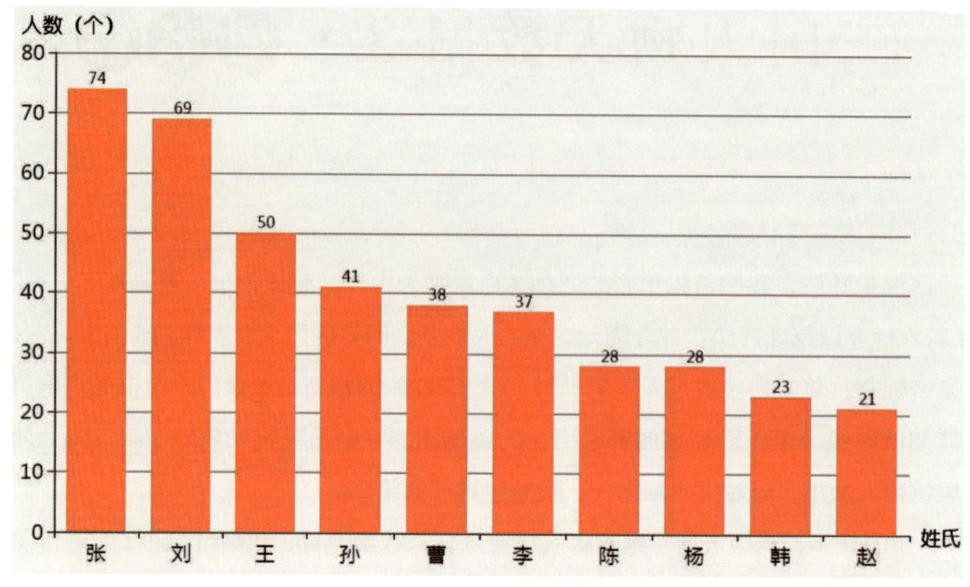

《三国演义》十大姓氏

张姓 74 人，排名第一位。张姓在中国历史前期一直是第一大姓，直到李世民建立唐朝后才逐渐被李姓超越。《三国演义》中，姓张的人物遍布全书。一开篇的黄巾之乱就是由张角、张宝、张梁三兄弟领导的；魏国这边有张辽、张郃等；蜀国这边有张飞、张松等；吴国这边有张昭、张纮等；此外还有张绣、张鲁等。

刘姓 69 人，排在第二位。东汉皇帝姓刘，蜀汉皇帝也姓刘，《三国演义》中的刘姓人物大多与皇室沾亲带故，诸如刘备、刘禅、刘表、刘琮、刘琦、刘焉、刘璋、刘繇、刘晔等。

王姓 50 人，排名第三位。王姓始祖多由王族后裔发展而来，故而人数众多，现在王姓是全国第二大姓。《三国演义》中著名的王姓人物有王允、王粲、王朗、王平、王濬等。

孙姓和曹姓在《三国演义》中分别排在第四和第五，这得益于它们是吴国和魏国的国姓。但是，在当代，这两个姓氏未进前十。

李姓为当今中国第一大姓，但在《三国演义》中只排在第六位，可见，在唐代之前，李姓远没有现在多。《三国演义》中著名的李姓人物有李傕、李儒、李肃、李典、李严等。

陈姓和杨姓当今分别排在第五位和第六位，在《三国演义》中排第七位、第八位，差别不大。《三国演义》中著名的陈姓人物有陈宫、陈登、陈琳、陈群等；著名的杨姓人物有杨修、杨阜、杨秋、杨松、杨仪等。

韩姓 23 人，力压赵姓排名第九位，这多少有些意外，有意思的是，造成这种反常的原因恰恰是赵姓代表人物赵云。在《三国演义》第 92 回，罗贯中虚构了赵子龙力斩五将的故事，这五将都来自韩家，分别是韩德、韩瑛、韩瑶、韩琪、韩琼。一下子就多了 5 个姓韩的，超越了姓赵的。除了韩家五虎，《三国演义》中著名的韩姓人物还有韩遂、韩当、韩玄等。

赵姓一共有 21 人，排名第十位。赵姓人物中最著名的当然就是赵云了，此外还有在凉州与马超大战的赵昂、在桂阳与赵云结拜的赵范等。

《三国演义》十大姓氏都是单姓，我们再来看看《三国演义》中的复姓。

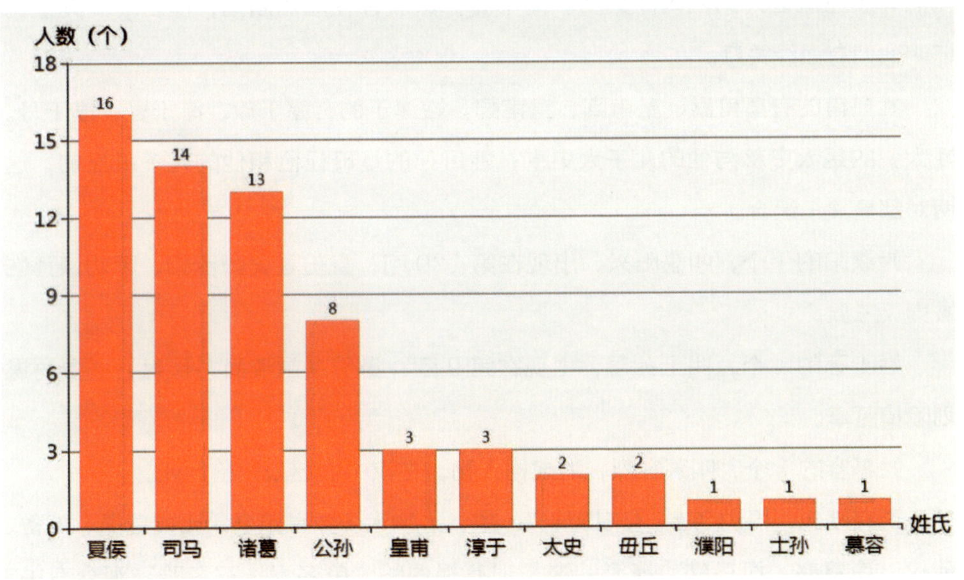

《三国演义》中的复姓

《三国演义》中，一共有 11 个复姓，人数最多的是夏侯。除了夏侯惇、夏侯渊、夏侯霸这些历史真实人物外，罗贯中还虚构出了大量夏侯姓作为著名武将的经验包，比如大家耳熟能详的“长坂剑圣”夏侯恩和“当阳虎胆”夏侯杰。武将经常被杀，是《三国演义》中的消耗品，因此夏侯超越司马、诸葛成为《三国演义》

第一复姓。

司马和诸葛这对冤家分列第二位、第三位。姓司马的14个人中，除了司马徽，剩下的13个都来自司马懿家族。有意思的是，姓诸葛的13个人都来自诸葛亮家族，司马懿与诸葛亮不仅在战场上棋逢对手，连家族人物的数量也是旗鼓相当。但是，13个司马都是魏晋这边的，而13个诸葛却遍布魏、蜀、吴三国，最著名的就是龙、虎、狗三诸葛，《太平御览·人事部·品藻中》记载："诸葛瑾弟亮及从弟诞，并有盛名，各在一国。于时以为蜀得其龙，吴得其虎，魏得其狗。诞在魏，与夏侯玄齐名。瑾在吴，吴朝服其弘雅。"

姓公孙的主要来自幽州公孙瓒家族和辽东公孙度家族。公孙瓒是刘备的同学、赵云的旧主，因此受到的关注比较多。公孙度家族在《三国演义》中提及较少，然而这个家族历经公孙度、公孙康、公孙渊三代，雄踞辽东50年，虽未称帝，但已然有了三国之外第四国的架势。两个公孙家族都在幽州割据，但目前尚无证据证明他们有血缘关系。

姓皇甫的有皇甫嵩、皇甫闿、皇甫郦。姓淳于的有淳于琼、淳于导、淳于丹。姓太史的是太史慈与他的儿子太史亨；姓毌丘的是毌丘俭和他的儿子毌丘甸，这两对都是父子组合。

姓濮阳的1个，叫濮阳兴，出现在第120回，身份是吴国丞相，因劝谏孙皓被夷灭三族。

姓士孙的1个，叫士孙瑞，出现在第9回，身份是东汉尚书仆射，曾参与谋划除掉董卓。

姓慕容的1个，叫慕容烈，为虚构人物，在汉中被赵云一枪刺死。

说完姓氏，再说名字。《三国演义》中，人物大多数是单名，比如曹操、刘备、孙权、诸葛亮、司马懿，等等。这与王莽提倡的"单名贵、双名贱"观念有关。据统计，《三国演义》中，双字名字的人物一共有30多个。

虚构的双字名人物大多是一些小人物，比如虎牢关被吕布砍断手腕的武安国、零陵太守刘度手下武将邢道荣、被关羽所杀的黄巾军将领程志远、卧牛山头领之一裴元绍、黄奎的小妾李春香，等等。

史实人物中也有一些双字名字，比如被曹操误杀的吕伯奢、曹操的侄子曹安民、曹爽的亲信尹大目、劝阻王允杀蔡邕的马日磾，等等。

还有一些人物，历史上本来是单字名的，但《三国演义》误以为是双字名。比如崔州平（名钧，字州平）、石广元（名韬，字广元）、孟公威（名建，字公威）等等。

傅士仁的情况更有意思，正史上，傅士仁叫士仁，罗贯中硬是给他加上了傅姓。这么做可能是因为士仁出卖了关羽，作者叫他傅士仁，谐音“不是人”。

由于汉末三国崇尚两个字的名字，造成了很高的重名率，《三国演义》中有很多重名的人。

两个马忠。一个马忠是吴国潘璋的司马，曾经擒获关羽，射杀黄忠，后被糜芳、傅士仁所杀；另一个马忠是蜀国名将，曾随诸葛亮七擒孟获六出祁山。

两个刘琮。一个刘琮是刘表的次子，接任刘表担任荆州牧，后投降曹操；另一个刘琮是刘禅的三子，被封为西河王，蜀国灭亡前夕去世。

两个韩浩。一个韩浩是夏侯惇的副将，在博望坡曾提示夏侯惇不要追赶赵云；另一个韩浩是长沙太守韩玄的弟弟，想为哥哥报仇，被黄忠一回合杀死。

两个张虎。一个张虎是江夏太守黄祖的部将，孙坚攻打江夏时被韩当杀死；另一个张虎是曹魏名将张辽的儿子，张辽死后，张虎继嗣，为偏将军。

两个张南。一个张南为袁熙的部将，常与焦触并列，投降曹操后在赤壁被周泰所杀；另一个张南为蜀汉将领，常与冯习并列，在夷陵之战中阵亡。

两个穆顺。一个穆顺是上党太守张杨的部将，在虎牢关一战中被吕布刺杀；另一个穆顺是东汉的宦官，帮助汉献帝给国舅伏完送信，被曹操发现后杀死。

两个刘岱。一个刘岱是兖州刺史，曾参与讨伐董卓；另一个刘岱是曹操的偏将，曾与王忠一起攻打刘备。更有意思的是，在《三国演义》中，罗贯中误以为他们是同一个人，在第 6 回写道：“原来刘岱旧为兖州刺史，及操取兖州，岱降于操，操用为偏将，故今差他与王忠一同领兵。”看来，人物重名不仅增加读者的阅读障碍，也造成了作者罗贯中的错误。

三个李丰。第一个李丰是袁术的部将，曾与吕布单挑，被吕布三回合刺伤手臂。第二个李丰是蜀汉重臣李严之子，后接替李严为江州督军。第三个李丰是曹魏大臣，曾密谋除掉司马师，事情败露后被杀。

说完姓名，再说表字。表字是指在本名以外所起的表示德行或本名的意义的名字。古代男子到了 20 岁女子到了 15 岁，不便直呼其名，故另取一与本名含义相关的别名，称之为字，以表其德。凡人相敬而呼，必称其表德之字，即表字。

表字也不能随便叫，一般是长辈对晚辈或平辈之间才能称呼，而下对上直呼表字略有不敬。据《山阳公载记》记载，马超归顺刘备后常常叫刘备的表字，差点被关羽杀死：

超因见备待之厚，与备言，常呼备字，关羽怒，请杀之。备曰："人穷来归我，卿等怒，以呼我字故而杀之，何以示于天下也！"张飞曰："如是，当示之以礼。"明日大会，请超入，羽、飞并杖刀立直，超顾坐席，不见羽、飞，见其直也，乃大惊，遂一不复呼备字。明日叹曰："我今乃知其所以败。为呼人主字，几为关羽、张飞所杀。"自后乃尊事备。

表字大多是两个字，但也有一个字的，比如屈平字原，项籍字羽，东汉汉冲帝刘炳字明，但因为三国时名字多为一个字，所以表字一般都是两个字。

两个字的表字，通常一个字是虚词，另一个字与名字意义相关或相反，如赵云，字子龙，《周易》中说"云从龙，风从虎"，"云"与"龙"相关；而诸葛诞，字公休，"诞"（生）与"休"（止）就是一组反义词。因为名与字有关联，所以三国时有些人物的名与字是相互颠倒的，比如周瑜字公瑾，诸葛瑾字子瑜。

其中的虚字也并非完全没有意义，比如常见的子、公、士都是对古代男子的尊称，如曹植字子建、黄盖字公覆、庞统字士元，等等。再如孙坚的四个儿子中，长子孙策字伯符、次子孙权字仲谋、三子孙翊字叔弼、四子孙匡字季佐，"伯""仲""叔""季"代表了他们兄弟的排行。曹操字孟德、马超字孟起，则是按照"孟仲季"的顺序来排的。

三国时，重名的人很多，重字的也不少。比如，有两人字孔明。一个是大名鼎鼎的蜀汉丞相诸葛亮，一个是东汉隐士胡昭。

有两人字奉孝。一个是曹操的谋士郭嘉，一个是刘备的儿子刘理。

有两人字公明。一个是曹操的五子良将之一徐晃，一个是术士管辂。值得一提的是，《水浒传》中的宋江也字公明。

有两人字子敬。一个是东吴重臣鲁肃。一个是墙头草孟达。孟达归属刘备后因刘备的叔父名叫刘子敬，为避讳而改字子度。不过在《三国演义》中，其字改为子庆。

有三人字子远。一个是原为袁绍谋士，后投奔曹操的许攸，一个是东吴的宗室，参与诛杀诸葛恪的孙峻，还有一个是刘璋的部将，后来投降刘备的吴懿。

此外，吕蒙、孙亮都字子明，华歆、周鲂都字子鱼，陈武、孙休都字子烈，蒋济、孙綝都字子通，丁仪、刘繇都字正礼，司马师、濮阳兴都字子元。

三国时代，表字也不是谁都有的，很多出身寒微的人物并没有表字，比如典韦。

还有一些人，表字很奇怪，比如眭固字白兔，眭固是山贼，远没有白兔那么可爱。孙权的两个女儿，长女孙鲁班字大虎，次女孙鲁育字小虎。《三国演义》中，孙权为自己的儿子求亲，想与关羽结成儿女亲家，但关羽说："吾虎女安肯嫁犬子乎？"历史上，关羽的女儿是不是虎女不知道，但孙权的两个女儿却是真正的大虎小虎。

与名一样，《三国演义》把一些人物的字也弄错了。比如，小说中张飞字翼德，而历史上张飞字益德。益有溢出、增加之意，与飞存在关联，但不如翼这么直接，后人望文生义，常写作翼德。再如，小说中张松字永年，而历史上张松字子乔，永年是蜀中另一名臣彭羕的字，这个错误实在不应该。

《三国演义》写到的 83 名女性中，绝大多数要么无名无姓，比如华佗之妻、徐庶之母等；要么有姓无名，比如糜夫人、甘夫人等。有名有姓的只有 4 个，有名无姓的只有 2 个。

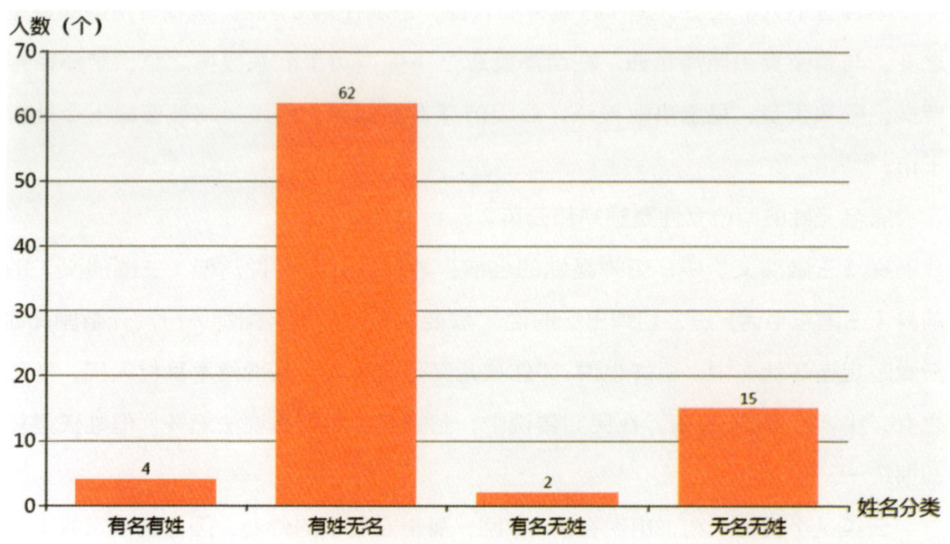

《三国演义》女性姓名情况

有名有姓的四位女性分别是孙仁、蔡琰、辛宪英、李春香。

刘备的孙夫人在民间一般被叫作孙尚香。这个名字很好听，但《三国演义》中未曾出现过，它来源于戏剧。《三国演义》第 7 回提道：“吴夫人之妹，即为孙坚次妻，亦生一子一女：子名朗，字早安；女名仁。”这样看，孙夫人应该叫孙仁。不过，这个设定存在问题，根据《三国志・孙坚传》记载，孙仁是孙坚庶子孙朗的别名，是孙坚的儿子，而非女儿。罗贯中在这里犯了个错误。

蔡琰即蔡文姬，出现在《三国演义》第 71 回。写蔡琰的主要目的是为了突出杨修的才思敏捷，不过对蔡琰的事迹也有所提及：“先时其女蔡琰，乃卫仲道之妻；后被北方掳去，于北地生二子，作《胡笳十八拍》，流入中原。操深怜之，使人持千金入北方赎之。左贤王惧操之势，送蔡琰还汉。操乃以琰配与董祀为妻。”

辛宪英是辛敞的姐姐，出现在第 107 回。太傅司马懿发动高平陵之变，欲诛除曹爽，辛敞此时为曹爽的参军，不知该如何站队。辛宪英分析曹爽不是司马懿的对手，建议辛敞投靠司马懿。后来曹爽果然被司马懿诛杀辛敞事后感触说：“吾若不问于姊，失大义矣！”不过，根据《晋书》载，宪英是其字，而非名。在三国时代，一个女人能留下字，也是非常不容易的。

李春香不见于正史，是作者虚构的人物，出现在第 57 回。李春香是侍郎黄奎之妾，与黄奎妻弟苗泽私通，在苗泽授意之下探得黄奎欲杀曹操之意，苗泽密报曹操，导致黄奎、马腾事败被杀。后因苗泽人品低劣，两人一同被曹操下令处斩于市。

有名无姓的两位女性是貂蝉和云英。

在《三国演义》中，貂蝉是她的名字，姓什么并没有说。但《三国演义》的前身《三国志平话》里，貂蝉出场时说：“贱妾本姓任，小字貂蝉……”元杂剧《锦云堂暗定连环计》中，貂蝉也说：“您孩儿又是这里人，是忻州木耳村人氏，任昂之女，小字红昌。”看来，在民间传说中，貂蝉名字是什么说法颇多，但姓氏是任却很统一。

云英是个虚构人物，出现在第 23 回，身份是董承的侍妾，因与董承家奴秦庆童有染而被杖脊四十，秦庆童怀恨在心，向曹操告发了董承的玉带诏密谋，导致董承被杀。

这里还要提一下祝融，祝融作为《三国演义》中唯一一个上阵单挑过的女性，给读者留下了深刻的印象。但祝融究竟是名字还是姓氏抑或是姓名呢？不好说。在第 90 回，祝融出场时，作者是这么介绍她的：“夫人世居南蛮，乃祝融氏之后。”看来，祝融应该是个姓氏，因此我把她归入了有姓无名的行列。

虎步关右：夏侯渊

人物资料

字号：字妙才，外号白地将军

生卒：?—219 年

籍贯：豫州沛国谯县（今安徽省亳州市亳县）

相貌：不详

武器：刀

官职：征西将军

爵位：博昌亭侯

谥号：愍侯

评　价

军中语：典军校尉夏侯渊，三日五百，六日一千。

曹操：宋建造为乱逆三十余年，渊一举灭之，虎步关右，所向无前。仲尼有言："吾与尔不如也。"

曹操：为将当有怯弱时，不可但恃勇也。将当以勇为本，行之以智计；但知任勇，一匹夫敌耳。

曹操：渊本非能用兵也，军中呼为白地将军，为督帅尚不当亲战，况补鹿角乎？

王沈：渊为将，赴急疾，常出敌之不意。

范浚：夏侯渊战虽屡胜，魏武常戒之曰："为将当有怯弱时，不可但恃勇也。"然则忠勇而不知怯者，又当戒以轻敌。

罗璧：魏夏侯渊长于设变，短于总众尔。

诸葛亮（演义）：渊深通韬略，善晓兵机，曹操倚之为西凉藩蔽：先曾屯兵长安，拒马孟起；今又屯兵汉中。操不托他人，而独托渊者，以渊有将才也。

刘晔（演义）：渊性太刚，恐中奸计。

刘备（演义）：夏侯渊虽是总帅，乃一勇夫耳。

人物生平

189 年：曹操在陈留起兵，夏侯渊担任别部司马、骑都尉。

196 年：曹操奉迎汉献帝，夏侯渊迁升为陈留太守，后又担任颍川太守。

200 年：曹操与袁绍爆发官渡之战，夏侯渊担任督军校尉。击败袁绍后，曹操命夏侯渊督运兖州、豫州、徐州军粮，当时军中缺粮，夏侯渊采用接力运输，保证粮草及时到达前线，军队士气得以重新振作。

206 年：昌豨再次反叛，曹操派于禁平叛，但未能成功。曹操又派夏侯渊出兵，与于禁共同进攻，攻破昌豨军十余营寨，昌豨投降于禁。回军后，夏侯渊被拜为典军校尉。

207 年：黄巾余党徐和、司马俱等侵掠城池，杀死官吏，夏侯渊率兵征剿，大破敌军，斩杀徐和，收复诸县，将缴获的粮草分给将士。

209 年：曹操以夏侯渊为行领军。曹操讨伐孙权回军，任命夏侯渊率领诸将攻击庐江叛贼雷绪，击败雷绪后，夏侯渊又担任征西护军，率领徐晃攻击太原反贼，攻下二十余营寨，斩杀贼首商曜。

211 年：夏侯渊跟随曹操征讨马超、韩遂，在渭南击败关西联军。后又率领朱灵平定造反的氐人，与曹操在安定会师，收降杨秋。

212 年：曹操返回邺城，以夏侯渊为护军将军，总督关西诸军，击破南山贼刘雄，收降其部。夏侯渊又进围关西余党，斩杀梁兴，曹操封夏侯渊博昌亭侯。

214 年：马超联合张鲁，围攻祁山，夏侯渊派张郃将其击败，马超退兵汉中。韩遂望风而逃，与羌人联合。夏侯渊速战速决，击败韩遂，转而包围兴国，赶走氐人首领，收降其部。曹操又命夏侯渊征讨枹罕反贼宋建，夏侯渊围攻 1 月有余，终于攻破，斩杀宋建，彻底解决了陇右地区长达 30 年的叛乱。

215 年：夏侯渊跟随曹操西征张鲁，平定汉中后，曹操返回邺城，留夏侯渊镇守汉中，拜其为征西将军。

219 年：刘备屯兵定军山，夏侯渊率领诸将抵御。刘备与张郃交战，夏侯渊分兵救援，被刘备部将黄忠率军进攻，夏侯渊死于乱军之中，谥号愍侯。演义中，夏侯渊被黄忠亲手斩杀。

人物能力

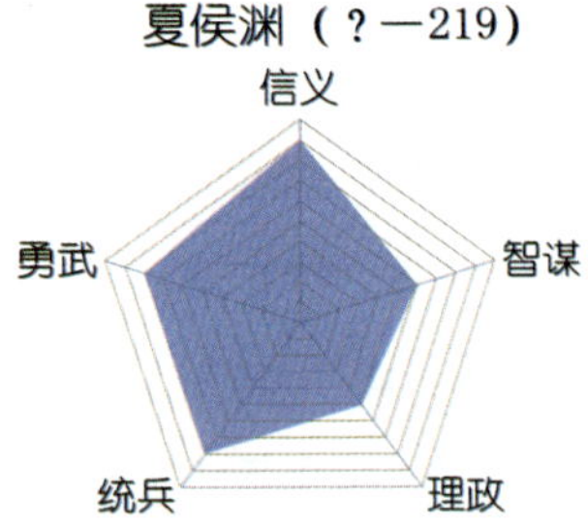

信义（9）：夏侯渊有担当，常常有舍己为人之举。曹操在家乡时，触犯了法律，被县官治罪，夏侯渊替曹操承担刑罚，险些死在狱中。董卓乱政，中原地区民不聊生，夏侯家族缺粮，夏侯渊放弃了自己的幼子，用仅有的粮食养活了亡弟的孤女。镇守汉中时，刘备进攻张郃，情形危急，夏侯渊从自己的部队中分出一半，前往救援，最后遭遇埋伏，命丧定军山。

勇武（8）：一提到《三国演义》中的夏侯渊，读者首先想到的就是他在定军山被黄忠秒杀，好像与华雄一样不堪一击。其实原文说得很清楚，他是中了法正、黄忠以逸待劳之计：“（夏侯渊）措手不及，被黄忠赶到麾盖之下，大喝一声，犹如雷吼。渊未及相迎，黄忠宝刀已落，连头带肩，砍为两段。”在此之前，夏侯渊与黄忠曾经有过一次单挑：“渊大怒，骤马径取黄忠、忠正要激渊厮杀。两将交马，战到二十余合。曹营内忽然鸣金收兵。”20 个回合不分胜负，这才是二人真实的武力。此外，夏侯渊的箭法也十分了得，在铜雀台射箭大赛上，面对靶心上的四支箭，“渊骤马至界口，纽回身，一箭射去，正在四箭当中。”

智谋（6）：《三国演义》中夏侯渊中计被杀，所以很多读者认为他是个一勇之夫。其实，正史上的夏侯渊颇有智谋。马超围攻祁山，诸将认为应该禀报曹操，但夏侯渊说，曹操远在邺城，往返四千里，等消息到达，祁山早被攻破。于是率军出发，结果马超望风而逃。进攻韩遂时，诸将认为应该准备持久战，但夏侯渊说，大军千里迢迢赶来，如果再修筑防御工事，士兵太过劳累，不是长久之计。于是一鼓作气，率军击败韩遂。

统兵（8）：自陈留起兵以来，夏侯渊跟随曹操东征西讨，降昌豨、败马超、破韩遂，战功无数，最著名的就是枹罕之战。宋建之乱，30 年都没有平息，曹操命夏侯渊征讨。夏侯渊只用了 1 个多月，就攻破枹罕，斩杀宋建，彻底平定陇右地区。曹操称赞夏侯渊“虎步关右，所向无前”。

理政（5）：官渡之战时，曹军军粮不足，常常影响前线将士的士气。夏侯渊总督兖、豫、徐三州供给，改进传统运输方法，采用接力传递的方式，分段运输，保障前方将士补给充足。

荆襄屏障：曹仁

人物资料

字号：字子孝

生卒：168—223年

籍贯：豫州沛国谯县（今安徽省亳州市亳县）

相貌：不详

武器：刀

官职：大将军、大司马

爵位：陈侯

谥号：忠侯

评　价

陈矫：将军真天人也。

钟繇：征南将军运田单之奇，厉愤怒之众，与徐晃同势，并力扑讨。表里俱进，应期克捷，馘灭凶逆。

曹丕：为将奉法，不当如征南邪！

曹植：文武并亮，权智时发。奢不过制，俭不损礼。入毗皇家，帝之股肱。出作侯伯，实抚东夏者，曹大司马也。

陈寿：仁少时不修行检，及长为将，严整奉法令，常置科于左右，案以从事。

傅玄：曹大司马之勇，贲、育弗加也，张辽其次焉。

褚亮：金坛奇正，得之于怀抱，玉钤攻取，无劳于积习，祭遵儒术，未足方其雅歌，曹仁智勇，才可用其胜。

李商隐：任重前驰，众才一旅，许伯则摩垒而旋，曹仁亦逢沟不渡。

刘备（演义）：曹仁勇不可当。

人物生平

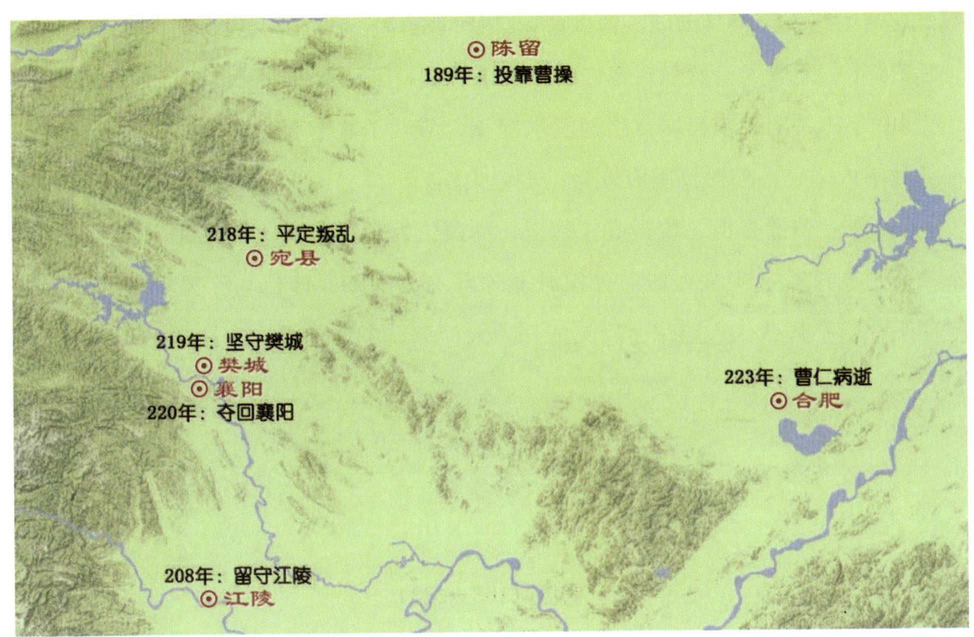

189 年：董卓乱政，群雄并起，曹仁暗中集结上千青年，纵横于淮泗之间。跟随曹操起兵后，曹仁担任别部司马，代理厉锋校尉。

193 年：曹操击败袁术，曹仁多有斩获。同年，曹仁随曹操征伐徐州，统领骑兵先锋，击败陶谦部将吕由，攻破徐州多个县城。

195 年：曹操征讨吕布，曹仁攻拔句阳，生擒吕布将领刘何。

196 年：曹操平定黄巾军余党，奉迎汉献帝定都于许县，曹仁因军功被拜为广阳太守。曹操十分器重曹仁，没有让他去广阳上任，而是以议郎身份总督骑兵。

198 年：曹操征讨张绣，曹仁负责攻打附近各县，俘获三千余人。曹操退军时，被张绣追击，士气低落，曹仁率兵奋起反击，曹军士气大振，击败张绣。

200 年：曹操与袁绍在官渡相持，袁绍派刘备骚扰曹操，曹仁率兵击退刘备。后又在官渡劫持袁绍运粮车，烧毁袁绍粮草。

205 年：平定河北后，曹仁跟随曹操围攻壶关。在曹仁的建议下，曹操采取怀柔政策，成功逼降壶关守将。曹操封曹仁都亭侯。

208 年： 曹操兵败赤壁，留曹仁镇守江陵，抵御周瑜。周瑜围攻江陵一年，曹仁放弃江陵北归，曹操转封曹仁安平亭侯。

211 年： 曹操征讨马超，曹仁以安西将军的身份统领诸将。苏伯、田银反叛，曹仁总督七路人马将其击破。曹操命曹仁代理征南将军，屯兵樊城，镇守荆州。

218 年： 宛城侯音反叛，曹仁率军斩杀侯音，回到樊城后正式担任征南将军。

219 年： 关羽进攻樊城，当时汉水暴涨，淹没于禁七军，于禁投降关羽。曹仁率领数千人坚守，与徐晃里应外合，击退关羽。

220 年： 曹操去世，曹丕继任魏王，拜曹仁为车骑将军，总督荆、扬、益三州军事，进封陈侯，屯兵宛城。孙权派遣陈邵占据襄阳，曹仁与徐晃攻破陈邵，夺回襄阳，曹丕拜曹仁大将军，后又迁升为大司马，屯兵合肥。

223 年： 曹仁去世，谥号忠侯。

人物能力

曹仁（168—223）

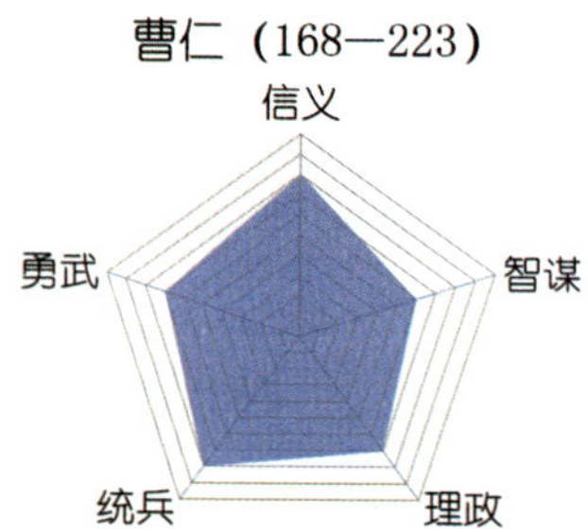

信义（8）： 曹仁镇守江陵时，周瑜率军来攻。曹仁招募三百勇士，命部将牛金率领迎敌。吴军兵多，牛金军被围。曹仁与长史陈矫等人在城门观战，见牛金将士形势危急，左右将官都大惊失色。曹仁慷慨奋起，命左右牵来战马，准备前去救援。陈矫等人劝阻曹仁：敌军人多气盛，势不可当，放弃这几百人损失不大，何必冒死前往呢？曹仁不言，披坚执锐，率领手下数十名勇士策马出城。接近护城河时，陈矫等人以为曹仁会凭河据守，只是为牛金助阵而已，却没想到曹仁径直渡过护城河，冲入了敌人包围圈中，并最终救出了牛金等人。曹仁见部分士卒仍被包围，再次冲进去将他们救出。陈矫等人见曹仁安全回来，感叹：“将军真天人也！”

勇武（7）：《三国演义》中，曹仁只有两次单挑，一次是与徐盛：“曹仁在城上望见牛金困在垓心，遂披甲上马，引麾下壮士数百骑出城，奋力挥刀，杀入吴阵。徐盛迎战，不能抵当。”一次是与周泰，曹仁诈败诱敌：“曹仁自出接战，周泰纵马相迎。斗十余合，仁败走。”综合考虑，曹仁的勇武可以给到 7 分。

智谋（6）：曹操平定河北后，围攻壶关。当时，曹操下令攻破壶关后将敌军全部坑杀，但连续几个月都没有进展。曹仁向曹操劝谏：围攻城池时，一定要给城内的人一条生路。如今威胁敌军破城后将他们杀死，他们一定会拼死守城。壶关城池险固，粮草充足，进攻必然造成大军伤亡，相持必然旷日持久。面对坚固的城池，进攻必死的敌人，不是好办法。曹操听从曹仁的建议，敌军果然很快投降。

统兵（8）：曹仁长时间担任征南将军，总督荆、扬、益三州军事，是曹魏集团南方的屏障。218 年，侯音在宛城反叛，曹仁将其剿灭。219 年，关羽北伐，曹仁坚守，与徐晃里应外合将关羽击退。曹丕称帝后，一度放弃了襄阳，是曹仁击败吴军将襄阳夺了回来。

理政（7）：曹仁最终官至大将军、大司马。220 年，曹仁赶走吴将陈邵，夺回襄阳，派将军高迁将汉水之南百姓迁徙到汉水之北，此举对巩固曹魏在荆北的统治有很大帮助。

权倾朝野：曹真

人物资料

字号：字子丹，原名秦真

生卒：?—231 年

籍贯：豫州沛国谯县（今安徽省亳州市亳县）

相貌：肥。(《魏略》)

官职：大将军、大司马

爵位：邵陵侯

谥号：元侯

评　价

曹叡：大司马有叔向抚孤之仁，笃晏平久要之分。

曹叡：大司马蹈履忠节，佐命二祖，内不恃亲戚之宠，外不骄白屋之士，可谓能持盈守位，劳谦其德者也。

曹植：知虑深奥，渊然难测。执节平敌，中表维藩。恭以奉上，爱以接下。纳言左右，为帝喉舌。曹大将军也。

杨条：大将军自来，吾原早降耳。

桓范：曹子丹佳人！

蒋济：曹真之勋，不可以不祀。

李贽：是孔明已知后主之必亡也，而又欲速战以幸其不亡，何哉？岂谓病虽进不得药，而药终不可不进，以故犹欲侥幸于一逞乎？吾恐司马懿、曹真诸人尚在，未可以侥幸也。

诸葛亮（演义）：仲达闻阵而惕惕，子丹望风而遑遑。

人物生平

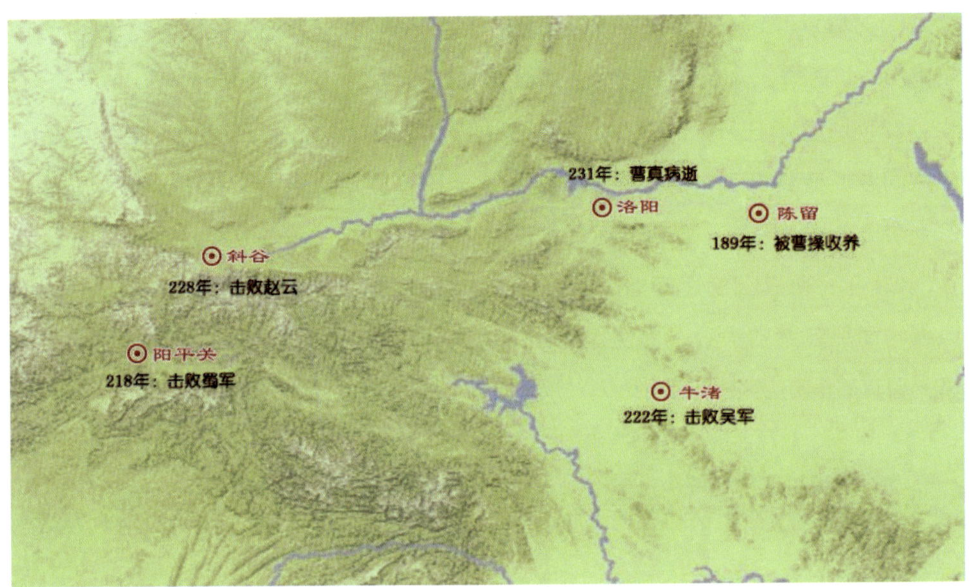

189 年：曹操在陈留起兵，曹真之父曹邵为曹操招募兵马，被豫州牧黄琬所杀害。曹操怜悯曹真，收他为养子，与曹丕一起生活。曹真日后成为虎豹骑的统帅，剿灭灵丘反贼后，曹操封曹真为灵寿亭侯。

218 年：曹真以偏将军率兵在下辩击败刘备别将吴兰，被拜为中坚将军。

219 年：夏侯渊在定军山被杀，曹操任命曹真为征蜀护军，率领徐晃等人击败刘备部将高翔。同年，曹操放弃汉中，命曹真前往武都接应曹洪回到陈仓。回到长安后，曹真担任中领军。

220 年：曹丕即位魏王，任命曹真为镇西将军，总督雍、凉州诸军事，进封东乡侯。张进在酒泉反叛，曹真派遣费曜平叛，张进被杀。

222 年：曹真回到洛阳，被任命为上军大将军，统领中外诸军事。同年，曹真与夏侯尚等人征讨孙权，攻破吴兵在牛渚的营寨，转而被拜为中军大将军，并担任给事中。

226 年：曹丕去世，曹真与陈群、司马懿等人辅政。魏明帝曹叡即位后，封曹真为邵陵侯。

228 年：诸葛亮第一次北伐，围攻祁山，南安、天水、安定三郡皆投降诸葛亮。

曹真驻军于郿县，总督关西诸军。曹真命张郃进军陇右，在街亭大破马谡，曹真也在箕谷击败赵云的偏师。诸葛亮退军汉中，曹真陆续收复三郡。曹真认为诸葛亮下次必将攻打陈仓，于是命将军郝昭镇守陈仓，修筑城池。同年冬，诸葛亮果然再次攻打陈仓，郝昭早有准备，诸葛亮无功而返。

230 年：曹真迁升为大司马，赐剑履上殿，入朝不趋。曹真提议兴兵进攻汉中，曹叡同意。曹真走子午道，司马懿走汉水，准备在南郑会师。但时逢大雨，连下三十余日，栈道毁坏，曹叡下诏命曹真撤军。

231 年：曹真因病返回洛阳，曹叡亲自探望，不久病逝，谥号元侯。演义中，曹真与司马懿赌赛失败，羞愧得病，卧床不起。诸葛亮知道后，故意写信羞辱曹真，曹真看到信后被气死。

人物能力

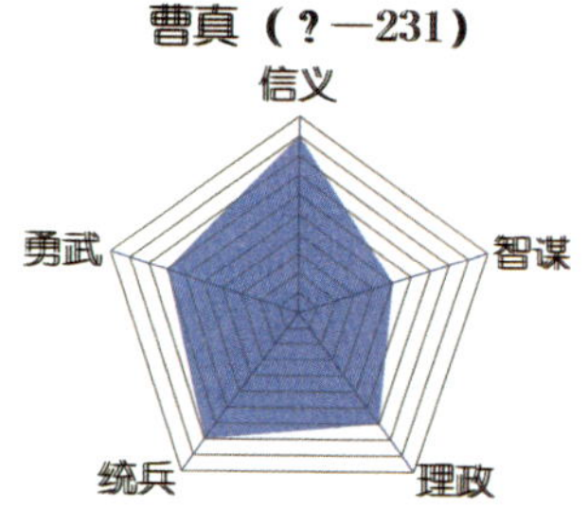

信义（9）：曹真年轻时曾与同宗曹遵、同乡朱赞一起在曹操手下做事。曹遵、朱赞早亡，曹真上表将自己的食邑分封给他们的儿子。每次征伐，曹真都与将士同甘共苦，军费不足就用自己家的钱财赏赐手下，士兵都愿为他效命。演义中，曹真与司马懿明争暗斗，但病重之时，听说蜀兵来犯，曹真以大局为重，毫不犹豫地将帅印交给了司马懿。

勇武（7）：演义中，曹真没有勇武方面的表现。但在正史中，曹真非常勇猛。一次，曹操外出打猎，被老虎所追，曹真回头搭箭，老虎应声而倒。曹操非常赏识曹真，命他统率虎豹骑。虎豹骑的每一个士兵，都是从百夫长里精选出来的，能成为虎豹骑的统帅，勇武方面肯定不差。

智谋（5）：成功击退诸葛亮第一次北伐后，曹真判断，诸葛亮在祁山失利，一定会从陈仓道进兵，于是令将军郝昭等人事先在陈仓筑城备战。后来，诸葛亮果然出散关进攻陈仓，郝昭守备充分，诸葛亮无功而返。但是，曹真也有失算的时候。曹真成为大司马后，独揽大权，渐渐膨胀。曹真提出：蜀军连年入侵，应该主动出击，分兵齐进，一定会攻克汉中。曹叡同意，派曹真走子午谷，司马懿走汉水，其他人或走斜谷，或走武威，四路齐发。但是，曹真低估了秦岭的险峻，只走到一半，就遭遇暴雨，进退两难，最后无功而返。演义中，曹真成了诸葛亮和司马懿的配角，不但被司马懿玩得团团转，最终还被诸葛亮写信给气死了。

统兵（8）：跟随曹操时，曹真在汉中先后击败刘备别将吴兰和高翔。曹丕即位后，曹真征讨孙权，在牛渚大破吴军。之后曹叡即位，诸葛亮大举北伐，曹真统领关西诸军，兵分两路，一路派张郃在街亭击败马谡，一路亲率部队在箕谷击退赵云。这次北伐，是诸葛亮五次北伐中准备最充分的，可以说，这次失败宣告了诸葛亮整个北伐计划的失败。即使考虑曹真南征的失败，他的统兵能力也可以给 8 分。

理政（7）：无论朝内朝外，曹真都有很强的政治影响力。曹丕死后，曹真与司马懿等人辅政。曹真曾先后两次挫败诸葛亮，迁升为大司马，剑履上殿，入朝不趋。安定郡杨条造反，攻城略地，听说曹真率军前来，杨条对属下说：大将军曹真前来，只能投降了。

王佐之才：荀彧

人物资料

字号：字文若

生卒：163—212 年

籍贯：豫州颍川郡颍阴县（今河南省许昌市）

相貌：伟美，有仪容，瑰姿奇表。（《三国志》）

官职：侍中、光禄大夫

爵位：万岁亭侯

谥号：敬侯

评　价

何颙：王佐才也。

曹操：吾之子房也。

曹操：与君共事已来，立朝廷，君之相为匡弼，君之相为举人，君之相为建计，君之相为密谋，亦以多矣。

钟繇：颜子既没，能备九德，不贰其过，唯荀彧然。

曹植：如冰之清，如玉之洁。

司马懿：书传远事，吾自耳目所从闻见，逮百数十年间，贤才未有及荀令君者也。

陈寿：彧清秀通雅，有王佐之风，然机鉴先识，未能充其志也。

王导：昔魏武，达政之主也；荀文若，功臣之最也。

王羲之：荀、葛各一国佐命宗臣，观其辙迹，实奇士也。

裴松之：霸业既隆，翦汉迹著，然后亡身殉节，以申素情，全大正于当年，布诚心于百代，可谓任重道远，志行义立。

范晔：彧之有弼，诚感国疾。功申运改，跡疑心一。

苏辙：荀文若之于曹公，则高帝之子房也。

苏轼：荀文若，圣人之徒也。

人物生平

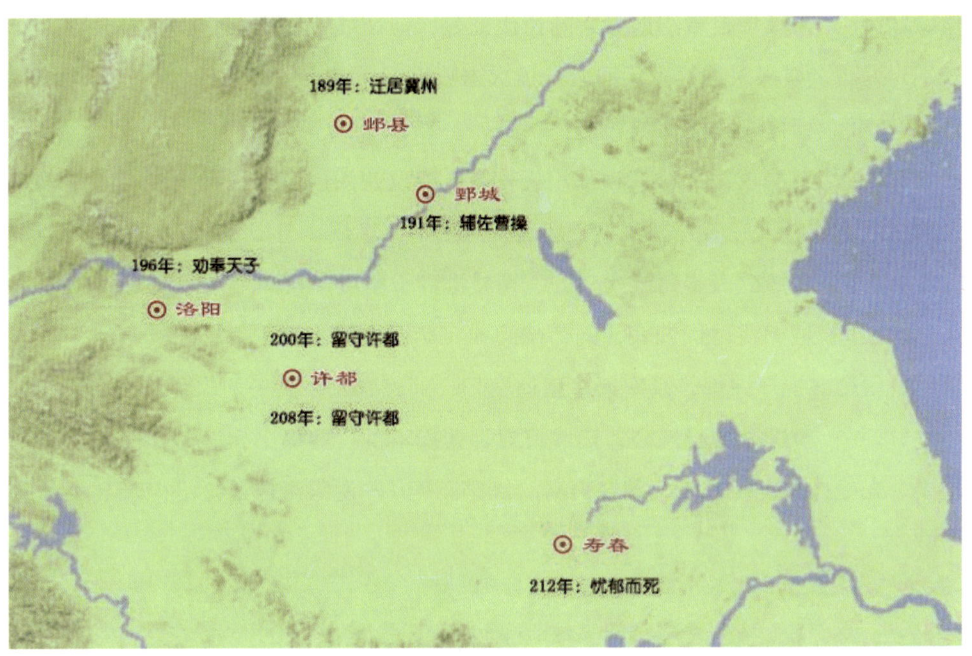

163 年：荀彧出生，祖父荀淑为汉末名士，父亲荀绲为济南相，叔父荀爽为司空。

189 年：荀彧举孝廉，拜守宫令。董卓之乱爆发，荀彧辞官回乡，为躲避战乱，举家迁往冀州，袁绍待荀彧为上宾。

191 年：荀彧认为袁绍不足以成大事，离开袁绍投奔曹操，曹操拜荀彧为司马。

194 年：曹操征讨陶谦，留荀彧处理后方事务。张邈、陈宫反叛，密迎吕布，荀彧与程昱设计保全范县、东阿县、鄄城。曹操回军后，击退吕布。

195 年：陶谦病故，曹操考虑夺取徐州，回来再平定吕布，荀彧劝阻，提出

“深根固本以制天下”的战略计划，曹操采纳。

196年：汉献帝回到洛阳，荀彧劝曹操尊奉天子，主持公道，弘扬正义。曹操采纳，奉迎天子定都许都。汉献帝拜曹操为大将军，提拔荀彧为汉侍中、尚书令。

197年：曹操就是否攻打袁绍咨询荀彧，荀彧认为与袁绍相比曹操有四个优势，建议曹操先取吕布，安抚关中十将，然后再进攻袁绍。

200年：袁绍包围官渡，曹操军粮将尽，准备退回许都。荀彧建议曹操继续坚守，寻找战机，不可放弃官渡要地。曹操采纳，最终奇袭乌巢，击溃袁绍。

201年：曹操想趁袁绍退兵之际讨伐刘表，但荀彧认为应该乘胜追击袁绍，刘表不足为虑。曹操采纳，出兵河北，再次击败袁绍，袁绍忧愤而死。

203年：曹操表奏请荀彧为万岁亭侯。

204年：曹操攻拔邺城，领冀州牧，有人建议曹操恢复上古九州制，但荀彧认为时机尚不成熟，应该先彻底平定河北，然后南下荆州，曹操采纳。

207年：曹操欲表奏荀彧为三公，荀彧推辞十多次，曹操才作罢。

208年：曹操将讨伐刘表，向荀彧问计，荀彧建议快速进军，出其不意。曹操采纳，留荀彧镇守许都，亲率大军直逼襄阳，刘表病死，其子刘琮望风投降。

212年：曹操欲晋爵魏公，荀彧反对，曹操不悦。曹操出兵濡须，任命荀彧为侍中、光禄大夫，荀彧因病留在寿春，忧郁而死（一说服毒自杀），时年50岁，谥号敬侯。

人物能力

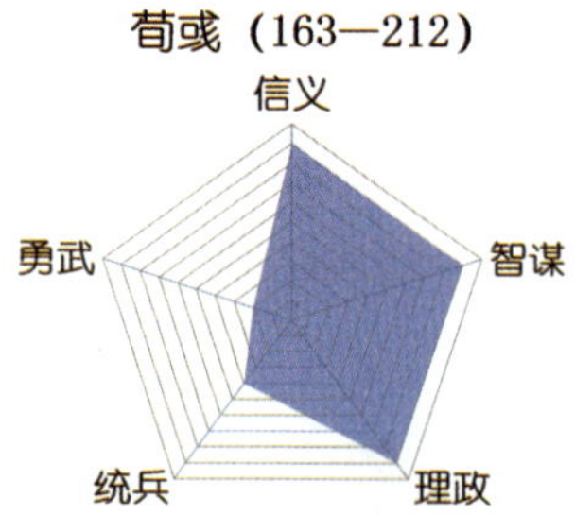

信义（9）：谦谦君子，其润如玉，《襄阳记》载“荀令君至人家，坐处三日

香”。在三国乱世之中，荀彧一直维护着汉室的尊严。统一中国北方后，曹操想进魏公，受九锡，荀彧强烈反对，认为曹操举义兵匡扶汉室，应该秉承忠心，坚守底线，君子应该以德服人，不应该有僭越之举。可惜，此时的荀彧还是那个谦谦君子，但曹操已经不是那个治世能臣了，曹操对荀彧十分不满，送给他一个空盒，荀彧明白这是曹操对他的暗示，于是服毒自尽。

勇武（2）：无论是在正史，或是演义中，都没有关于荀彧勇武方面的记载，所以勇武只能给 2 分。

智谋（9）：荀彧有王佐之才，为曹操谋划了统一天下的战略计划，堪称曹操的“隆中对”：先巩固中原，然后东征徐州吕布，南结扬州孙策，共讨淮南袁术。官渡之战后，荀彧又建议曹操先定河北，修复旧京，南临荆州。曹操一直按照荀彧设计的战略计划步步推进，直到兵败赤壁。荀彧目光敏锐，善于识人，官渡之战前，孔融认为：“绍地广兵强；田丰、许攸，智计之士也，为之谋；审配、逢纪，尽忠之臣也，任其事；颜良、文丑，勇冠三军，统其兵：殆难克乎！”荀彧则说：“绍兵虽多而法不整。田丰刚而犯上，许攸贪而不治。审配专而无谋，逢纪果而自用，此二人留知后事，若攸家犯其法，必不能纵也，不纵，攸必为变。颜良、文丑，一夫之勇耳，可一战而禽也。”日后，田丰劝谏被杀，许攸临阵叛逃，审配弄权改诏，逢纪自傲被杀，颜良、文丑临阵被斩，皆如荀彧所料。

统兵（4）：荀彧投奔曹操后，得到的第一个官职是司马，曹操东征陶谦，还曾让荀彧镇守兖州，他的统兵能力强于那些纯谋士。

理政（9）：汉献帝东归洛阳，荀彧敏锐地建议曹操奉迎天子，提出：“奉主上以从民望，大顺也；秉至公以服雄杰，大略也；扶弘义以致英俊，大德也。”曹操采纳，拜荀彧为尚书令，曹操在外征伐时，特别是官渡之战、赤壁之战这种大战，都是荀彧在后方总理军政事务。人事方面，荀彧虚怀若谷，为曹操举荐了钟繇、荀攸、陈群、杜袭、戏志才、郭嘉等大量人才。

曹魏谋主：荀攸

人物资料

字号：字公达

生卒：157—214 年

籍贯：豫州颍川郡颍阴县（今河南省许昌市）

相貌：不详

官职：尚书令

爵位：陵树亭侯

谥号：敬侯

评　价

曹操：公达外愚内智，外怯内勇，外弱内强，不伐善，无施劳，智可及，愚不可及，虽颜子、宁武不能过也。

曹操：公达，非常人也，吾得与之计事，天下当何忧哉！

曹操：军师荀攸，自初佐臣，无征不从，前后克敌，皆攸之谋也。

曹操：孤与荀公达周游二十余年，无毫毛可非者。

曹操：荀公达真贤人也，所谓温良恭俭让以得之。

钟繇：我每有所行，反复思惟，自谓无以易；以咨公达，辄复过人意。

袁宏：董卓之乱，神器迁逼，公达慨然，志在致命。由斯而谭，故以大存名节。

王俭：子房之遇汉后，公达之逢魏君，史籍以为美谈，君子称其高义。

郑艺：运筹决胜，荀攸可比于良平。

武三思：志同鱼水，契若盐梅，如魏武之得荀攸，似汉光之逢邓禹。

司马光：攸深密有智防，自从魏公操攻讨，常谋谟帷幄，时人及子弟莫知其所言。

郝经：攸亦智计之士，彧之次也。

人物生平

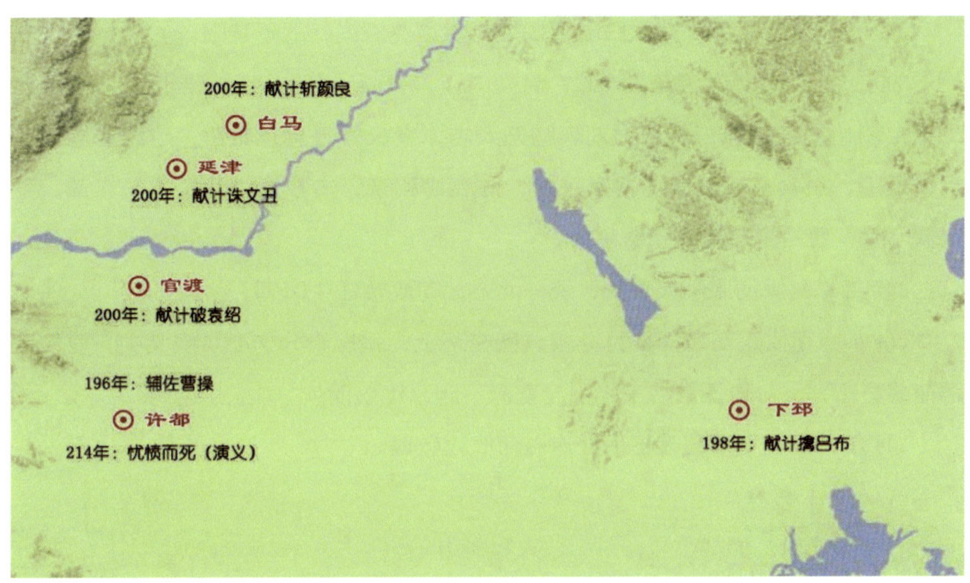

157 年：荀攸出生。荀攸是荀彧的堂侄，祖父荀昙是广陵太守，荀攸很小的时候就失去了母亲。

169 年：荀攸 13 岁，在祖父的葬礼上，识破了一个逃犯，人们从此觉得荀攸不同寻常。

184 年：何进秉政后，荀攸作为名士被征召入朝，担任黄门侍郎。

192 年：董卓乱政，荀攸等人谋划暗杀董卓，但事情败露，荀攸被捕入狱。董卓死后，荀攸才被释放，被任命为任城相。但荀攸并未赴任，而是申请到百姓富足的蜀郡担任太守，但由于道路阻塞，荀攸滞留在荆州。

196 年：曹操奉迎汉献帝迁都许都，征召荀攸为汝南太守，并在朝廷内担任尚书，后又任命荀攸为军师。

198 年：荀攸跟随曹操征讨张绣，荀攸认为，若急攻张绣刘表必来救援。曹操不听，进军穰县，刘表果然来救，曹操大败。同年，荀攸劝说曹操征讨吕布，吕布退守下邳，久攻不下，士卒疲惫，曹操打算退军，荀攸和郭嘉劝说曹操继续攻城，后曹操采纳，生擒吕布。

200 年：白马之战，荀攸献声东击西之计，助关羽斩杀颜良。延津之战，荀攸献诱敌之计，斩杀文丑。官渡之战，许攸、张郃投降曹操，众人都怀疑他们的诚意，但荀攸认为应该相信他们，后证明二人果然真心投降，并助曹操大破袁绍。

202 年：袁绍病死，荀攸跟随曹操征讨袁谭、袁尚，战于黎阳。

203 年：曹操南攻刘表，袁谭、袁尚内讧，袁谭向曹操请降。群臣多主张应该先平定荆州刘表，但荀攸认为刘表胸无大志，袁氏才是真正威胁，建议曹操接受袁谭投降，蚕食袁氏兄弟。曹操采纳，与袁谭和亲，击败袁尚后又斩杀袁谭。平定冀州后，曹操封荀攸为陵树亭侯。

207 年：曹操彻底消灭袁氏，统一北方，荀攸转任中军师。

214 年：荀攸跟随曹操征讨孙权，死在路上，曹操十分伤心。演义中，荀攸重蹈荀彧覆辙，反对曹操进魏王，引起曹操不满，忧愤而死。

244 年：魏国皇帝曹芳下诏，追谥荀攸为敬侯。

人物能力

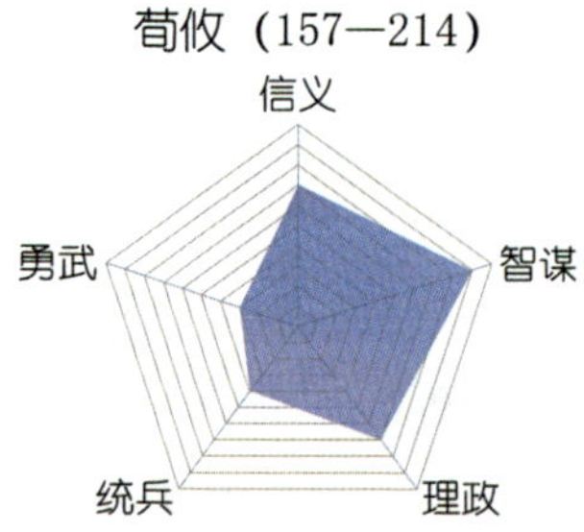

信义（7）：董卓废长立幼，祸国殃民。荀攸谋划刺杀董卓，对同僚说：董卓残暴不仁，与夏桀、商纣相比有过之无不及，天下百姓怨声载道。他虽然手握重兵，其实不过是一介匹夫。现在我们应该刺杀董卓以谢百姓，然后据守函谷关，辅佐皇帝，号令天下，成就齐桓公、晋文公的霸业！从荀攸的话可以看出，虽然荀攸有铲除国贼的意愿，但也有挟天子令诸侯的野心。后来，事情败露，荀攸身陷囹圄。董卓死后，荀攸出狱，申请到蜀郡做官，理由是这里地形险要、粮草充足，真实的目的还是为了独霸一方。《三国演义》对荀攸做了美化，与荀彧一样，荀攸晚年劝曹操不要晋升魏王，曹操不听，最后忧愤而死。

勇武（3）：荀攸并没有勇武方面的记载，但他曾经试图刺杀董卓，勇武可以给到 3 分。

智谋（9）：跟随曹操以来，荀攸前前后后一共出过十二条奇谋，《三国志》记载了荀攸九条计谋：第一条缓军以待诱张绣，第二条纵横淮泗攻吕布，第三条水淹下邳擒吕布，第四条声东击西斩颜良，第五条辎重诱敌诛文丑，第六条举荐徐晃破韩猛，第七条接受许攸攻乌巢，第八条劝说曹洪纳张郃，第九条无视刘表破二袁。也许这九条计谋就包括在荀攸的“奇策十二”中。钟繇曾为荀攸编撰文集，可惜没有完成就去世了，剩下的三条计谋是什么我们不得而知。但是，钟繇也许会把荀攸的计谋讲给他的儿子钟会。

统兵（4）：荀攸是一位纯粹的谋士，正史中，镇守官渡时有一次统兵的经历，但这次也有曹洪辅助。

理政（7）：击败袁氏统一北方后，曹操论功行赏，曾说：忠诚正直，善于谋略，攘外安内，荀彧第一，荀攸第二。荀攸官至尚书令，受到上下敬重。曹操曾对曹丕说：荀攸先生为人师表，应该以礼相待。一次，荀攸生病，曹丕前来探望，亲自跪拜于床下。但是，无论是《三国志》还是《三国演义》，都没有记载荀攸的具体政绩，这影响了他理政的分数。

鬼谋毒士：贾诩

人物资料

字号：字文和

生卒：147—223 年

籍贯：凉州武威郡姑臧县（今甘肃省武威市）

相貌：不详

官职：太尉

爵位：寿乡侯

谥号：肃侯

评　价

阎忠：诩有良、平之奇。

曹操：使我信重于天下者，子也。

荀勖：三公具瞻所归，不可用非其人。昔魏文帝用贾诩为三公，孙权笑之。

陈寿：荀攸、贾诩，庶乎算无遗策，经达权变，其良、平之亚欤！

裴松之：诩之罪也，一何大哉！自古兆乱，未有如此之甚。

李峤：贾文和之揣君，郦食其之观将：翔而后集，可谓明也。

白居易：天下论智计并归贾氏也。

陈亮：汉室再乱于贾诩，终于董昭。

萧常：董卓，国之贼，天下所共仇，而诩为之报怨。东京之亡祸，根于此。

韩慕庐：文和周旋群雄，晚归太祖。惟其智放沈密，而机速过人，故能不受牢笼。

何千里：诩之识略，实盖一时。

易中天：在我看来，贾诩有可能是三国历史上最聪明的人，他聪明在什么地方？洞悉人性，洞察人心，他总是能把他要打交道的人的心思摸得清清楚楚。

人物生平

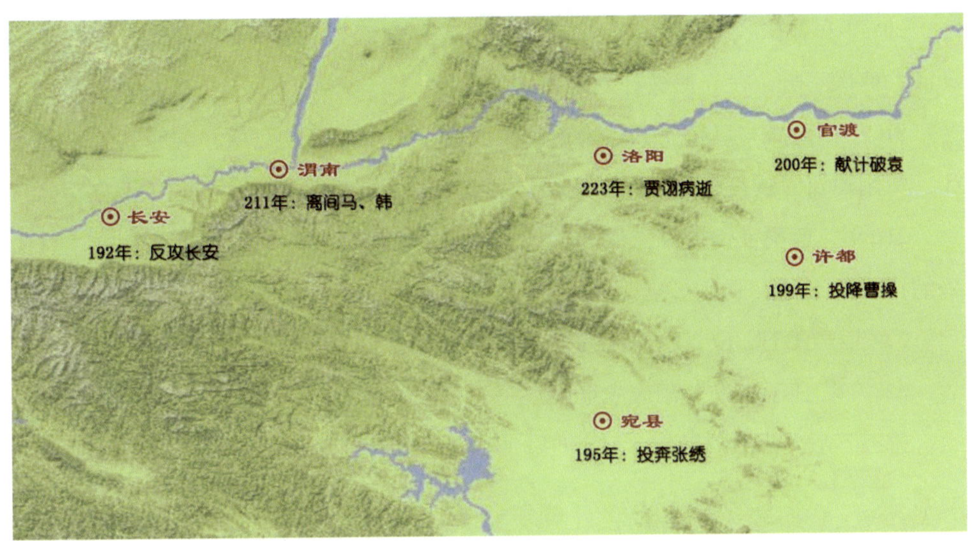

147 年：贾诩出生于凉州武威郡，早年举孝廉，后因病辞官。

189 年：董卓入主洛阳，贾诩从太尉掾改任平津都尉，又迁升为讨虏校尉，跟随董卓的女婿牛辅屯兵陕县。

192 年：董卓被杀，校尉李傕、郭汜想解散董卓部队逃回乡里。贾诩劝二人反攻长安，二人采纳，击败吕布，占据长安。事成后，李傕、郭汜任命贾诩为尚书。不久，贾诩以母丧辞去尚书一职，被拜为光禄大夫。

195 年：李傕、郭汜彼此猜忌，相互攻击，祸国殃民。贾诩从中解劝，并协助汉献帝东归。之后，贾诩交还官印，投奔屯兵华阴的同郡人段煨。段煨猜忌贾诩，贾诩担心被害，又投奔南阳张绣。

196 年：在贾诩的劝说下，张绣与刘表联合。张绣派贾诩去见刘表，贾诩回来对张绣说刘表不足以成大事。

197 年：曹操进攻张绣，张绣降而复叛，杀死曹操长子曹昂、大将典韦。演义中，贾诩一手策划了张绣偷袭曹操的计划。

199 年：袁绍与曹操在官渡对峙，袁绍派人招降张绣，但贾诩建议张绣投降曹操，张绣采纳。曹操见到贾诩非常高兴，表奏贾诩为执金吾，封都亭侯，遥领冀州牧，留在曹操身边担任谋士。

200 年：袁绍围攻曹操，曹军粮草告急，向贾诩问计，贾诩建议曹操速战速决。曹操采纳，大破袁绍，平定河北，提拔贾诩为太中大夫。

208 年：曹操收降荆州，想顺江而下进攻孙权，贾诩建议曹操怀柔江东，不必动武，曹操不听，在赤壁被孙刘联军击败。

211 年：曹操与马超、韩遂为首的关西联军在渭南对峙。秋，关西联军割地求和，贾诩建议假装答应马超、韩遂，然后离间二人，曹操采纳，大破关西联军。

217 年：曹操征询贾诩立储的建议，贾诩提醒曹操要以袁绍、刘表为戒，曹操采纳，立曹丕为太子。

220 年：曹丕即位，以贾诩为太尉，封魏寿乡侯。

223 年：曹丕咨询贾诩应先征吴还是先征蜀，贾诩建议曹丕先治理好国家再兴兵，曹丕不听，出兵广陵，大败而归。同年，贾诩去世，时年 77 岁，谥号肃侯。

人物能力

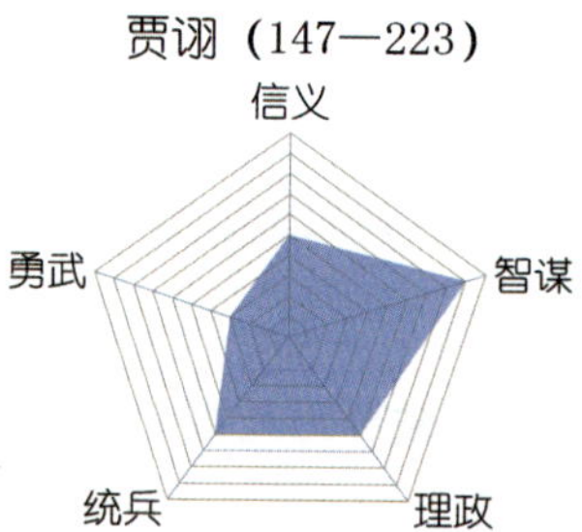

信义（5）：董卓死后，李傕、郭汜想解散董卓旧部逃走，但贾诩建议率军反攻长安，为董卓报仇，如果成功，可以挟天子以令诸侯，即使不成功，再逃走也不晚。李傕、郭汜采纳，击败吕布，逼死王允，挟持献帝，祸国殃民。这个结果贾诩可能也没有料到，此后他一直在竭力挽回，李傕曾想把献帝控制在自己的军营，但贾诩说："不可！胁天子，非义也。"李傕、郭汜内讧，在长安城内互相攻伐，张绣邀请贾诩与他一起逃走，但贾诩说："吾受国恩，义不可背。卿自行，我不能也。"直到献帝东归，贾诩才找机会离开。可以看出，贾诩心中还是存有大义的，只是在自己生命受到威胁时，选择了自保。

勇武（3）：贾诩并没有勇武方面的记载，但他曾经做过平津都尉、讨虏校尉等武职，勇武较纯谋士略高，可以给到 3 分。

智谋（9）：贾诩像一个能言善辩的律师，他的职责是让当事人利益最大化，至于善与恶，并不是他最关心的。贾诩先后跟随李傕和郭汜，还有张绣、曹操等人，在任期间，算无遗策。李郭二人欲散兵而逃，在贾诩的建议下他们攻入长安，挟持天子，独霸京师。张绣降而复叛，杀死曹操长子，准备投降袁绍。但在贾诩的建议下，再次归降曹操，并与曹操结为秦晋之好。贾诩一生最辉煌的时段是在曹操手下，官渡之战，曹操粮尽，贾诩建议速战速决，曹操采纳，大破袁军；潼关之战，曹操与马超、韩遂相持，贾诩提出离间计，最终一举击溃关西联军。

统兵（6）：虽然在《三国志》和《三国演义》中，都没有关于贾诩独立带兵的记录，但贾诩精通兵法，著有《钞孙子兵法》，并为《吴起兵法》作注，统兵不会太差。

理政（6）：贾诩协助李傕、郭汜占据长安后，出任尚书之职。上任后，贾诩选用很多旧时老臣，让摇摇欲坠的东汉王朝得以苟延残喘。在曹魏为官期间，贾诩也多次强调文治。赤壁之战前，曹操收降荆州，准备顺江东下，贾诩反对，认为治理好荆州，江东孙氏自然会归降，可是曹操不听，于是有赤壁之败。曹操晚年，就立嗣之事征求贾诩意见，贾诩若有所思，曹操追问，贾诩说："思袁本初、刘景升父子也。"既推荐了曹丕，又保全了自己，贾诩非常高明。

三国人物大数据4：性别篇

“大丈夫生于乱世，当带三尺剑，立不世之功”是每个男人的浪漫。《三国演义》是部男人的小说，作者是男人，读者是男人，书中人物也多是男人。据统计，在《三国演义》全部1258个人物中，女性只有83个，男性有1175个，其中有14个太监。

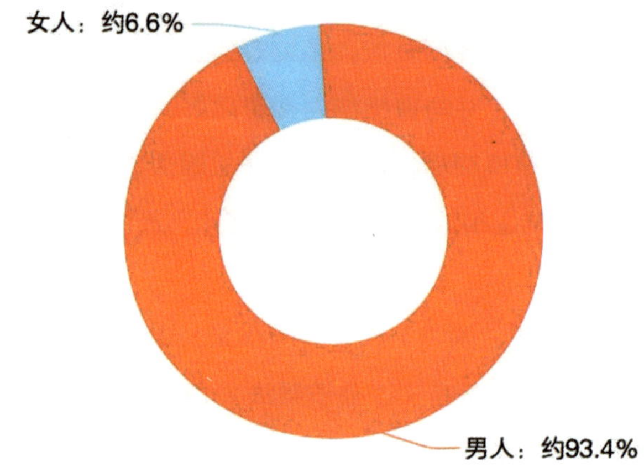

《三国演义》人物性别比例

太监虽然只有14个，但他们的影响力却不小，《三国演义》以太监开始，以太监结束。毛宗岗说：“一部大书，始之以张让、赵忠，而终以黄皓、岑昏，可为阉竖之戒。”

14个太监里，十常侍就占了10个，在《三国演义》中，他们是张让、赵忠、封谞、段珪、曹节、侯览、蹇硕、程旷、夏恽、郭胜。他们都任职中常侍，所以被称为“十常侍”。正史上十常侍只是概指，实际上要多于十个。十常侍的首领是张让和赵忠，汉灵帝曾经说过一句没出息的话：“张常侍（张让）是我公，赵常侍（赵忠）是我母。”十常侍把汉灵帝牢牢控制在自己手上，横征暴敛，卖官鬻爵，父兄子弟遍布天下，横行乡里，祸害百姓，最终导致黄巾起义的爆发。

曹操的祖父曹腾也是中常侍，《三国志》称曹腾为西汉丞相曹参之后，曹腾初任黄门从官，汉顺帝即位后，升任小黄门、中常侍，因策划迎立汉桓帝有功，被封为费亭侯，升为大长秋，加位特进。曹腾在宫中三十多年，未有明显过失，并能推荐贤人，口碑很好。曹腾死后由养子曹嵩继承侯爵位，曹嵩生子曹操。魏明帝曹叡即位后，曹腾被追尊为高皇帝，这也是中国历史上唯一一个太监皇帝。

《三国演义》中，蜀吴两国的灭亡都与宦官专权有关，蜀国是黄皓，吴国是岑昏，读者把他们戏称为“黄昏组合”。

刘禅继位后，黄皓得到宠信，从黄门令迁升为中常侍、奉车都尉，逐渐把持朝政。姜维对黄皓不满，请奏刘禅将其处死，但刘禅并未同意，只是命黄皓向姜维谢罪。姜维担心黄皓报复，请求到沓中屯田，不敢再回成都。蜀汉灭亡前，姜维请求刘禅发兵救援汉中，但黄皓找来一个巫婆作法，告诉刘禅敌人最终不会到来，刘禅因此没有发兵援救汉中。后来，邓艾偷渡阴平，逼降蜀汉，将黄皓判为死罪，但黄皓贿赂邓艾身边的人，得以免死。蜀汉灭亡后，司马昭将他凌迟处死。

岑昏在孙皓即位后得到宠幸，官列中常侍。“王濬楼船下益州”时，岑昏建议以铁索封锁长江，阻挡晋军进攻。王濬用火烧断铁索，一路所向披靡。吴国上下认为“今日之祸，皆岑昏之罪”，在孙皓阻止之前将岑昏剁为肉泥，生吃其肉。

历史上，黄、岑二人的确是奸臣，但没有《三国演义》中坏得那么极致，罗贯中把很多屎盆子都扣在他们头上了。黄皓的确用巫术告诉了刘禅魏兵不会前来，但刘禅还是发兵增援汉中了。提出用铁索封锁长江的是建平太守吾彦，而非岑昏。而且岑昏也不是一个太监。亡国需要找替罪羊，写历史的大多是男人，因此背锅的多是女人或太监。

太监中也有好样的，比如曹魏的张节。在第119回，张节强烈反对司马炎逼迫魏帝曹奂禅让，大骂“欲行此事，是篡国之贼也！”惹得司马炎大怒，令手下士兵将其乱棍打死。

《三国演义》中的83位女性的主要身份可以分为四类：一是他人妻子，二是他人母亲，三是他人女儿，四是他人姐妹。

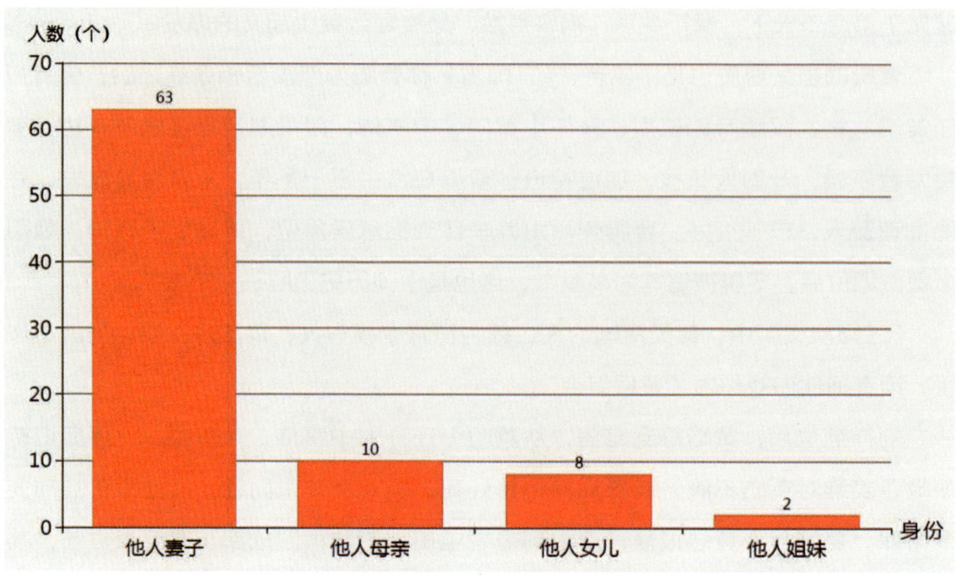

《三国演义》女性身份

女人靠征服男人征服世界，《三国演义》中，大多数女人是以别人妻子的身份出现的。其中比较著名的有曹丕的甄夫人，刘备的甘夫人、糜夫人、孙夫人，也包括大桥、小桥（大乔、小乔）。

作为他人母亲出场的著名女性有太史慈之母、徐庶之母、姜叙之母、姜维之母。

太史慈之母出现在第 11 回，她曾受到北海国相孔融的照顾，在孔融被管亥围攻时，她命自己的儿子太史慈前往救援。

徐庶之母出现在第 36 回和第 37 回，曹操为了得到徐庶，将徐母迎到许昌，并模仿徐母笔迹给他写信，逼迫徐庶前来投奔，徐母见到徐庶后愤然自尽。

姜叙之母出现在第 64 回，她鼓励儿子为国尽忠，反抗马超。马超杀到姜叙家中，姜叙之母对着他大骂，马超大怒，亲手将其杀害。

姜维之母出现在第 93 回，姜维事母至孝，诸葛亮为了招降姜维，围攻其母所在的冀县，姜维前去救援，最终被诸葛亮用计收降。

作为他人女儿出场的著名女性有吕布之女和关羽之女。

吕布之女首次出现是在第 16 回，为吕布与严氏所生，姓名不可考，网络上一般叫她吕玲绮。吕布之女与袁术之子曾有婚约，但吕布后来反悔毁约。曹操围攻下邳时，吕布向袁术求救，袁术提出先把女儿送来成婚。吕布于是把女儿包裹在身上突围，但被关羽、张飞等人截回。

关羽的女儿出现在第 73 回，姓名不可考，网络上一般叫她关凤或关银屏。孙权提出与关羽结成儿女亲家，但关羽说："吾虎女安肯嫁犬子乎？"拒绝了这桩婚事。孙权知道后大怒，开始谋划袭取荆州，孙刘联盟彻底破裂。

作为他人姐妹身份出场的女性为孙夫人和辛宪英。

孙夫人是孙权的妹妹，也就是人们常说的孙尚香。历史上，孙夫人才捷刚猛，有诸兄之风，与刘备成亲后，孙夫人身边仍然有百余带刀侍婢保护，刘备每次进闺房都胆战心惊。刘备入蜀后，孙权派船接孙夫人回吴，孙夫人差点将刘禅带走。演义中的孙夫人温柔许多，刘备被困江东，孙夫人夫唱妇随，协助刘备返回荆州。在毛本中，刘备兵败夷陵，孙夫人听说刘备死于军中，投江殉夫。

辛宪英是辛敞的姐姐，出现在第 107 回。司马懿发动高平陵之变要诛除曹爽，辛敞向姐姐辛宪英求计，辛宪英建议他投靠司马懿，辛敞采纳。后来司马懿果然消灭了曹爽。

算无遗策：郭嘉

人物资料

字号：字奉孝

生卒：170—207 年

籍贯：豫州颍川郡阳翟县（今河南省许昌市禹州）

相貌：不详

官职：司空军祭酒

爵位：洧阳亭侯

谥号：贞侯

评　价

曹操：使孤成大业者，必此人也。

曹操：诸君年皆孤辈也，唯奉孝最少。天下事竟，欲以后事属之……

曹操：军祭酒郭嘉，自从征伐，十有一年。每有大议，临敌制变。臣策未决，嘉辄成之。平定天下，谋功为高。

曹操：哀哉奉孝！痛哉奉孝！惜哉奉孝！

曹操：故军祭酒郭嘉，忠良渊淑，体通性达。每有大议，发言盈庭，执中处理，动无遗策。

陈寿：嘉深通有算略，达于事情。

李隆基：孝文之得魏尚，虏不足忧；太祖之见郭嘉，知成吾事。

陈亮：以成魏之霸业者，昱、嘉之谋为多，而曹公尤痛惜嘉之死也。

何焯：孟德追惜奉孝，而诸葛亦思孝直帷幄之助，不可或失其人，虽英雄必资群策也。

朱乾：故国以一人兴，以一人亡。郭嘉归魏而魏兴，管宁去汉而汉亡。

人物生平

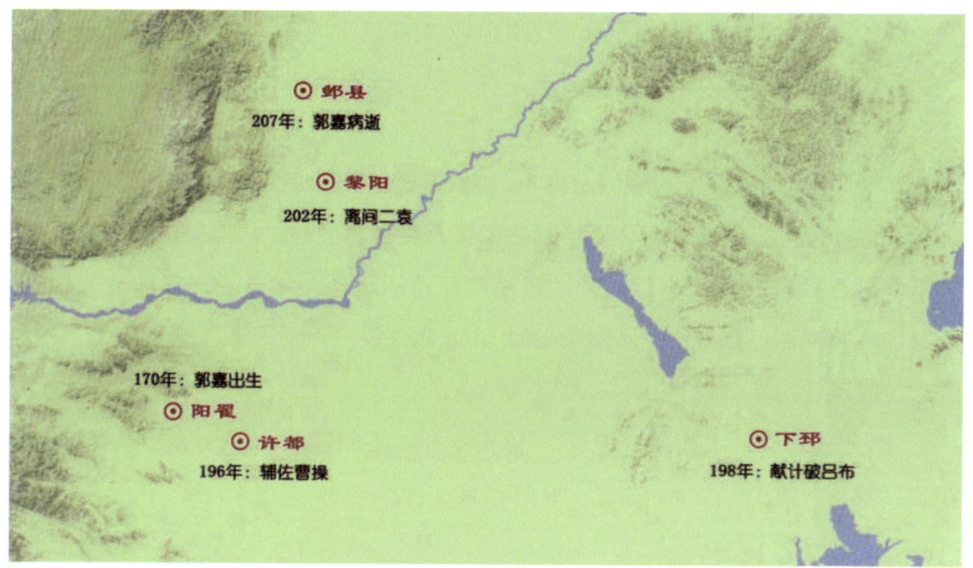

170 年：郭嘉出生于豫州颍川郡阳翟县。

189 年：董卓乱政，天下大乱，郭嘉开始隐居，暗地里结交英雄豪杰，不与普通人接触。当时认识他的人不多，只有少数有识之士认为郭嘉是奇才。郭嘉曾见过袁绍，但认为袁绍不足以成大事。

196 年：曹操的谋士戏志才去世，荀彧向曹操推荐郭嘉。曹操召见郭嘉，与郭嘉讨论天下大事。郭嘉对比袁绍与曹操，提出“十胜十败论”，提出袁绍的十个劣势和曹操的十方面优势。曹操听完，信心大增，表奏郭嘉为司空军祭酒。

198 年：曹操征讨吕布，三战三胜，吕布退守下邳。当时士卒疲惫，曹操打算退军，郭嘉和荀攸劝说曹操继续攻城，曹操采纳，果然擒杀吕布。

200 年：曹操想进攻刘备，谋士们怕袁绍偷袭，曹操征求郭嘉意见。郭嘉认为袁绍优柔寡断，不会前来，而刘备是人中豪杰，一定要尽早除掉。曹操采纳，进击刘备，袁绍果然犹豫不前。孙策见曹操与袁绍在官渡相持，准备渡江进攻许都，谋士们都很担心。但郭嘉认为孙策轻率大意，必死于匹夫之手，后孙策果然被许贡家客刺杀。

202 年：袁绍病逝，郭嘉跟随曹操征讨袁谭、袁尚于黎阳，连战连胜。诸将建议乘胜进攻，但郭嘉认为二袁不和，急攻的话他们会联合，应该缓一缓等他们内讧。曹操依计退军，后来二袁果然为争夺冀州互相征伐，曹操遂将二袁一一击败。

204 年：曹操平定冀州，封郭嘉为洧阳亭侯。

205 年：郭嘉建议曹操多起用冀、青、幽、并四州名士，使人心归附，曹操采纳。

207 年：曹操将要征讨袁尚及乌桓，部下担心刘表派刘备偷袭许都，但郭嘉认为刘表对刘备怀有戒心，不会授予刘备重兵，没必要担心。曹操采纳，出兵北征，并听从郭嘉建议，轻兵急行，一举斩杀乌桓首领蹋顿，将袁尚与袁熙赶到辽东。演义中，郭嘉遗计定辽东，借公孙康之手斩杀二袁。回到邺城，郭嘉病重，不治身亡，时年 38 岁，谥号贞侯。

208 年：曹操兵败赤壁，感叹：“郭奉孝在，不使孤至此。”“哀哉奉孝！痛哉奉孝！惜哉奉孝！”

人物能力

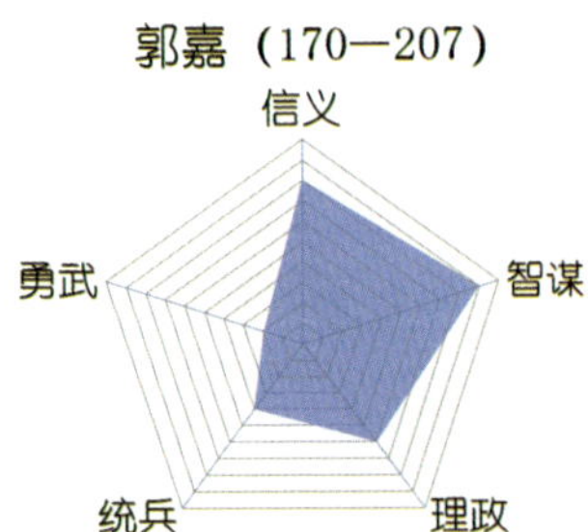

信义（8）：如果说刘备遇到诸葛亮是如鱼得水，那曹操得到郭嘉则是如虎添翼。曹操与郭嘉会面后，曹操说：“使孤成大业者，必此人也。”郭嘉说：“真吾主也。”在曹操的诸多谋士中，或如荀彧有道德洁癖，或如贾诩老谋深算，只有郭嘉与曹操情投意合，性格品行十分相似。曹操为人放浪不羁，郭嘉也是不拘小节，陈群曾因郭嘉行为不检点公开批评郭嘉，但郭嘉不以为然，曹操竟也愈加器重郭嘉。郭嘉身体不好，南方瘟疫盛行，常说“吾往南方，则不生还”，但每次与曹操讨论天下大势，都说先要平定荆州。虽不及诸葛亮鞠躬尽瘁，但为了曹操的霸业，郭嘉也早已将生死置之度外。所谓君臣相知，大抵如此。

勇武（2）：郭嘉是一个纯谋士，而且身体不太好，死的时候只有38岁，勇武方面只能给到2分。

智谋（9）：智谋分很多种，有人善于分析天下大势，如诸葛亮；有人善于发现敌军弱点，如陆逊；有人善于洞察人心，比如郭嘉。孙策割据江东，准备进攻许都，众人畏惧，但郭嘉认为孙策“轻而无备”，必死于小人之手，不久孙策果然遇刺。曹操欲征刘备，谋士们担心袁绍偷袭，但郭嘉认为袁绍“迟而多疑”，不会马上来攻，曹操进攻刘备，袁绍果然未出兵。曹操将要出兵乌桓，部下担忧刘表派刘备进攻，但郭嘉认为刘表“坐谈客耳”，不敢重用刘备，没必要担心，曹操放心出兵，刘表果然没有派人进攻。

统兵（4）：郭嘉在曹操手下一直担任司空军祭酒，相当于曹操的高级参谋，主要的职责是出谋划策，不曾率兵打仗。

理政（6）：曹操击败袁氏，统一河北，郭嘉建议曹操招募袁绍固有势力冀、青、幽、并四州的名士，逐渐让他们担任要职，以便聚拢人心。曹操采纳了郭嘉的建议，甚至重用污蔑过自己的陈琳，河北人士见曹操雄才大略，渐渐归附。遗憾的是，郭嘉中年早逝，在理政方面表现不多。曹操曾说：“诸君年皆孤辈也，唯奉孝最少。天下事竟，欲以后事属之，而中年夭折，命也夫！”如果郭嘉活得更长一些，也许会成为诸葛亮那样的托孤重臣。

江东梦魇：张辽

人物资料

字号：字文远

生卒：169—222 年

籍贯：并州雁门郡马邑县（今山西省朔州市）

相貌：面如紫玉，目若朗星。（《三国志通俗演义》）

武器：刀

官职：前将军、征东将军

爵位：晋阳侯

谥号：刚侯

评　价

曹丕：此亦古之召虎也。

孙权：张辽虽病，不可当也，慎之。

鱼豢：张辽为孙权所围，辽溃围出，复入，权众破走，由是威震江东。儿啼不肯止者，其父母以辽恐之。

杜佑：张辽审计，立擒贼首，亦同料敌之义。

王文郁：贼众我寡，正当折其锋以安众心，然后可守，此张辽所以破合肥也。

赵翼：其以少击众，战功最著者，如合肥之战，张辽李典以步卒八百，破孙权兵十万。

洪迈：张辽走孙权于合肥，郭淮拒蜀军于阳平，徐晃却关羽于樊，皆以少制众，分方面忧。

郝经：张辽、徐晃诸将壮猛有谋，亦关张之亚匹；然失身于操，终为勇而无义。

梅公毅：为将之道，胆欲大而心欲细；胆大则勇，心细则智，所以能战胜攻取，即有不利，亦不至一败涂地。三国时将材，可当此者，魏之张辽，汉之赵云而已。

关羽（演义）：（对张飞）此人武艺不在你我之下。

人物生平

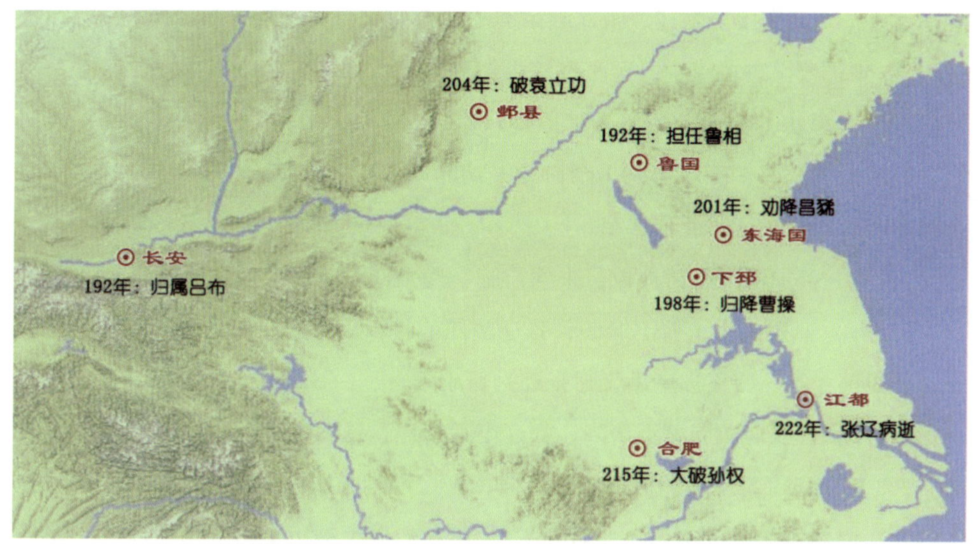

169 年：张辽出生，本姓聂，因避祸改姓张。

189 年：张辽早年曾做郡吏，并州刺史丁原以其武力过人，征召为从事，命其带兵赶赴洛阳。丁原被董卓杀死后，张辽归属董卓。

192 年：吕布杀死董卓，张辽归属吕布，迁升为骑都尉。吕布被李傕击败后，东奔徐州，任命张辽为鲁国相。

198 年：曹操在下邳击败吕布，张辽率众归降，曹操拜其为中郎将，赐爵关内侯。张辽屡立战功，迁升为裨将军。

200 年：曹操在官渡击败袁绍，派张辽平定鲁国诸县。

201 年：东海昌豨造反，张辽只身前往昌豨家中，成功劝降昌豨。

202 年：张辽跟随曹操征讨袁谭、袁尚于黎阳，屡立战功，担任中坚将军。

203 年：张辽跟随曹操围攻邺城，久攻不下，曹操退兵，令张辽与乐进进攻阴安，把当地百姓迁移到黄河以南。

204 年：张辽再次跟随曹操进攻邺城，终于攻破。张辽奉命收降河北一带的贼寇。

205 年：张辽跟随曹操击败袁谭，被封为荡寇将军。

206 年：张辽率军攻打荆州，平定江夏诸县，屯兵临颍，被封为都亭侯。

207 年：张辽跟随曹操征讨袁尚于柳城，途与敌军相遇。张辽力劝曹操迎战，曹操大喜，将麾旗授予张辽。张辽率军突击，大破乌桓，斩杀单于蹋顿。

215 年：曹操进攻汉中，留张辽等人镇守合肥。孙权率军十万来攻，张辽与李典摒弃个人恩怨，合力拒敌。张辽招募八百死士，主动出击，身先士卒，无人可挡。吴军士气低落，围攻合肥十余日后无功而返。张辽率军追击，几乎抓住孙权。曹操知道后，拜张辽为征东将军。

216 年：曹操再次征讨孙权，来到合肥，为张辽增兵，命张辽驻军居巢。

220 年：曹操去世，曹丕继任，张辽转任前将军后孙权反叛，张辽回到合肥驻守，晋爵都乡侯。曹丕称帝后又封张辽为晋阳侯。

221 年：孙权再次向曹丕请降，张辽屯兵雍丘，其间患病。

222 年：孙权又反叛，曹丕御驾亲征，张辽带病击败东吴大将吕范。同年，张辽病逝，谥号刚侯。演义中，张辽于 224 年为救曹丕被丁奉一箭射中腰部，不治身亡。

人物能力

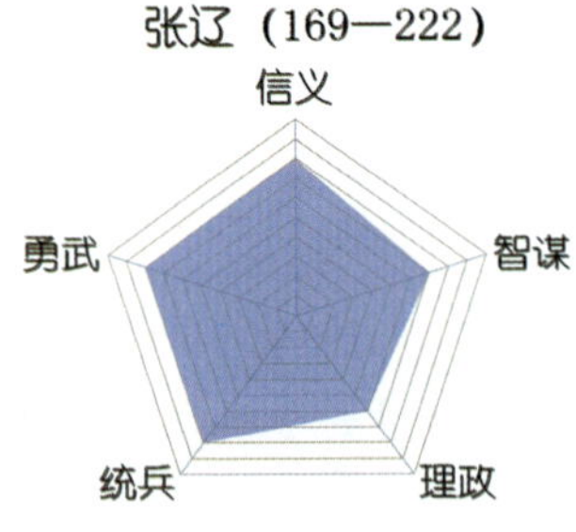

信义（8）：演义中，曹操生擒吕布，吕布向曹操乞求活命，张辽大骂："吕布匹夫！死则死耳，何惧之有！"曹操亲自来杀张辽，张辽全无惧色，引颈受刑。后经刘备、关羽求情，曹操以礼相待，张辽这才投降。日后，关羽被曹操围困，拒绝投降，张辽为报活命之恩，从中斡旋，保全了关羽的性命和名节。合肥之战，大敌当前，张辽、李典摒弃个人恩怨，齐心协力击败孙权。但是，张辽先后跟随过丁原、董卓、吕布等人，没能从一而终，影响到了信义。

勇武（8）：演义中，张辽曾与太史慈大战七八十回合不分胜负，关羽也曾对张飞说过："此人武艺不在你我之下。"历史上的张辽更加勇猛，合肥之战，张辽披甲持戟，身先士卒，亲手杀数十人、斩两将，冲破防御，来到孙权麾下，吓得孙权登高自卫。张辽叫孙权下来交战，孙权不敢轻举妄动，见张辽兵少，才命兵士将其包围。张辽左冲右突，所向披靡，先后救出麾下数十人。东吴将士见张辽如此勇猛，士气低落，无心恋战，最终无功而返。综合考虑，张辽的勇武可以给到 8 分。

智谋（7）：张辽是位智勇双全的武将，民间有"九牛许褚，百计张辽"之说。演义中，关羽被曹操围困，张辽劝关羽投降，指出他若死，其罪有三，成功说降关羽。历史上，尚未平定荆州之时，曹操命张辽屯兵长社。临出征前，军中有人谋反，到处放火，全军慌乱。张辽对左右说："不要慌张，这肯定不是全营的人都反了，只是有人想制造事端，借此鼓动他人。"于是传令没有参与造反的人回营坐好，张辽带领亲兵在中军守护。不久，叛乱平息，罪魁祸首也被找到。

统兵（8）：张辽统兵能力一流，最著名的就是合肥之战中，张辽以少胜多，击退孙权，江东小儿听到张辽的名字甚至不敢啼哭。合肥之战十年后，张辽已经去世三年，曹丕仍然特意下诏追念张辽合肥之功，说："合肥之役，辽、典以步卒八百，破贼十万，自古用兵，未之有也。使贼至今夺气，可谓国之爪牙矣。"

理政（6）：张辽在吕布手下时，曾担任鲁国国相，在青徐地区有一定的政治影响力。曹操击败袁绍后，多次派张辽招降青徐两地的贼寇。

矮脚虎将：乐进

人物资料

字号：字文谦

生卒：?—218 年

籍贯：冀州阳平郡卫国（今河南省濮阳市清丰县）

相貌：容貌短小。（《三国志》）

武器：枪、刀

官职：右将军

爵位：广昌亭侯

谥号：威侯

评 价

曹操：武力既弘，计略周备，质忠性一，守执节义，每临战攻，常为督率，奋强突固，无坚不陷，自援枹鼓，手不知倦。又遣别征，统御师旅，抚众则和，奉令无犯，当敌制决，靡有遗失。论功纪用，宜各显宠。

刘备：又乐进在青泥与关羽相拒，今不往救羽，进必大克，转侵州界，其忧有甚于鲁。

陈寿：容貌短小，以胆烈从太祖。

陈寿：乐进以骁果显名，而鉴其行事，未副所闻。或注记有遗漏，未如张辽、徐晃之备详也。

陈寿：綝（乐进之子）果毅有父风。

王歆：乐进魏之名将，志列于张辽后，其勇悍猛迅，当亦其侪也。惜史书不详，便松之不得益一字。遍观其传，如日记行述，不过某某日于某某处破某某敌而已。所得者，唯别传不见之名有数，如管承、刘备临沮长杜普、旌阳长梁大等。

人物生平

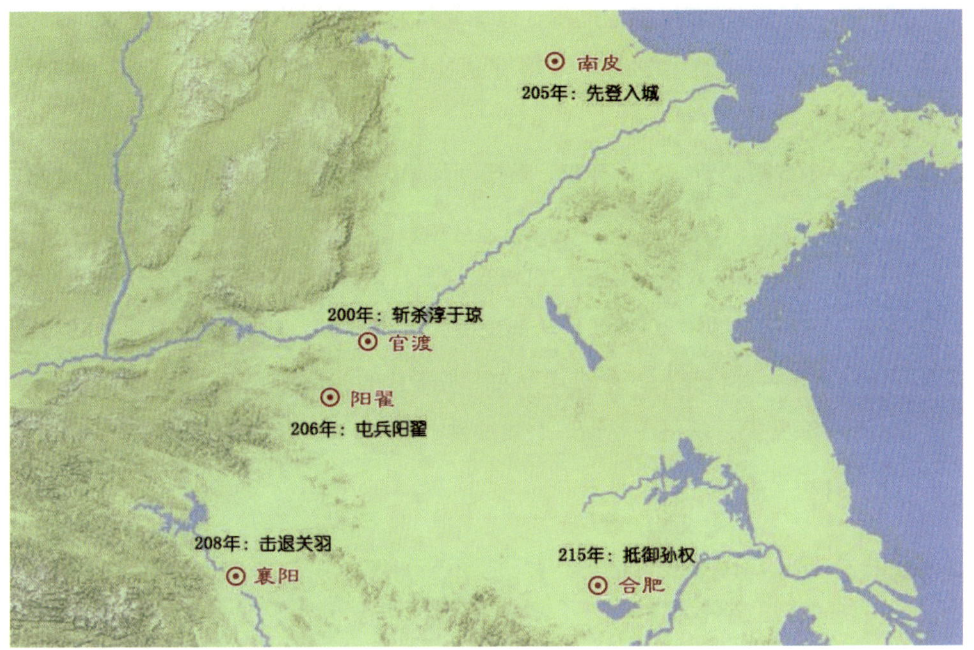

194 年：乐进以军假司马、陷阵都尉的身份跟随曹操先后攻打吕布于濮阳、张超于雍丘、桥蕤于苦县，冲锋陷阵，屡立战功，被封为广昌亭侯。

198 年：乐进跟随曹操征讨张绣于安众，围吕布于下邳。

199 年：乐进进攻眭固于射犬，攻打刘备于小沛，两次战斗都获得了胜利，被拜为讨寇校尉。

200 年：乐进与于禁渡河攻打获嘉，又跟随曹操攻击袁绍于官渡，乐进奋勇力战，斩杀袁绍部将淳于琼。

203 年：乐进跟随曹操进攻袁谭、袁尚兄弟于黎阳，斩杀袁军大将严敬，被拜为游击将军。又攻打黄巾余党，大获全胜，平定安乐郡。

204 年：乐进跟随曹操攻破邺城。

205 年：乐进跟随曹操进攻袁谭于南皮，率先攻入南皮东门，击败袁潭。又攻打雍奴，大破敌军。

206 年：曹操上表汉献帝，称赞乐进等人，拜乐进为折冲将军。曹操命乐进征讨并州高干，高干坚守壶关，乐进久攻不下，曹操亲率前来，终将壶关攻破。乐进与李典又征讨管承，获胜后屯兵阳翟。

208 年：乐进跟随曹操平定荆州，曹操北归后，乐进留屯襄阳，击败关羽、苏非等人，招降南郡的山越蛮夷。之后，乐进又征讨刘备临沮长杜普、旌阳长梁大，都大获全胜。

213 年：乐进跟随曹操征讨孙权，曹操回师后，留乐进与张辽、李典镇守合肥，防御孙权。

215 年：曹操征讨张鲁，孙权趁机进攻合肥。乐进、张辽、李典本不和睦，但大敌当前，三人齐心协力，张辽、李典出战，乐进守城，以七千人的兵力成功抵御孙权十万大军。此役过后，乐进迁升为右将军。

216 年：演义中，乐进在濡须口之战被甘宁射中，之后就没再出场。

218 年：乐进逝世，谥曰威侯。

人物能力

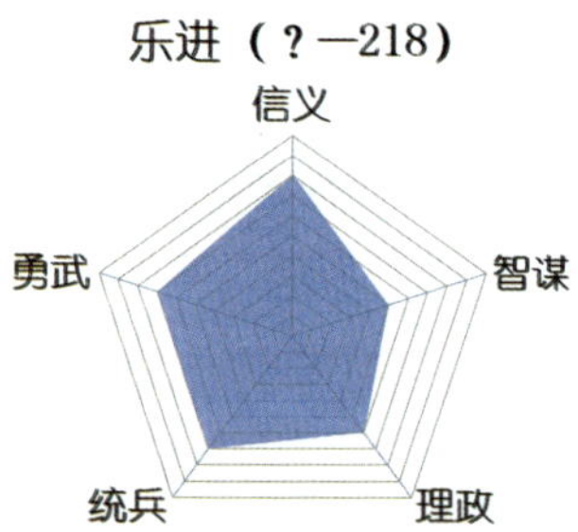

信义（8）：乐进与张辽、李典共同镇守合肥，三人地位相同，不分主次，因此常常产生矛盾。曹操远征汉中，孙权兴兵来犯，张辽按照曹操预留锦囊排兵布阵，但担心乐进、李典从中掣肘。乐进、李典以国家为重，欣然领命，齐心协力，大破孙权。曹操评价乐进“质忠性一，守执节义”，这虽然有过誉之嫌，但乐进的信义给到 8 分是没有问题的。

勇武（7）：演义中，乐进弓马俱佳。马战方面，第 11 回，乐进单挑臧霸："便叫臧霸出马搦战。曹军内乐进出迎。两马相交，双枪齐举，战到三十余合，胜负不分。"第 68 回，乐进单挑凌统："凌统纵马提刀，出至阵前。张辽使乐进出迎，两个斗到五十回合，未分胜败。"箭法方面，第 12 回："吕布料敌不过，落荒而走。从将成廉被乐进一箭射死。"第 33 回："郭图见阵大乱，急驰入城中，乐进望见，拈弓搭箭，射下城壕，人马俱陷。"正史中的乐进也十分勇猛，以胆烈闻名。官渡之战，乐进斩杀袁绍大将淳于琼；黎阳之战，乐进斩杀敌将严敬；南皮之战，乐进身先士卒，第一个攻入南皮东门，一举击败袁谭。曹操评价乐进"每临战攻，常为督率，奋强突固，无坚不陷，自援枹鼓，手不知倦"。

智谋（5）：演义中，合肥之战时，乐进曾诈败引诱甘宁，使吴军陷入包围。正史上，曹操评价乐进"计略周备"，但缺乏具体事例。

统兵（7）：乐进能攻善守，早年随曹操打天下，先后在濮阳击败吕布，在雍丘击败张超，在苦县击败桥蕤，在安众击败张绣，在下邳击败吕布，在射犬击败眭固，在小沛击败刘备，在官渡击败袁绍，在黎阳击败袁尚，在南皮击败袁谭。可谓战无不胜，攻无不取。赤壁之战后，乐进主要负责防守，镇守荆州击败关羽，镇守合肥击败孙权，是曹魏长江沿岸的一道屏障。曹操称赞乐进"又遣别征，统御师旅，抚众则和，奉令无犯，当敌制决，靡有遗失"。

理政（6）：赤壁之战后，曹操回到邺城，留乐进等人镇守荆州，乐进击退关羽，威震南郡，当地山越蛮夷望风归降，巩固了曹操在荆北的统治。

弗克其终：于禁

人物资料

字号：字文则

生卒：?—221 年

籍贯：兖州泰山郡钜平（今山东省泰安市宁阳县）

相貌：（晚年）须发皓白。（《三国志》）

武器：不详

官职：左将军、安远将军

爵位：益寿亭侯

谥号：厉侯

评　价

曹操：淯水之难，吾其急也，将军在乱能整，讨暴坚垒，有不可动之节，虽古名将，何以加之！

曹操：吾知禁三十年，何意临危处难，反不如庞德邪！

虞翻：禁败数万众，身为降虏，又不能死。北习军政，得禁必不如所规。还之虽无所损，犹为放盗，不如斩以令三军，示为人臣有二心者。

陈寿：于禁最号毅重，然弗克其终。

司马懿：于禁等为水所没，非战攻之失，于国家大计未足有损。

裴松之：围而后降，法虽不赦；囚而送之，未为违命。禁曾不为旧交希冀万一，而肆其好杀之心，以戾众人之议，所以卒为降虏，死加恶谥，宜哉。

陈叔宝：李陵矢竭，不免请降，于禁水涨，犹且生获，固知用兵上术，世罕其人。

李贽：于禁最识大体，只为国家争胜负，不为一身辨曲直，真良将也。

王歆：世无百战百胜将军，禁逢霖雨，败于关某，不为耻也。

人物生平

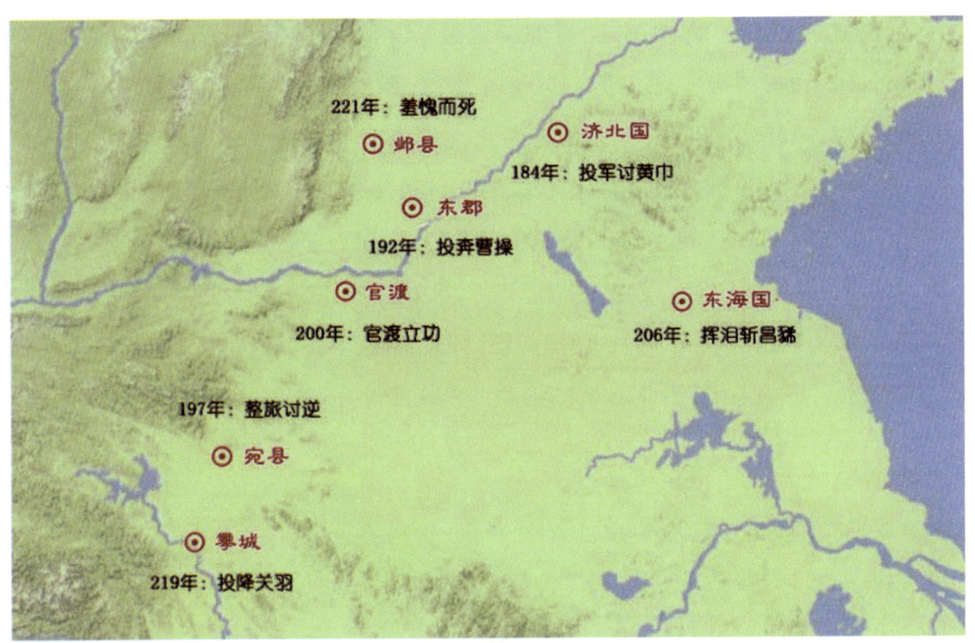

184 年：黄巾之乱爆发，济北相鲍信招兵买马，于禁前去投奔。

192 年：曹操领兖州牧，于禁率部投奔，担任都伯，隶属王朗。王朗向曹操推荐于禁，曹操拜于禁为军司马。于禁领兵进入徐州，攻拔广威，被拜为陷阵都尉。

194 年：于禁跟随曹操先后在濮阳击败吕布，在须昌击败高雅，在雍丘击败张超，又收降黄巾余党，屡立战功，迁升为平虏校尉。

197 年：于禁在苦县围攻袁术大将桥蕤，斩杀桥蕤等四将。又跟随曹操进攻宛城，张绣降而复叛，曹操败走。黄巾余党组成的青州兵趁机叛乱，于禁前去平息，回营后修筑防御工事，不理会青州兵的诬告。曹操知道后大喜，封于禁益寿亭侯。

198 年：于禁跟随曹操先后在穰县击败张绣，在下邳擒杀吕布，次年又与史涣、曹仁在射犬攻破眭固。

200 年：曹操征讨袁绍，以于禁为先锋，镇守延津，袁绍无法攻破。于禁趁机反击袁绍，大破袁军，迁升为裨将军。官渡之战，面对袁绍的围攻，于禁督守土山，率军力战，全军士气大振，战胜袁绍后，于禁迁升为偏将军。

206 年：东海太守昌豨又一次反叛，曹操派于禁前去平定，昌豨与于禁是旧相识，向于禁投降，但于禁依照法令挥泪将其斩杀。曹操拜于禁为虎威将军。

209 年：于禁与臧霸攻打梅成，张辽与张郃攻打陈兰。梅成降而复叛，投奔陈兰。张辽与陈兰相持，军粮不足，于禁押运粮草负责后勤，助张辽斩杀陈兰、梅成。

216 年：曹操恼恨朱灵，想夺其兵权，派于禁接管，朱灵敬重于禁，没有抵抗即交出兵权。同年，于禁迁升为左将军。

219 年：曹操命于禁协助曹仁讨伐关羽。当时大雨连绵，水淹七军，于禁无奈向关羽投降，被关押在江陵。同年，吕蒙白衣渡江，袭取江陵，于禁又被带到东吴。

221 年：曹丕篡汉后，孙权称藩，将于禁送还。于禁叩首谢罪，曹丕拜其为安远将军，命于禁出使东吴，先去曹操陵寝拜谒。曹丕事先派人在曹操陵寝的墙壁画上关羽获胜、庞德不屈、于禁投降的画像，于禁看到后，惭愧生病而死，谥号厉侯。

人物能力

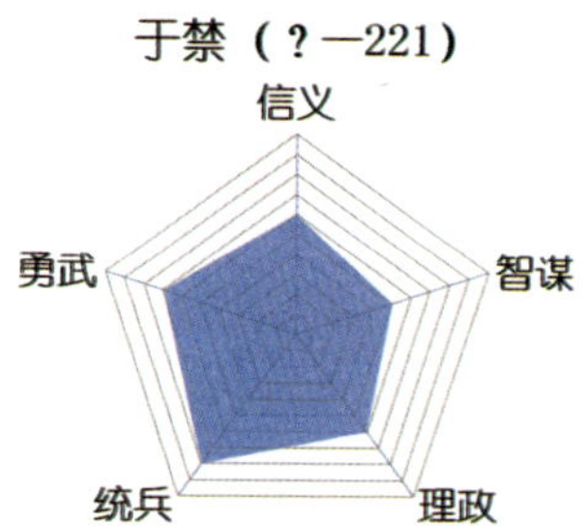

信义（6）：襄樊之战，于禁兵败投降，这是他一生永远也绕不过去的污点。特别是与宁死不屈的庞德相比，更显耻辱。但是，我们不能因为这一件事彻底否认于禁。早年，于禁跟随曹操征讨宛城，张绣降而复叛，青州兵趁机作乱，于禁率兵平息。青州兵诬告于禁反叛，于禁回来后不去见曹操，而是先修筑防御工事。有人劝于禁快去申辩，于禁说，大敌当前，不先防备，如何御敌？曹公英明，不会听青州兵的一面之词。由此可见，于禁心中还是存有大义，只是在生死面前，人类都是软弱的。日后，于禁拜谒曹操陵，见庞德宁死不屈的壁画，羞愧而死，也算是一种赎罪吧。

勇武（7）：演义中，于禁有过两次单挑，一次与张飞，一次与马超。第 11 回："张飞见了，更不打话，直取于禁。两马相交，战到数合，玄德掣双股剑麾兵大进，于禁败走。"第 58 回："（马超）挺枪直杀过来。曹操背后于禁出迎。两马交战，斗到八九合，于禁败走。"从这两次单挑看，于禁的勇武给 7 分比较恰当。

智谋（5）：演义中，于禁有过两次智谋方面的表现，一次在第 11 回，于禁建议曹操偷袭吕布，曹操采纳，成功夺取西寨，可惜陈宫早有防备，曹操险些丧命。另一次在第 39 回，于禁跟随夏侯惇攻打刘备，行至博望坡，于禁听从李典建议，劝夏侯惇不要追击，小心埋伏。可惜夏侯惇并未采纳，被诸葛亮用火攻击败。

统兵（8）：于禁跟随曹操出征，进攻时担任先锋，退军时负责断后，治军严整，屡立战功。曹操兵败淯水，溃不成军，于禁率领数百人且战且退，虽有死伤，但不曾离乱。官渡之战，袁绍筑土山，居高临下向曹营射箭。曹军死伤惨重，士气低落。于禁率军坚守，拼死相战，全军受到鼓舞，一举击败袁绍。襄樊之战，虽然兵败投降，但正如司马懿所说，"于禁等为水所没，非战攻之失"。

理政（6）：曹操派于禁平定昌狶复叛乱，昌狶与于禁有旧，投降以求免死，但于禁说："夫奉法行令，事上之节也。狶虽旧友，禁可失节乎！"挥泪斩杀昌狶。曹操恼恨朱灵，派于禁夺其兵权。于禁只带几十人前往，朱灵及其部众敬重于禁，并未抵抗，乖乖交出兵权。

机巧灵变：张郃

人物资料

字号：字儁乂

生卒：?—231 年

籍贯：冀州河间国鄚县（河北省沧州市任丘县鄚州镇）

相貌：不详

武器：枪

官职：征西车骑将军

爵位：鄚侯

谥号：壮侯

评　价

陈群：郃诚良将，国所依也。

郭淮：张将军，国家名将，刘备所惮。

曹叡：贼亮以巴蜀之众，当虓虎之师。将军被坚执锐，所向克定，朕甚嘉之。

曹叡：今将军外勒戎旅，内存国朝。

曹叡：蜀未平而郃死，将若之何？

陈寿：郃识变数，善处营陈，料战势地形，无不如计，自诸葛亮皆惮之。

陈寿：张郃以巧变为称。

王弘：昔魏朝酷重张郃，谓不可一日无之。及郃死，何关兴废？

李密：审配死于袁氏，不如张郃归曹。

王歆：张郃名将，辽之亚匹，而可与徐晃等比肩。

诸葛亮（演义）：尝闻张翼德大战张郃，人皆惊惧。吾今日见之，方知其勇也。

刘备（演义）：夏侯渊虽是总帅，乃一勇夫耳，安及张郃？若斩得张郃，胜斩夏侯渊十倍也。

人物生平

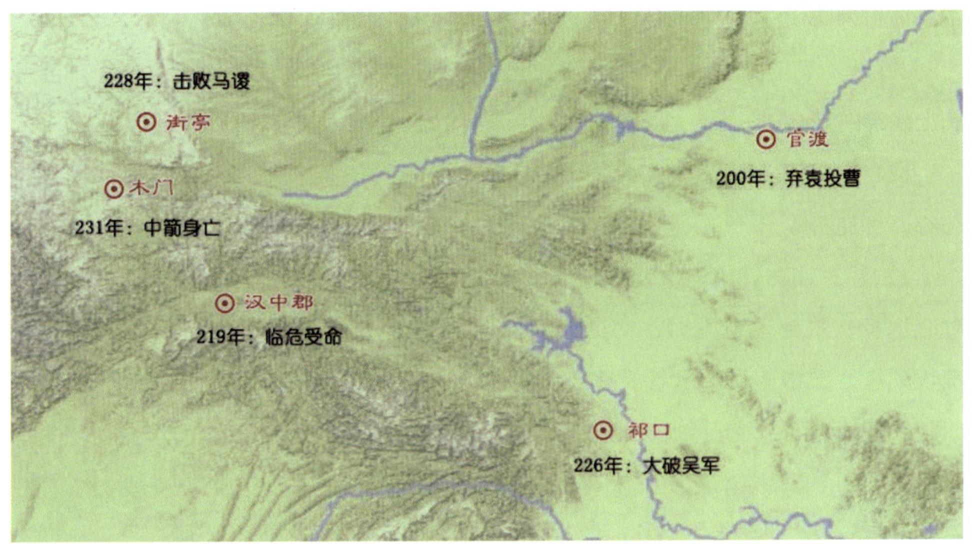

184 年：黄巾之乱爆发，张郃应召入伍，在韩馥处担任军司马。韩馥兵败后，张郃率军投奔袁绍。

199 年：袁绍任命张郃为校尉，派张郃抵御公孙瓒。公孙瓒被击败后，张郃因军功迁升为宁国中郎将。

200 年：曹操与袁绍在官渡相持，曹操率兵进攻乌巢，张郃建议袁绍派重兵救援，但袁绍不听，采用郭图围魏救赵之计，最终导致兵败。郭图诬陷张郃在袁绍败兵后幸灾乐祸。张郃担心被害，投奔曹操。曹操大喜，拜张郃为偏将军，封都亭侯。

204 年：张郃跟随曹操围攻邺城，东讨袁谭，北伐乌桓，在消灭袁氏的系列战中屡立战功，迁升为平狄将军。

211 年：张郃跟随曹操在渭南击败马超、韩遂。曹操返回邺城后，张郃由夏侯渊统率，先后降杨秋、讨梁兴、征羌氐、破马超、平宋建，屡立战功。

215 年：曹操征张鲁，从散关进入汉中，张郃率五千步兵负责开路。张鲁投降后，曹操留张郃与夏侯渊镇守汉中。张郃收降三巴百姓，进军宕渠，被张飞击败。

219 年：刘备进攻汉中，夏侯渊战死，张郃临危受命，被推举为军中主帅。曹操赶到汉中救援，仍无法击败刘备，撤军返回，留张郃镇守陈仓。

220 年：曹操去世，曹丕即魏王位，以张郃为左将军，封都乡侯。曹丕称帝后，张郃被封为鄚侯。

222 年：曹丕命张郃与夏侯尚进攻江陵，张郃率军渡过长江，攻破东吴在百里洲上修筑的堡垒。

226 年：曹丕去世，曹叡即位，命张郃屯兵荆州，张郃与司马懿进攻吴将刘阿，在祁口将其击败。

228 年：诸葛亮第一次北伐，曹叡派张郃前去救援，张郃在街亭击败马谡，诸葛亮退兵。张郃还屯方城，协助司马懿进攻荆州。同年冬，诸葛亮第二次北伐，围攻陈仓，曹叡调张郃救援。张郃认为诸葛亮缺少粮草，很快就会退军，后果然如此。回到洛阳，魏明帝拜张郃为征西车骑将军。

231 年：诸葛亮第四次北伐，粮尽退军，张郃追至木门，与蜀军交战，被射中右膝，不治身亡，谥号壮侯。

人物能力

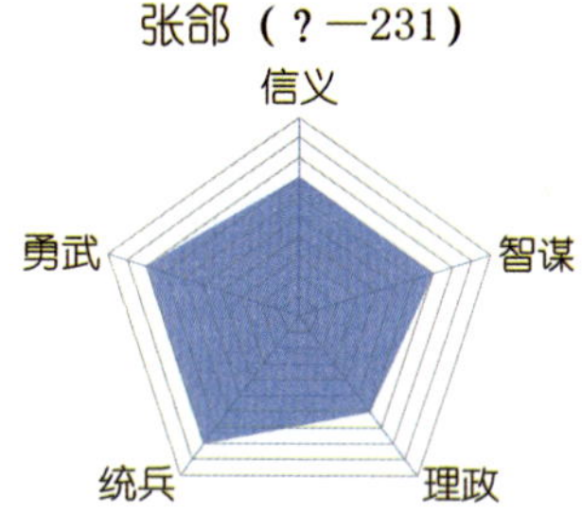

信义（7）：官渡之战时，张郃临阵叛逃，虽情有可原，但也有失信义。但自从归顺曹操，张郃东征西讨，屡立战功，作为曹魏的三朝元老，最终血染沙场，

以身殉国。诸葛亮第四次北伐，粮尽退军，司马懿命张郃追赶，张郃说：“按照兵法，围城要留活路，穷寇勿追。”但司马懿不听，执意让张郃追击。张郃顾全大局，服从命令，率兵追赶，在木门中了诸葛亮的埋伏，被射中膝盖，不治而亡。

勇武（8）：演义中，张郃是蜀汉武将的试金石，与赵云、马超、张飞、黄忠都有过单挑。第 31 回：“（赵云）又来前军独战张郃，郃与云战三十余合，拨马败走。”第 41 回：“（马超）挺枪直杀过来……张郃出迎，战二十合亦败走。”第 70 回：“（张飞）挺矛跃马，直取张郃。两将在火光中，战到三五十合。”第 70 回：“（黄忠）遂拍马向前与郃决战。二马相交，约战二十余合。”从战绩看，张郃不敌赵云、马超，但面对张飞、黄忠可以数十回合保持不败。

智谋（7）：张郃灵活多变，料事如神，连诸葛亮都惧他三分。诸葛亮二次北伐，围攻陈仓，此时张郃正在荆州协助司马懿伐吴。魏明帝曹叡派驿马召张郃救援陈仓，亲自为张郃置酒送行。临行前，曹叡问张郃：“恐怕等将军到达前线时，诸葛亮已经攻下陈仓了吧？”张郃知道诸葛亮孤军深入必然缺乏粮草，掐指一算，说：“等我到陈仓时，诸葛亮应该已经撤军了，我估计诸葛亮的粮草维持不了十天。”张郃日夜兼程前往陈仓，半路上，诸葛亮果然退兵。

统兵（8）：定军山之战，魏军主将夏侯渊战死，军心大乱。军司马郭淮推举张郃统领诸军，其他将领也愿意接受张郃统率。张郃不负众望，整顿军队，加强防御，军心渐渐稳定。张郃不仅治军有方，而且用兵如神。诸葛亮第一次北伐，派马谡镇守街亭，马谡依山据守，张郃切断蜀军汲水之路，逼着马谡与他交战，将其击败。接着，张郃又收复南安、天水、安定三郡，彻底击退了诸葛亮准备最充分的一次北伐。

理政（6）：张郃虽然是一员武将，但十分重视文化教育，曾上书曹叡，建议朝廷设置五经大夫。曹叡评价张郃“外勤戎旅，内存国朝”。

名将之风：徐晃

人物资料

字号：字公明

生卒：?—227 年

籍贯：司隶河东郡杨县（今山西省临汾市洪洞县）

相貌：威风凛凛。(《三国演义》)

武器：斧

官职：右将军

爵位：阳平侯

谥号：壮侯

评　价

曹操：徐将军可谓有周亚夫之风矣。

曹操：贼围堑鹿角十重，将军致战全胜，遂陷贼围，多斩首虏。吾用兵三十余年，及所闻古之善用兵者，未有长驱径入敌围者也。且樊、襄阳之在围，过于莒、即墨，将军之功，逾孙武、穰苴。

陈寿：性俭约畏慎，将军常远斥候，先为不可胜，然后战，追奔争利，士不暇食。

鱼豢：徐晃性严，驱使将士不得闲息，于是军中为之语曰：“不得饷，属徐晃。”

韩仪：徐晃沉详，幼而特立。

范摅：夫徐晃持刑，而行阵齐整；慕容贷法，而兵士倾心。宽猛相济，故无不均。

叶适：然古今自非，见救至逆遁，则皆畏敌不敢救，少有如关羽及晃之真以勇力相遇而决胜者。

王歆：救樊之役，长驱入围，中原平靖，徐晃之能可盖霄壤。

何焯：徐晃之解樊围，一时奇功。

黄道周：徐晃为将，处事精当。飞矢城中，既降不妄。受降招降，信义是望。

人物生平

192 年：徐晃初为郡吏，跟随车骑将军杨奉讨贼有功，被拜为骑都尉。李傕、郭汜祸乱长安，徐晃说服杨奉护送汉献帝东还洛阳，汉献帝口头封徐晃为都亭侯。

196 年：汉献帝抵达洛阳，大将军韩暹与卫将军董承争斗不息，徐晃劝说杨奉归顺曹操，杨奉没有采纳。

197 年：曹操征讨杨奉，徐晃投奔曹操。徐晃因战功被曹操拜为裨将军，跟随曹操征讨吕布，屡立战功。

200 年：徐晃跟随曹操先后击败刘备、颜良、文丑，被拜为偏将军。官渡之战，徐晃烧毁袁绍运粮车辆，正式封为都亭侯。

204 年：曹操派徐晃攻打易阳，徐晃写了一封劝降信，用箭射入城中，守将韩范看完信后，举城投降。

205 年：徐晃跟随曹操在南皮击败袁谭。

207 年：徐晃跟随曹操北征乌桓，击败蹋顿，被拜为横野将军。

208 年：徐晃跟随曹操南征荆州，屯兵樊城，与满宠征讨关羽于汉津。

209 年：徐晃与曹仁在江陵抵御周瑜。

210 年：徐晃征讨太原反贼，攻拔大陵，斩杀贼首商曜。

211 年：曹操征讨马超、韩遂，在潼关受阻，曹操听从徐晃建议，命徐晃率先头部队从蒲阪津渡过黄河，曹操在徐晃掩护下渡河，击败马超。此后，曹操又命徐晃与夏侯渊平定陇右地区。

215 年：徐晃跟随曹操征讨张鲁，徐晃收降攻椟、仇夷诸山氐，迁升为平寇将军。曹操返回邺城，留徐晃与夏侯渊镇守汉中。

218 年：刘备攻打汉中，徐晃大破刘备部将陈式，蜀军死伤惨重。

219 年：徐晃屯兵宛城，防备关羽。当时汉水暴涨，于禁七军被淹，樊城告急。徐晃长驱直入，击退关羽。演义中，徐晃与关羽大战八十回合，将其击败。

220 年：曹操去世，曹丕即魏王位，拜徐晃为右将军，进封逯乡侯。称帝后，曹丕又封徐晃为杨侯。徐晃在上庸击败刘封，镇守阳平，封阳平侯。

226 年：曹丕去世，曹叡即位，孙权趁机派诸葛瑾进攻襄阳，被徐晃击败。

227 年：徐晃去世，谥曰壮侯。演义中，徐晃进攻新城时被孟达射杀，时年 59 岁。

人物能力

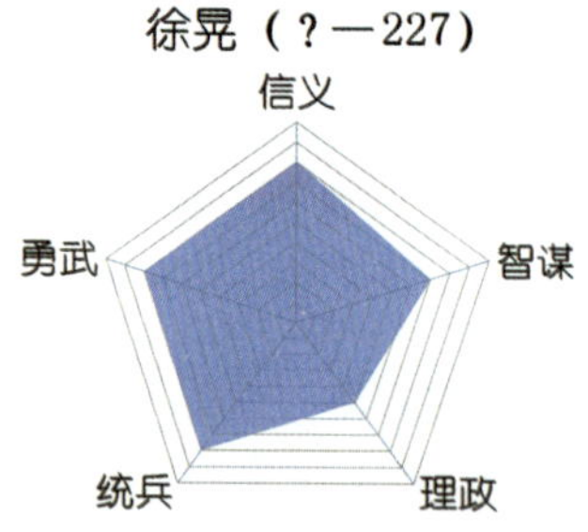

信义（8）：演义中，曹操见到徐晃便心生爱才之意，派满宠游说徐晃。徐晃也知道杨奉不足以成大事，答应归顺曹操。满宠建议徐晃杀死杨奉作为觐见之礼，但徐晃严词拒绝，说：“以臣弑主，大不义也，吾决不为！”满宠称赞：“公真义士也。”关羽水淹七军，徐晃前来救援，与关羽沙场对阵，两人是老相识，相谈甚欢。但不久，徐晃就宣布命令：“得关云长头，赏金千斤。”关羽大惊，对徐晃说：“大兄，是何言邪！”徐晃回答：“此国之事耳。”

勇武（8）：演义中，徐晃曾与许褚、关羽有过单挑，战绩不俗。第14回：“操出马视之，见徐晃威风凛凛，暗暗称奇，便令许褚出马，与徐晃交锋。刀斧相交，战五十余合，不分胜败。”第76回：“（徐晃）挥大斧直取关公，公大怒，亦挥刀迎之。战八十余合，公虽武艺绝伦，终是右臂少力。关平恐公有失，火急鸣金，公拨马回寨。”从这两次的战绩看，徐晃至少是曹魏阵营中除典韦和许褚外武力第三的武将。

智谋（7）：进攻易阳时，徐晃写信劝降敌军守将，兵不血刃获得易阳。徐晃又向曹操献策：“如今袁氏未破，其他城池都在观察动静，若是对易阳屠城，这些城池都会死命防守，河北很难平定。”曹操采纳了徐晃的意见，不久，其他城池都望风而降。征讨马超、韩遂，曹操在潼关受阻，向徐晃问计，徐晃说：“您亲率大兵到潼关，敌人没有分兵守卫蒲坂渡口，可知他们缺乏谋略。请给我一支精兵，渡过蒲坂津，作为先头部队，截断敌人的后路，就可擒住他们了。”曹操采纳，徐晃渡过黄河后，又掩护曹操渡河，一举击败马超。

统兵（8）：早年，徐晃跟随曹操破刘备、斩颜良、诛文丑。独立领兵后，官渡之战，徐晃烧毁袁绍运粮车辆，功劳第一；汉中之战，徐晃大败陈式，痛击蜀军；襄樊之战，徐晃长驱直入，击败关羽。在摩陂，曹操巡视诸军，其他营寨士兵都翘首观看，只有徐晃军营齐整，各司其职，不为所动。

理政（5）：作为一员武将，徐晃并没有太多理政表现，《三国志》记载徐晃不喜欢结交权贵，可以稍稍加分。

三国人物大数据5：寿命篇

《三国演义》中，很多人物的年龄是模糊的，甚至是错乱的。

比如廖化，廖化第一次出场是在第27回，身份是黄巾军的余党，黄巾起义发生在184年，就算当时廖化只有14岁，那么也当出生在170年。他最后一次出场是在第119回，此时是264年，算下来，廖化已经90多岁了，仍在带兵打仗。

再比如赵云，228年诸葛亮第一次北伐时赵云杀韩德四子后，邓芝说："将军寿已七旬，英勇如昨，今日阵前力斩四将，世所罕有！"就算此时赵云刚刚70岁，那么也应该出生在158年。如此算来，208年长坂坡单骑救主时赵云已经50岁了，比刘备、关羽、张飞年龄都大。

但是，小说毕竟是小说，瑕不掩瑜，对于一部120回的鸿篇巨制来说，有点儿小错也是正常的。

《三国演义》写的1000多个人物中，明确写出生卒年的只有175人，他们的寿命分布如下：

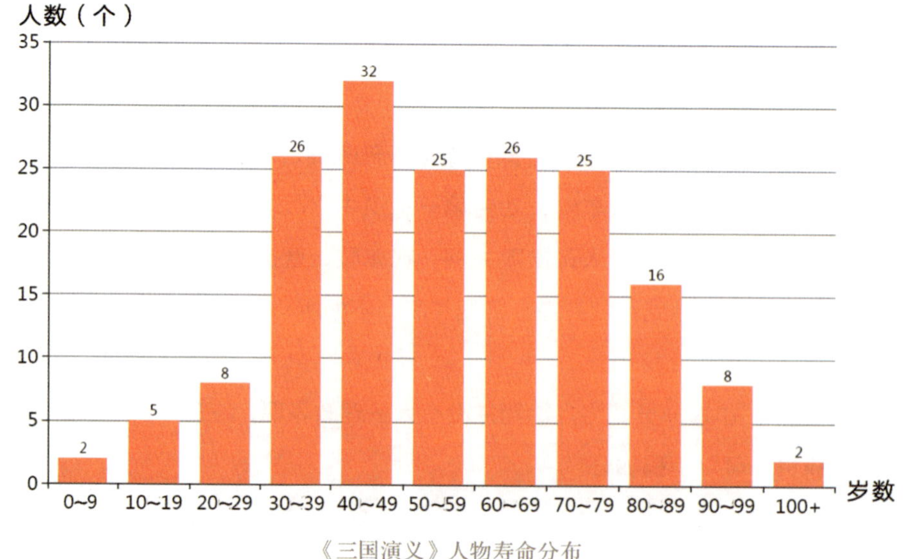

《三国演义》人物寿命分布

由上图可知，大部分人物的寿命在 30 岁到 80 岁之间，平均年龄在 50 岁左右。这些人都是王侯将相，可以享受当时最好的医疗服务，但他们的平均寿命仍然远远低于现代社会的普通人。除了医学水平的差距外，瘟疫和战争也是两个重要因素。

东汉末年，世界范围的大瘟疫流行，当时的医生不了解它，将其称作伤寒。张仲景在《伤寒杂病论》序言里写道："余宗族素多，向余二百，建安纪元以来，犹未十稔，其死亡者，三分有二，伤寒十居其七。"可见，即使在医学家张仲景的家族中，也有三分之二人的人死于伤寒。建安七子中，王粲、徐干、陈琳、应玚、刘桢五人死于瘟疫。精英阶层尚且如此，普通老百姓家的情况肯定更糟。曹丕《说疫气》一文中说："建安二十二年，疠气流行。家家有僵尸之痛，室室有号泣之哀。或阖门而殪，或覆族而丧。"瘟疫甚至影响了战局，《三国志·武帝纪》中陈寿把赤壁之战失败的原因归结于瘟疫："公至赤壁，与备战，不利。于是大疫，吏士多死者，乃引军还。"令人唏嘘的是，赤壁之战后不久，周瑜也感染瘟疫而死，当时只有 36 岁。

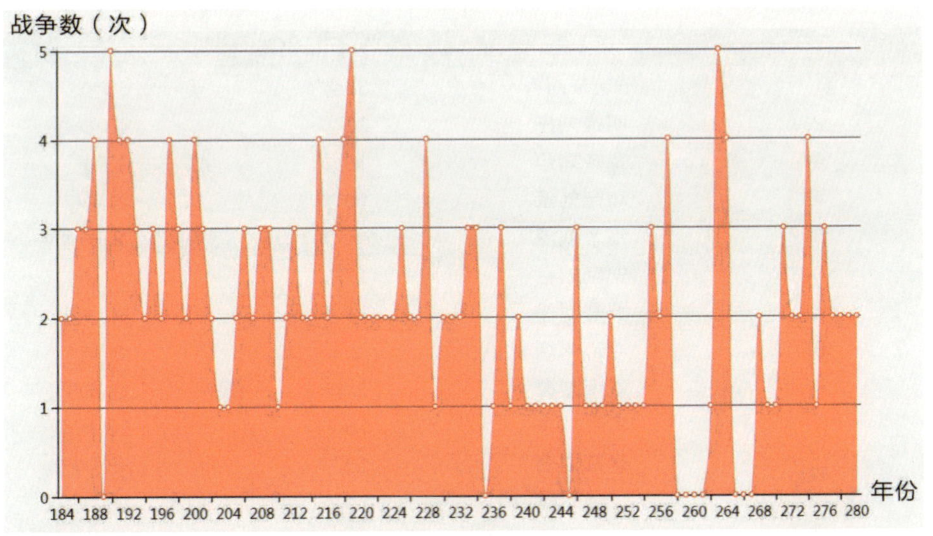

三国战争分布

《三国演义》从 184 年黄巾起义写起，到 280 年三分归晋为止，在这 97 年的时间里，大小战争大约 200 场，平均一年有 2 场战争，战争如此频繁亘古未有。

战争的惨烈程度也十分罕见，经常出现三四十万人的大战，以官渡之战来说，袁绍战败后，8 万士卒投降曹操，曹操想收降但缺少粮草供养，想放走又担心他们再次投奔袁绍，只好将这 8 万人全部坑杀。不仅是普通士卒，很多名将也难逃厄运，比如孙坚和庞统，战死时只有 36 岁。孙策被刺杀时，更是年仅 26 岁。

我们再来看看寿命分布图中短命的和长寿的那些人。

有两个孩子没到 10 岁就死了，却能够留下名姓，这说明他们肯定不是一般人。没错，这两个孩子就是东汉王朝的汉冲帝和汉质帝。

汉冲帝叫刘炳，是汉顺帝刘保的儿子。建康元年（144 年），汉顺帝去世，年仅 1 岁的皇太子刘炳即位为帝，即为汉冲帝。汉冲帝继位不久便患病，于永嘉元年（145 年）正月去世，年仅 2 岁。

汉冲帝去世后，外戚权臣梁冀拥立 8 岁的刘缵为帝，即为汉质帝。刘缵不满梁冀飞扬跋扈，一次朝会中，当着群臣的面称梁冀“此跋扈将军也”，引起梁冀忌恨，在本初元年（146 年）将汉质帝毒死，年仅 9 岁。

纵观东汉一朝，从第四位皇帝和帝开始，就陷入了登基早驾崩早的死循环。

皇帝任数	庙号姓名	登基年龄	死亡年龄
1	光武帝刘秀	30 岁	63 岁
2	明帝刘庄	30 岁	48 岁
3	章帝刘炟	18 岁	33 岁
4	和帝刘肇	10 岁	27 岁
5	殇帝刘隆	3 个月	2 岁
6	安帝刘祜	13 岁	32 岁
7	顺帝刘保	11 岁	30 岁
8	冲帝刘炳	2 岁	3 岁
9	质帝刘缵	8 岁	9 岁
10	桓帝刘志	15 岁	36 岁
11	灵帝刘宏	12 岁	33 岁
12	少帝刘辩	14 岁	15 岁
13	献帝刘协	9 岁	54 岁

我们可以算一下，刨除前三位皇帝和末代皇帝汉献帝，东汉中后期 9 位皇帝的平均登基年龄为 9.5 岁，平均死亡年龄为 20.8 岁。皇帝太小无法亲政，这给了

皇帝身边的人专权的机会，于是，东汉中后期形成了外戚与宦官狗咬狗的局面。

《三国演义》中不到 20 岁就去世的有 5 个人，其中比较著名的是汉少帝刘辩和曹操之子曹冲。

中平六年（189 年），汉灵帝驾崩，14 岁的刘辩即位，即为汉少帝。董卓进京后，为了扶持自己的势力，立陈留王刘协为帝，废汉少帝为弘农王。关东诸侯起兵反对董卓，董卓迫于压力迁都长安，临行前，为了铲除后患，将年仅 15 岁的汉少帝毒死。

曹冲从小聪明伶俐，按照《三国志》的说法，他五六岁时，智力已经达到成人的水平，曹冲称象的故事更是妇孺皆知。曹操非常喜欢曹冲，多次公开夸耀曹冲，有让他继嗣之意。可惜，建安十三年（208 年）曹冲病逝，年仅 13 岁。曹操悲痛欲绝，曹丕等人去劝慰曹操，曹操说："此我之不幸，而汝曹之幸也。"

不到 30 岁就去世的人有 8 个，其中比较知名的有孙策、祢衡、刘封、曹髦。

吴郡都尉许贡被孙策击败后，写信给曹操，说孙策坏话，希望借曹操之手除掉孙策。但许贡的书信被孙策截获，孙策大怒，将许贡杀死。许贡的门客隐藏在民间，伺机报复。建安五年（200 年），孙策外出打猎时，遭到许贡门客伏击，中箭身亡，年仅 26 岁。

祢衡恃才放旷，面对曹操征召，托病不出。曹操不悦，任命祢衡为鼓吏，想借此羞辱祢衡。祢衡在宴会上裸身击鼓骂曹，曹操大怒，想杀祢衡，但又怕担受害贤之名，就把祢衡遣送给荆州刘表。祢衡对刘表也很轻慢，刘表又把他送去给江夏太守黄祖，想借黄祖之手杀死祢衡。黄祖一开始对祢衡很好，但祢衡多次出言不逊，甚至骂黄祖"死公"(死老头)，黄祖性急，将祢衡杀死，年仅 26 岁。

刘封是刘备养子，气力过人，屡立战功。关羽北伐时，请求驻守上庸的刘封发兵支援，但刘封听从孟达建议，以上庸人心未附为由拒不发兵，最终导致关羽被杀，刘备怀恨在心。后来，刘封与孟达不和，孟达投降曹魏，反攻刘封，刘封兵败，逃往成都。诸葛亮担心刘禅日后无法控制刘封，建议刘备借机将其除掉，刘备采纳，将刘封赐死，年二十余岁。

曹髦是曹丕的孙子，司马师废齐王曹芳后，被立为新君。曹髦对司马氏兄弟的专横跋扈十分不满，甘露五年（260 年）曹髦召见尚书王经等人，对他们说"司马昭之心，路人所知也"，随后率领百余名亲信出宫讨伐司马昭，司马昭心腹贾充率部迎战，曹髦被贾充武士成济所弑，年仅 20 岁。

三国时代也不乏长寿之人，比如曹魏重臣钟繇享年 80 岁，东吴重臣张昭享年 81 岁，楼船下益州灭吴的王濬享年 81 岁，隐士管宁享年 84 岁，杨修的父亲杨彪享年 84 岁，至死都自称魏臣的司马懿的三弟司马孚享年 93 岁，东吴著名将领吕岱享年 96 岁。

三国时有记载的最长寿的女人是董卓的母亲，董卓被诛时，其母已经年过九旬，但是由于受到牵连，这位 90 多岁的老太太也被杀了。

《三国演义》中有两位大仙活过了 100 岁，一位是张鲁的爷爷五斗米道创始人张陵，一位是戏弄曹操的左慈，但是这两个人都有神话的成分，不能当真。

不过，正史上还真有一个人活过了 100 岁。此人名叫张臶，生于汉顺帝永和元年（136 年），少年时曾在太学读书，通习经书和谶纬之学，袁绍多次征召他做官，他都没有应命。曹操就任丞相后，也曾征召张臶，张臶同样没有前往。魏明帝时期，朝廷征召有识之士，郡中多次推荐张臶，张臶以年老多病为由，仍然不应。魏齐王曹芳正始元年（240 年），张臶以 105 岁的高龄去世。据说当时有戴胜鸟在张臶家门北面筑巢。张臶对门人说："戴胜鸟属阳，却在属阴的背面筑巢，这是凶兆啊。"十天后，张臶去世。

如虎痴战：许褚

人物资料

字号：字仲康，外号虎痴

生卒：不详

籍贯：豫州谯国谯县（今安徽省亳州市古城镇）

相貌：长八尺余，腰大十围，容貌雄毅。（《三国志》）身长八尺，腰大十围，威风凛凛。（《三国演义》）

武器：刀

官职：武卫将军

爵位：牟乡侯

谥号：壮侯

评　价

曹操：此吾樊哙也。

陈寿：褚性谨慎奉法，质重少言。

陈寿：许褚、典韦折冲左右，抑亦汉之樊哙也。

李俨：许仲康之忠勇，乃齐其位。

张说：思齐忠壮而异材，求之古人，张飞、许褚等也。

裴松之：潼关之危，非褚不济，褚之功烈有过典韦。

朱邦衡：破张绣之役，斩首万计，皆褚等先登陷阵之功也。

曹操（演义）：许褚真忠臣也。

马超（演义）：吾见恶战者莫如许褚，真虎痴也。

人物生平

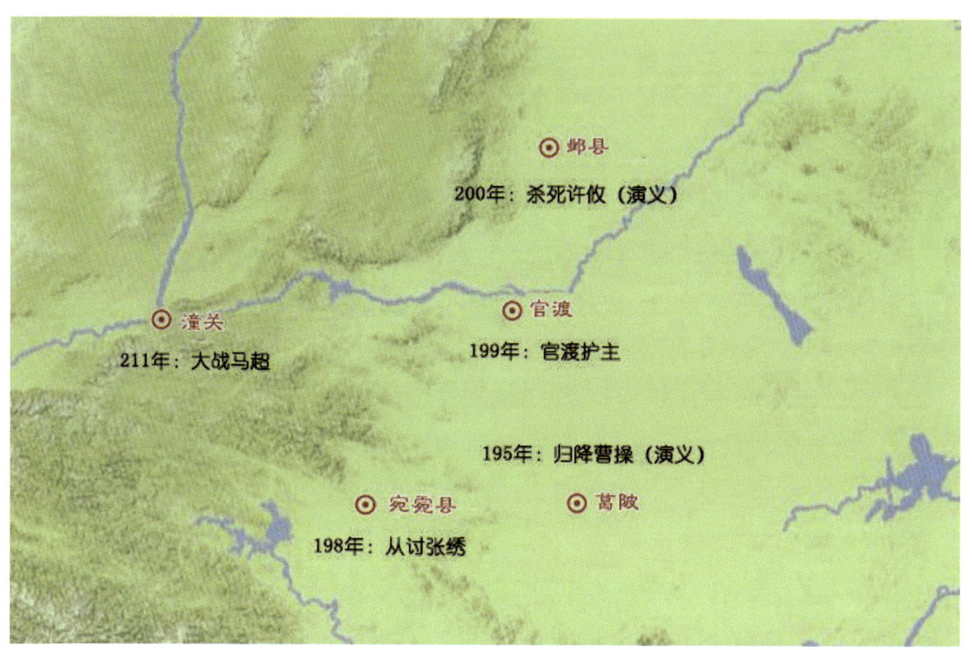

197 年： 曹操占领淮南、汝南，许褚率众归顺曹操，曹操见其雄壮，当天即拜许褚为都尉，让许褚保护自己安全。演义中，195 年，曹操在葛陂遇到许褚，许褚与典韦大战整整一天，曹操设计生擒许褚，许褚归降。

198 年： 许褚跟随曹操征讨张绣，许褚担任先锋，斩杀敌军数万人，迁升为校尉。

199 年： 许褚跟随曹操在官渡与袁绍对峙。其间，常从士徐他等人想要谋害曹操，因许褚经常伴随其左右而不敢下手。等到许褚离开休息时，徐他等人怀揣利刃，意欲行事。许褚回到住处感觉不对，立即返回曹操身边。徐他等人入帐看到许褚，不禁大惊失色。许褚察觉，将其斩杀。

204 年： 许褚跟随曹操攻破邺城，力战有功，赐爵关内侯。演义中，许攸向许褚夸耀自己的功劳，许褚大怒，将其杀死，曹操重责许褚。

208 年： 演义中，许褚担任曹仁先锋，率领三千铁甲兵进攻新野，被诸葛亮用火攻击败。

211 年： 许褚随曹操征讨韩遂、马超于潼关。马超趁曹操半渡击之，箭如雨下，许褚扶曹操上船，左手举着马鞍为曹操挡箭，右手划船渡河。曹操与韩遂、马超单独谈话，只带许褚一人。马超自负勇力，想趁机偷袭曹操，但见许褚紧随曹操左右，未敢下手。数日后会战，曹操大胜，迁升许褚为武卫中郎将。演义中，许褚裸衣与马超大战二百多回合不分胜负。

215 年： 曹仁从荆州前来拜谒曹操，见到许褚，曹仁邀许褚私聊，许褚拒绝。曹操知道后厚待许褚，迁升许褚为中坚将军。

219 年： 演义中，曹操与刘备在汉中对峙，许褚负责押运粮草，贪杯醉酒，被张飞一枪刺中肩膀，粮草也被蜀军劫去。

220 年： 曹操逝世，许褚痛哭吐血。曹丕称帝，封许褚为万岁亭侯，迁武卫将军，总督中军宿卫禁兵。

227 年： 曹叡即位后，封许褚为牟乡侯，许褚的手下也都封侯拜将。许褚死后，谥号壮侯。

人物能力

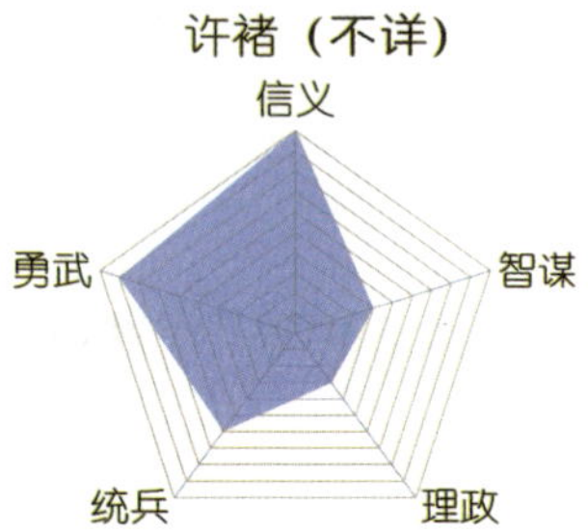

信义（10）： 典韦死后，许褚成为曹操最信任的卫士，多次救主。最著名的就是渭水避箭，《三国演义》第 58 回："许褚独奋神威，将两腿夹舵摇撼，一手使篙撑船，一手举鞍遮护曹操。"许褚只忠于曹操，对他人从不阿谀奉承。一次，曹仁从荆州前来朝谒，曹操尚在大殿，曹仁在殿外等候。碰见许褚，曹仁招呼许褚到侧室坐谈，许褚只说了一句“魏王马上就要出来了”，便转身返回殿内，曹仁对此怀恨在心。有人问许褚：“征南宗室重臣，降意呼君，君何故辞？”许褚回答：“彼虽亲重，外藩也。褚备内臣，众谈足矣，入室何私乎？”

勇武（9）：演义中，许褚一出场，就与典韦整整大战一天：“韦大怒，挺双戟向前来战。两个从辰至午，不分胜负，各自少歇。不一时，那壮士又出搦战，典韦亦出。直战到黄昏，各因马乏暂止。”典韦死后，许褚更是成为曹魏集团的第一武将。潼关之战，许褚裸衣战马超：“许褚拍马舞刀而出，马超挺枪接战，斗了一百余合，胜负不分。马匹困乏，各回军中，换了马匹，又出阵前。又斗一百余合，不分胜负。许褚性起，飞回阵中，卸了盔甲，浑身筋突，赤体提刀，翻身上马，来与马超决战。”演义中，许褚的武力与典韦的无限接近，但综合正史来考虑，许褚跟典韦还有一些差距。

智谋（4）：《三国演义》中的许褚，有点四肢发达，头脑简单，经常扮演中计的角色。葛陂之战，曹操略施小计，就将许褚生擒。刘备逃出曹营，曹操命许褚追赶，刘备几句话就把许褚搪塞回去了。

统兵（6）：东汉末年，天下大乱，许褚聚集宗族数千人，修筑防御工事，保卫家园，汝南葛陂数万盗贼前来进攻，许褚率众将其击败。投奔曹操后，许褚不仅负责保护曹操，也经常率军冲锋陷阵，多次立功，统兵能力可以给到 6 分。

理政（3）：许褚虽对自己负责的宿卫工作兢兢业业，但并未担任过要职，理政能力不会太高。

古之恶来：典韦

人物资料

字号： 无

生卒： ?—197 年

籍贯： 兖州陈留郡己吾县（今河南省商丘市宁陵县）

相貌： 形貌魁梧。（《三国志》）容貌魁梧。（《三国演义》）

武器： 双铁戟、短戟

官职： 校尉

评　价

军中语：帐下壮士有典君，提一双戟八十斤。

陈寿：性忠至谨重。

陈寿：许褚、典韦折冲左右，抑亦汉之樊哙也。

张鹭：汉高之得樊哙，廓去妖氛；曹公之有典韦，克宁寰宇。

张鹭：典韦长啜，身为时倾，蔡裔雄声，才堪国用。

褚亮：肃钩陈于中禁，排阊阖而上征，羊祜之握兵机，典韦之统军帐，任寄之重，恩私罕匹。

袁枚：典韦临危之戟，横贯数人……可以谓之勇矣，可以谓之烈矣。

曹操（演义）：此古之恶来也！

曹操（演义）：吾观此人容貌魁梧，必有勇力。

曹操（演义）：吾折长子爱侄，俱无深痛，独号泣典韦也。

韩遂（演义）：真操之虎将也。

人物生平

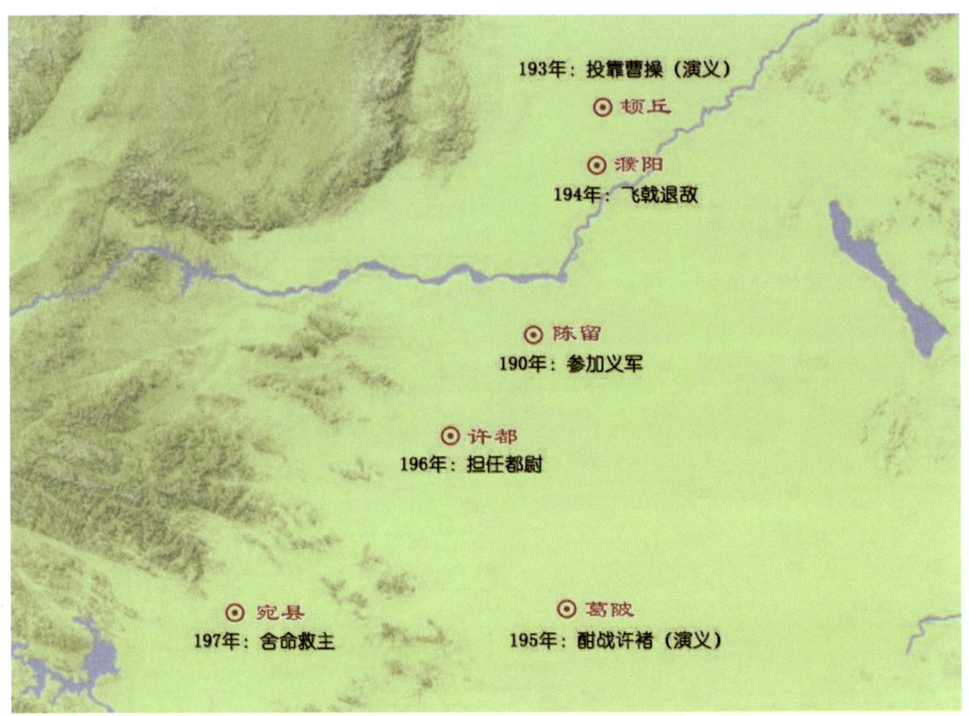

190 年：典韦力大过人，喜欢行侠仗义，曾为友人报仇，孤身一人杀死前富春县长李永，被英雄豪杰赏识。初平年间，陈留太守张邈举义征讨董卓，典韦加入，归属司马赵宠。

193 年：典韦归属夏侯惇，因战功被拜为司马。演义中，典韦与张邈部下不和，手杀数十人，逃到山中。夏侯惇外出打猎，看见典韦追虎过涧，收在军中，推荐给曹操。曹操重赏典韦，并任命典韦为帐前都尉。

194 年：曹操与吕布在濮阳作战，吕布援兵赶到，曹军三面受敌。曹操招募敢死队冲锋陷阵，典韦第一个应征。典韦身先士卒，手持十余支短戟，向敌人投掷，敌人应声而倒，不敢上前。演义中，曹操中计，被困在濮阳城中，典韦单枪匹马救出曹操。

195 年：演义中，典韦追击黄巾余党来到葛陂，被许褚阻拦。两人酣战一整天，不分胜负。曹操爱才，想收服许褚，命典韦诈败，生擒许褚，许褚投降后与典韦共同统领虎卫军。

196 年：曹操奉迎汉献帝于许都，任命典韦为都尉，安排在身边负责警卫工作。典韦带领亲兵几百人，常常围绕曹操大帐巡逻。典韦本人强壮勇武，带领的人又都是挑选出来的精兵，每次作战，都率部冲在最前面。没过多久，典韦因战功迁升为校尉。

197 年：曹操南征宛城，张绣降而复叛，夜袭曹营，曹操被击败，逃到舞阴。典韦一夫当关，死守辕门阻挡敌军进入，典韦手下小校全部战死。典韦身上多处受伤，仍然死战，敌人不敢靠近。后伤势过重，怒目大骂而死。演义中，张绣畏惧典韦，派大将胡车儿灌醉典韦，偷走典韦双戟，典韦手持两人作战，被张绣乱箭射死。曹操知道后，痛哭流涕，亲自祭奠典韦。

人物能力

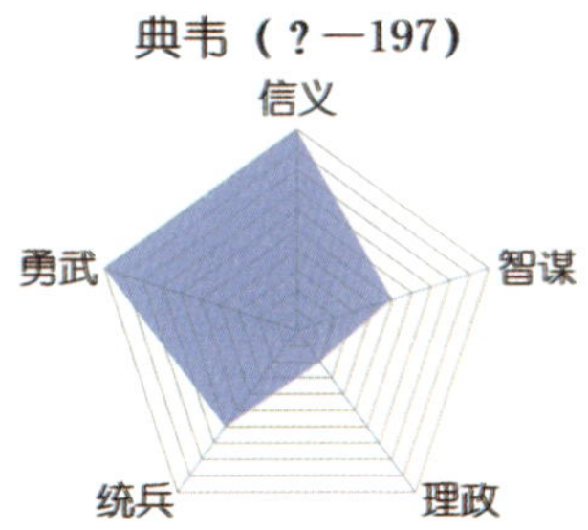

信义（10）：典韦忠义双全。早年，典韦好友刘氏与睢阳人李永结怨，典韦为刘氏报仇，去刺杀李永。李永曾担任富春县长，家中守卫森严，典韦驾车，停在李府门口喝酒吃肉，假装在等候他人。李府开门后，典韦怀揣匕首闯进府内，杀死李永，然后不慌不忙地离开。投奔曹操后，典韦负责警卫工作。宛城之战，典韦为救曹操率部死战，手下小校全部战死，典韦自己也多处受伤，但仍然杀死数人，怒目大骂而死。这场战斗中，曹操长子曹昂、侄子曹安民都死于非命。演义中，祭奠典韦时，曹操说："吾折长子爱侄，俱无深痛，独号泣典韦也。"

勇武（10）：民间有“一吕二赵三典韦，四关五马六张飞”的说法，在演义中，典韦的武力值非常高。第 12 回，典韦与许褚大战整整一天，是《三国演义》中持续时间最长的一次单挑：“韦大怒，挺双戟向前来战。两个从辰至午，不分胜负，各自少歇。不一时，那壮士又出搦战，典韦亦出。直战到黄昏，各因马乏暂止。”如果单看演义，典韦的武力甚至还不如关羽，这是因为《三国演义》强烈的尊刘抑曹倾向，罗贯中极大地美化了蜀汉武将。关羽过五关斩六将是虚构的，赵云单骑救主也有夸张的成分。但是，典韦五步飞戟、舍命救主的故事都是真实的，罗贯中并未为身处曹操阵营的典韦进行虚构夸张。可以说，典韦是在拿自己的历史表现与五虎上将的演义表现在比。因此，综合考虑，典韦的勇武可以给满分。

智谋（5）：为帮友人报仇，典韦伪装成闲人，成功闯入李府；与许褚大战，典韦受计诈降，成功捉住许褚。这些都是加分项，但演义中，典韦醉酒，双戟被偷，多多少少要减分，综合考虑，典韦的智谋可以给到 5 分。

统兵（6）：从属夏侯惇时，典韦因“数斩首有功”被拜为司马；担任都尉后，典韦仍然“每战斗，常先登陷陈”。看来，典韦的统兵能力还是不错的，但并没有具体的战例，只能给个及格分。

理政（2）：典韦并没有什么理政的记载，《三国志》说他对待属下较好，理政可以给 2 分。

宁死不屈：庞德

人物资料

字号：字令明，外号白马将军

生卒：?—219 年

籍贯：凉州南安郡狟道县（甘肃省定西市武山县四门镇）

相貌：身高八尺，面黑发黄。(《三国志通俗演义》)

武器：钢刀

官职：立义将军

爵位：关门亭侯

谥号：壮侯

评　价

曹操：吾知禁三十年，何意临危处难，反不如庞德邪！

曹丕：昔先轸丧元，王蠋绝脰，陨身徇节，前代美之。惟侯戎昭果毅，蹈难成名，声溢当时，义高在昔。

陈寿：庞德授命叱敌，有周苛之节。

王应麟：“宁为国家鬼，不为贼将”，则有魏樊城之庞德。

李贽：如庞德者，真丈夫图事之样子也，可取可取。云长欲降庞德，庞德不降。两两丈夫，俱堪敬服。

钟敬伯：将军战死沙场，幸也。庞德舁榇而行，何哉！天下成败两途，原不并立，其有死无二，百折不回，须眉丈夫，决不可无此壮志。

曹操（演义）：庞德乃西凉勇将，原属马超，今虽依张鲁，未称其心。吾欲得此人。

曹操（演义）：关某威震华夏，未逢对手，今遇令明，真劲敌也。

关羽（演义）：庞德刀法惯熟，真吾敌手。

人物生平

191 年：庞德年轻时担任过郡吏和州从事，初平年间，跟随马腾征剿羌、氐叛乱，多次立功，迁升至校尉。

202 年：曹操征讨袁谭、袁尚于黎阳，袁谭派遣郭援、高干进攻河东，曹操命钟繇统率关中诸将抵御。庞德跟随马腾之子马超在平阳攻打郭援、高干。庞德担任先锋，亲手斩杀郭援，拜为中郎将，封都亭侯。后庞德又跟随马腾征讨反叛的张白骑，庞德身先士卒，勇冠三军。马腾调入朝中后，庞德归属马超。

211 年：演义中，马超包围长安，久攻不下。庞德献计，混进城内，与马超里应外合夺取长安。

212 年：潼关之战后，庞德跟随马超逃入陇右地区，占据冀城。

213 年：马超在冀城被杨阜等人击败，庞德又跟随马超逃到汉中投奔张鲁。

214 年：马超转投刘备，庞德仍留在张鲁处。

215 年：曹操平定汉中，庞德跟随张鲁投降。曹操早就听说庞德骁勇善战，拜庞德为立义将军，封关门亭侯。演义中，曹操为得到庞德，派张郃、夏侯渊、徐晃、许褚四将与庞德车轮战，又贿赂张鲁谋士杨松诬陷庞德，庞德这才投降。

216 年：演义中，庞德在濡须口斩杀东吴大将陈武。

218 年：侯音、卫开等人在宛城反叛，庞德率军与曹仁攻拔宛城，斩杀侯音、卫开，屯兵樊城，征讨关羽。樊城诸将因为庞德的哥哥庞柔在蜀汉为官，不相信庞德。演义中，庞德命人制作了一口棺材表明必死的决心。

219 年：庞德与关羽交战，射中关羽额头。因庞德常骑白马，蜀军称庞德白马将军，对他感到十分忌惮。演义中，庞德抬棺战关羽，射中关羽手臂。恰逢天降大雨，汉水暴涨。关羽乘机进攻，生擒庞德。演义中，擒庞德之人是关羽部将周仓。关羽想招降庞德，但庞德宁死不降，大骂关羽，被关羽处死。曹操知道后，痛哭流涕，封庞德的两个儿子为列侯。

220 年：曹丕即王位，追谥庞德为壮侯。

263 年：庞德的儿子庞会随钟会、邓艾伐蜀。根据《蜀记》记载，蜀国投降后，庞会找到关羽后人并将其全部杀死。

人物能力

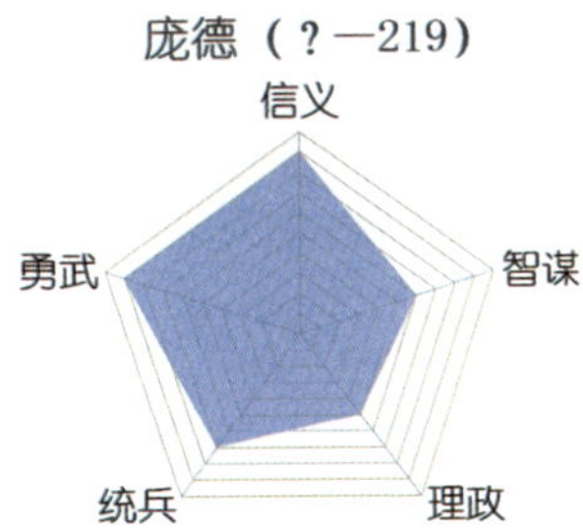

信义（9）：曹操命庞德屯兵樊城征讨关羽，庞德的哥哥庞柔在刘备手下为官，樊城诸将因此不相信庞德，庞德立下誓言："我受国恩，义在效死。我欲身自击羽。今年我不杀羽，羽当杀我。"襄樊之战，汉水暴涨，关羽趁机进攻，庞德拼死抵抗。当时，将军董衡、部曲将董超等都欲投降关羽，庞德大怒，将他们斩首。庞德从早晨战到下午，箭矢射尽，与蜀军短兵相接，庞德对督军成何说："吾闻良将不怯死以苟免，烈士不毁节以求生，今日，我死日也。”后庞德将士皆投降关羽，庞德想乘小船逃回曹营，但水急船翻，被蜀军捉住。关羽劝降庞德：“卿兄在汉中，我欲以卿为将，不早降何为？”德骂羽曰：“竖子，何谓降也！魏王带甲百万，威振天下。汝刘备庸才耳，岂能敌邪！我宁为国家鬼，不为贼将也。”

勇武（9）：演义中，汉中之战，曹操为得到庞德，先后派张郃、夏侯渊、徐晃、许褚与庞德车轮大战：“张郃先出，战了数合便退。夏侯渊也战数合退了。徐晃又战三五合也退了。临后许褚战五十余合亦退。庞德力战四将，并无惧怯。各将皆于操前夸庞德好武艺。”樊城之战，庞德与关羽两次交锋，第一战两人百余回合不分胜负，关羽感叹：“庞德刀法惯熟，真吾敌手。”第二战两人又斗五十余回合，庞德使用拖刀计，射伤关羽手臂。历史上，庞德更是射中关羽额头，险些要了关羽性命。

智谋（6）：庞德辅佐马超期间，起到了军师的作用。《三国演义》第 58 回，马超围攻长安，十日不克。庞德献计：“长安城中土硬水碱，甚不堪食，更兼无柴。今围十日，军民饥荒。不如暂且收军，只须如此如此，长安唾手可得。”马超采纳，下令退军，长安守将钟繇命军民出城打柴取水。庞德趁机混入城内，斩杀守将，打开城门，引马超入城，夺取长安。

统兵（7）：早年，庞德曾跟随马腾剿灭羌氐，攻破郭援高干，击败张白骑叛军，屡立战功。归顺曹操后，又击败关羽，威震蜀军。但是，庞德独立带兵较少，影响了他的统兵能力的分数。

理政（5）：庞德早年做过郡吏和州从事，但在任期间的事迹并无太多记载，理政能力可以给个中间分。

人物资料

字号：字文台

生卒：156—192 年

籍贯：扬州吴郡富春县（今浙江省杭州市富阳区）

相貌：广额阔面，虎体熊腰；披烂银铠，裹赤帻。（《三国演义》）

武器：古锭刀

官职：破虏将军、豫州刺史

爵位：乌程侯

谥号：武烈皇帝

庙号：始祖

评　价

陈寿：勇挚刚毅，孤微发迹，导温戮卓，山陵杜塞，有忠壮之烈。

董卓：孙坚小戆，颇能用人，当语诸将，使知忌之。

华谭：昔吴之武烈，称美一代，虽奋奇宛叶，亦受折襄阳。

裴松之：孙坚于兴义之中最有忠烈之称。

晁补之：吴人轻而无谋，自古记之矣。孙坚、孙策皆无王霸器。坚轻骑从敌，策暂出遇仇，俱以轻败。

萧常：自董卓称乱，四方倡义而起者非一，然皆负恃其众，因之以自封殖，卒无一人婴其锋者；独坚一战而败之，遂使西走，修复园陵，祇祀庙社，此其忠义奋发，岂袁、刘辈可同日语哉！

郝经：破虏以雄才壮略，遭汉衰末，慨然有拨定之志。

王夫之：故天下皆举兵向卓，而能以躯命与卓争生死者，坚而已矣，其次则操而已矣。

人物生平

172 年：17 岁的孙坚与父亲坐船到钱塘，遇到海贼抢掠商贾财物，孙坚孤身一人用计吓退群贼并杀死一人，名声大振，被征召为代理校尉。后会稽郡人许昌在句章兴兵起兵，自称阳明皇帝，煽动诸县，聚集万余人反叛。孙坚以郡司马的身份招募精壮士千余人，会同州郡官兵将叛贼剿灭，被任命为盐渎县丞，后又相继担任盱眙县丞和下邳县丞。

184 年：黄巾之乱爆发，中郎将朱俊表奏孙坚为佐军司马。孙坚招兵买马，集合了一千余人征讨汝南、颍川的黄巾贼。敌人走投无路，退守宛城。孙坚身先士卒，在宛城大破黄巾贼，朱俊上表拜孙坚为别部司马。

186 年：董卓征讨在凉州作乱的边章、韩遂，无果，孙坚跟随司空张温前去平息。其间，孙坚曾劝说张温杀掉董卓。

187 年：长沙人区星纠集一万余人，联合零陵、桂阳两郡叛乱。朝廷任命孙坚为长沙太守，前去讨贼。不到一个月的时间，孙坚就打败了区星。不久，零陵。桂阳亦被其剿平，三郡恢复正常，孙坚被封为乌程侯。

190 年：汉灵帝去世后，董卓乱政，关东群雄兴兵讨董，孙坚举兵北上，一路上斩杀荆州刺史王叡和南阳太守张咨，在鲁阳与袁术会合。袁术表奏孙坚为破虏将军，领豫州刺史。

191 年：孙坚与董卓军在阳人作战，大破董军，斩杀董卓都督华雄（演义中，斩杀华雄的人物变成了关羽）。董卓忌惮孙坚的勇猛，派李傕前来和亲，孙坚严词拒绝。孙坚进军洛阳，击败守卫洛阳的吕布。董卓畏惧，挟持汉献帝西逃长安，临行前烧毁洛阳城，挖掘皇陵偷窃宝物。孙坚进入洛阳，修复皇陵，清扫宗庙，在甄宫井中发现传国玉玺。演义中，孙坚获得传国玉玺后有了称霸的野心。

192 年：袁术命孙坚征讨荆州，刘表派黄祖在樊城、邓县之间迎战。孙坚击败黄祖，乘胜追击，渡过汉水，包围襄阳。黄祖带兵回城，再次与孙坚交战。黄祖败走，逃到岘山之中，孙坚单马追击。黄祖部将从竹林间发射暗箭，孙坚中箭身亡。

229 年：孙权称帝，追谥孙坚为武烈皇帝。

人物能力

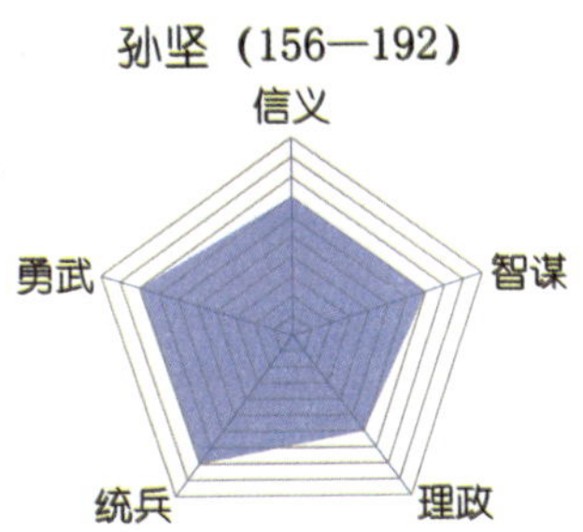

信义（7）：孙坚并无显赫的家世，凭借战功从一个小县吏逐步成为长沙太守，因此，他对大汉王朝怀有深厚的情感。讨伐董卓时，董卓为拉拢孙坚，命李傕前去和亲，孙坚大骂："卓逆天无道，荡覆王室，今不夷汝三族，县示四海，则吾死不瞑目，岂将与乃和亲邪？"孙坚攻入洛阳，见洛阳残破不堪，数百里荒无人烟，孙坚伤心落泪，填平被董卓偷掘的皇陵，亲自清扫宗庙。但是，孙坚擅杀荆州刺史王叡、南阳太守张咨，充当袁术打手，信义受到影响。

勇武（8）：演义中，孙坚的武艺一般，面对华雄没有任何优势。不过，历史上的孙坚却是名副其实的江东猛虎。他 17 岁时便手刃海贼，征讨黄巾军时，更是身先士卒，登上宛城城墙，大破贼军。

智谋（7）：少年时，孙坚与父亲遭遇海贼，无人敢近。孙坚却独自持刀上岸，比比画画，假装指挥手下包围，海贼以为官兵前来，仓皇逃走。征讨董卓时，孙坚在鲁阳城外设帐饮酒，敌军突然出现，孙坚谈笑自若，缓缓撤席，引导将士进城。事后，孙坚说："向坚所以不即起者，恐兵相蹈藉，诸君不得入耳。"演义中，最早草船借箭的不是诸葛亮，而是孙坚，第 7 回："坚令诸军不可轻动，只伏于船中，来往诱之。一连三日，船数十次傍岸，黄祖军只顾放箭。箭已放尽，坚却拔船上所得之箭，约十数万。"

统兵（8）：孙坚曾斩杀华雄，两胜吕布。斩杀华雄见于《三国志》："坚复相收兵，合战于阳人，大破卓军，枭其都督华雄等。"两胜吕布见于《后汉书》。第一次："孙坚收合散卒，进屯梁县之阳人。卓遣将胡轸、吕布攻之。布与轸不相能，军中自惊恐，士卒散乱。坚追击之，轸、布败走。"第二次："坚进洛阳宣阳城门，更击吕布，布复破走。"《三国演义》为了体现刘备集团在讨董之战中的作用，将斩杀华雄的功劳给了关羽，将击败吕布的功劳给了刘关张哥儿仨。

理政（6）：孙坚早年曾先后担任盐渎、盱眙、下邳三县县丞，所到之处，颇有声望，官吏和百姓都非常敬服。无论老少都愿意与他交往，孙坚对待他们也像家人一般。

江东猘儿：孙策

人物资料

字号：字伯符，外号小霸王

生卒：175—200 年

籍贯：扬州吴郡富春县（今浙江省杭州市富阳区）

相貌：美姿颜。（《三国志》）

武器：枪

官职：讨逆将军，会稽太守

爵位：吴侯

谥号：长沙桓王

评　价

袁术：使术有子如孙郎，死复何恨！

曹操：猘儿难与争锋也。

王朗：策勇冠一世，有俊才大志。

刘晔：孙策多谋而善用兵。

张纮：策材略绝异，平定三郡，风行草偃。

虞翻：讨逆将军智略超世，用兵如神。

许贡：孙策骁雄，与项籍相似。

张纮：今君绍先侯之轨，有骁武之名。

郭嘉：策轻而无备，虽有百万之众，无异于独行中原也。若刺客伏起，一人之敌耳。以吾观之，必死于匹夫之手。

陈寿：策为人，美姿颜，好笑语，性阔达听受，善于用人，是以士民见者，莫不尽心，乐为致死。

陈寿：策英气杰济，猛锐冠世，览奇取异，志陵中夏。

傅玄：孙策为人明果独断，勇盖天下。

人物生平

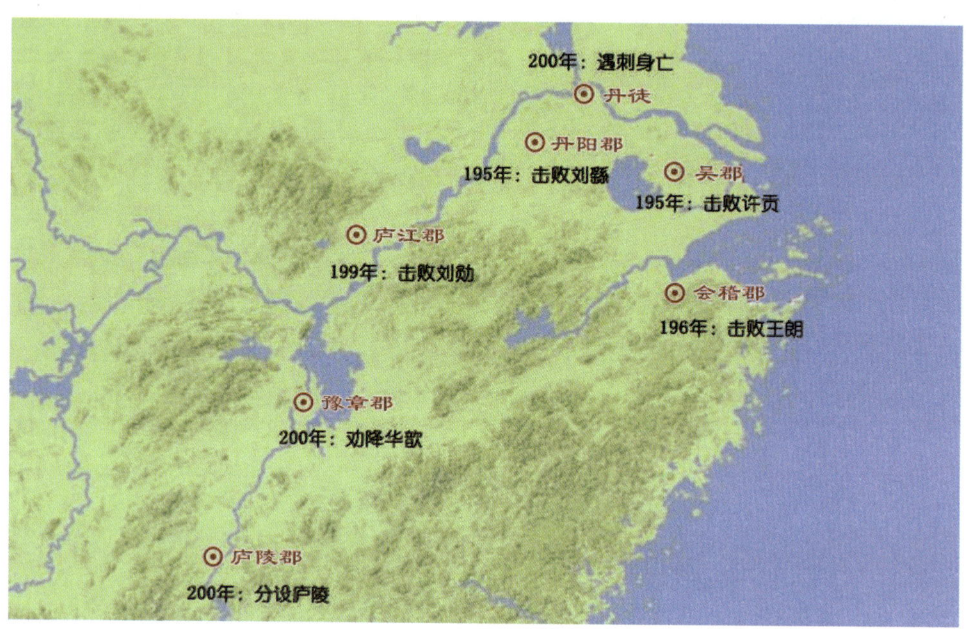

190 年：孙坚起兵讨董，孙策与母亲迁徙到舒县。舒县周瑜与孙策同岁，两人相处融洽，升堂拜母，结为通家之好。

192 年：孙坚攻打刘表时中箭身亡，孙策将孙坚的遗体带回曲阿安葬，办完丧事举家移居江都。

193 年：徐州牧陶谦猜忌孙策，孙策又带着母亲移居曲阿，投奔时任丹阳太守的舅舅吴景。

194 年：孙策招募数百人，投奔袁术，袁术十分赏识孙策，把从前孙坚的旧部还给孙策。但袁术数次失信于孙策，孙策非常失望，想借机摆脱袁术，便提出帮助吴景平定江东。袁术同意，表奏孙策为折冲校尉，代理殄寇将军。孙策将母亲托付给张纮，率领仅有的一千余人前往江东。

195 年：孙策从历阳渡江，沿途招兵买马，兵力到达五六千，先后击败依附扬州刺史刘繇的笮融、薛礼、樊能、于麋等人，又在曲阿彻底击败刘繇，攻占丹阳郡。同年，孙策在孙坚旧部朱治的帮助下攻占吴郡，名震江东。

196 年：孙策率兵击败吴人严白虎，赶走会稽太守王朗，占据会稽郡。

197 年：袁术僭越称帝，孙策写信与袁术决裂。

198 年：太史慈投降孙策，孙策拜其为折冲中郎将。周瑜投奔孙策，孙策拜其为建威中郎将。曹操表奏孙策为讨逆将军，封吴侯。

199 年：袁术病死，袁术旧部想投奔孙策但被庐江太守刘勋截获。孙策假装与刘勋结盟，趁刘勋进攻上缭之机袭取庐江郡，刘勋投奔曹操。同年，孙策进兵沙羡，与黄祖交战，大获全胜，缴获战船六千艘。

200 年：孙策劝降华歆，获得豫章郡，又从豫章郡中分出庐陵郡。至此，孙策占据江东的丹阳、吴、会稽、庐江、豫章、庐陵六郡，同年，孙策计划奇袭许都，奉迎汉献帝，但在打猎中被前吴郡太守许贡的门客刺杀，时年 26 岁。

229 年：孙权称帝，追谥孙策为长沙桓王。

人物能力

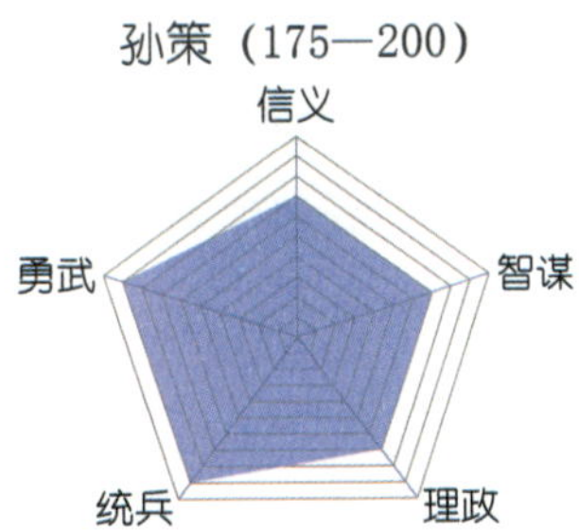

信义（7）：太史慈投降后，提出前往豫章招降刘繇旧部，诸将都认为太史慈一去不返，但孙策用人不疑，说："子义舍我，当复与谁？"亲自送太史慈出门。后来，太史慈果然如期返回。在大节上，孙策也不曾有亏，袁术僭越称帝，孙策第一时间写信斥责，与袁术决裂。但是，孙策统领江东后，杀害了一些贤士，这多少对他的信义有些影响。

勇武（9）：演义中，孙策的外号叫小霸王，这是因为他攻打刘繇时挟死于麋，喝死樊能。第15回：“刘繇背后一人挺枪出马，乃部将于麋也，与策战不三合，被策生擒过去，拨马回阵。繇将樊能见捉了于麋，挺枪来赶，那枪刚搠到策后心，策阵上军士大叫：‘背后有人暗算。’策回头，忽见樊能马到，乃大喝一声，声如巨雷。樊能惊骇，倒翻身撞下马来，破头而死。策到门旗下，将于麋丢下，已被挟死。”正史中，孙策曾与太史慈大战：“策刺慈马，而揽得慈项上手戟，慈亦得策兜鍪。”这也是《三国志》中为数不多的武将单挑。

智谋（7）：孙策在战术和战略两方面都有优秀表现。进攻笮融时，孙策中箭诈死，设置伏兵引诱笮融。笮融果然率兵出战，落入孙策的包围圈，被孙策击败。进攻刘勋时，孙策假装与刘勋联盟，劝说刘勋攻取上缭。刘勋欣然前往，孙策乘虚而入，轻取庐江。但是，孙策也有弱点，虞翻曾劝诫孙策，说他一个人游猎容易遭到暗算。但孙策不听，导致遇刺身亡。

统兵（9）：孙策东渡时，只有一千多人马。但是，经过几年的攻略，破刘繇，斩许贡，赶王朗，败刘勋，降华歆，一统江东六郡，成为割据江东的小霸王。曹操对孙策十分忌惮，说：“猘儿难与争锋也。”可惜孙策英年早逝，否则我们就能看到他奇袭许都与曹操正面交锋了。

理政（7）：初到江东时，百姓们听到孙郎前来，都心惊胆战，避之不及，官吏们也弃城逃跑。后来，人们渐渐发现，孙策士卒严遵将令，秋毫不犯。百姓们十分高兴，争相用酒肉犒劳部队。孙策发布公告，对刘繇旧部既往不咎，一人从军，全家免除徭役，不愿从军，也不强求。不久，人们从四面八方纷纷前来，孙策征得士兵两万余人。

东吴大帝：孙权

人物资料

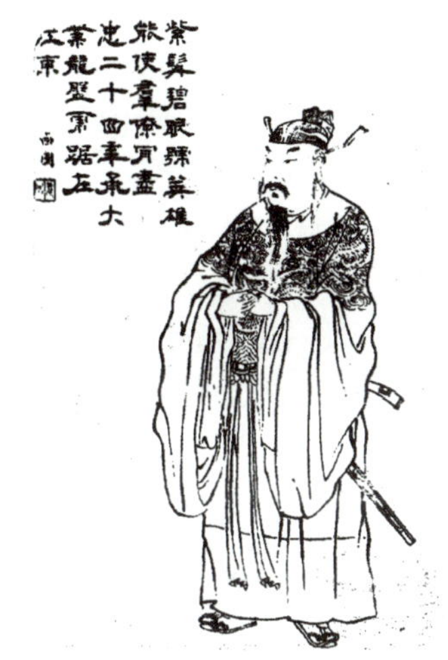

字号： 字仲谋，外号碧眼儿

生卒： 182—252 年

籍贯： 扬州吴郡富春县（今浙江省杭州市富阳区）

相貌： 形貌奇伟，骨体不恒；方颐大口，目有精光；紫髯将军，长上短下。（《三国志》）碧眼紫髯。（《三国演义》）

武器： 枪

年号： 黄武、黄龙、嘉禾、赤乌、太元、神凤

谥号： 大皇帝

庙号： 太祖

评　价

孙策：举江东之众，决机于两陈之间，与天下争衡，卿不如我；举贤任能，各尽其心，以保江东，我不如卿。

曹操：生子当如孙仲谋，刘景升儿子若豚犬耳！

张辽：向有紫髯将军，长上短下，便马善射。

刘备：孙车骑长上短下，其难为下，吾不可以再见之。

周瑜：今主人亲贤贵士，纳奇录异。

鲁肃：孙讨虏聪明仁惠，敬贤礼士，江表英豪，咸归附之。

贾诩：孙权识虚实。

陆逊：陛下以神武之姿，诞膺期运，破操乌林，败备西陵，禽羽荆州，斯三虏者当世雄杰，皆摧其锋。

诸葛亮：孙权据有江东，已历三世，国险而民附，贤能为之用。

陈寿：孙权屈身忍辱，任才尚计，有勾践之奇，英人之杰矣。

裴松之：孙权横废无罪之子，虽为兆乱，然国之倾覆，自由暴皓。

毛泽东：孙权是个能干的人。

人物生平

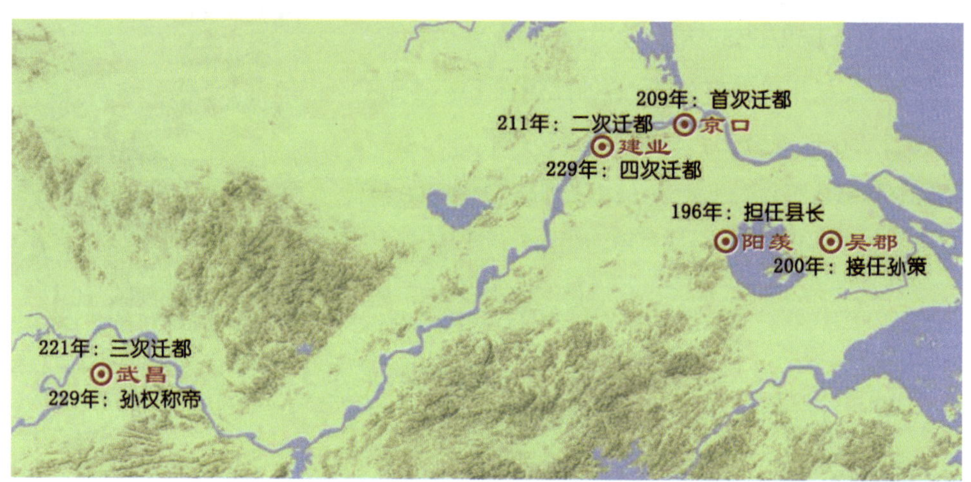

182 年：孙权出生于徐州下邳，其父孙坚时任下邳县丞，孙权为孙坚次子。

192 年：孙权 11 岁，孙坚攻打刘表时中箭身亡。

196 年：孙权 15 岁，被任命为阳羡县长，郡察孝廉，州举茂才，代理奉义校尉。

199 年：孙权跟随孙策征讨庐江太守刘勋，获胜后，又前往沙羡进攻黄祖。

200 年：孙策遇刺身亡，临终前命孙权接任其位。曹操表奏孙权为讨虏将军，领会稽太守，屯兵吴郡。孙权举贤任能，巩固了孙氏在江东的统治。

208 年：孙权连年讨伐黄祖，最终将其击杀，吞并江夏郡大部。同年，曹操南下，孙权在鲁肃、诸葛亮的劝说下，与刘备联合，以周瑜、程普为左右都督，在赤壁用火攻击败曹操。随后孙权亲自率兵围攻合肥，但未能攻破。

209 年：孙权将治所由吴郡迁至丹徒，并改名京口，修筑铁瓮城。

210 年：孙权任命步骘为交州刺史。

211 年：孙权将治所由京口迁至秣陵，并改名建业，修筑石头城。交趾太守士燮因步骘威名率领众兄弟投降孙权。

215 年：刘备攻占益州之后，孙权催还荆州，刘备不从，双方剑拔弩张。时值曹操攻拔汉中，刘备担心益州有失，同意归还长沙、桂阳、零陵三郡，孙刘双方以湘水为界瓜分荆州。

216 年：曹操再次出兵濡须。几年来，孙权与曹操不止一次在濡须合肥一线发生战斗，互有胜负，但均无实际进展。

217 年：孙权与吕蒙商议，准备伺机收回荆州，向曹操请降示好。

219 年：孙权趁关羽北伐之机，任命吕蒙为都督，白衣渡江，袭取荆州，擒杀关羽。演义中，孙权曾想招降关羽。

221 年：曹丕、刘备相继称帝。孙权将治所由建业迁至鄂州，并改名武昌。同年，刘备兴兵东征，孙权任命陆逊为大都督，在夷陵击败蜀军。

223 年：刘备病逝，诸葛亮主持蜀汉政事，与孙权互通使节，重修旧好。

225 年：从 222 年到 225 年，孙权多次成功抵御曹丕伐吴。

229 年：孙权于武昌正式称帝，国号为吴。同年，孙权把国都迁回建业。

250 年：太子孙和与鲁王孙霸之间因储君问题闹得朝野动荡不安。最终孙权废太子孙和，赐死鲁王孙霸，改立孙亮为太子。

251 年：孙权在南郊祭祀后感染风疾，急召大将军诸葛恪入朝委托后事。

252 年：孙权病逝，时年 71 岁，谥号大皇帝，庙号太祖。

人物能力

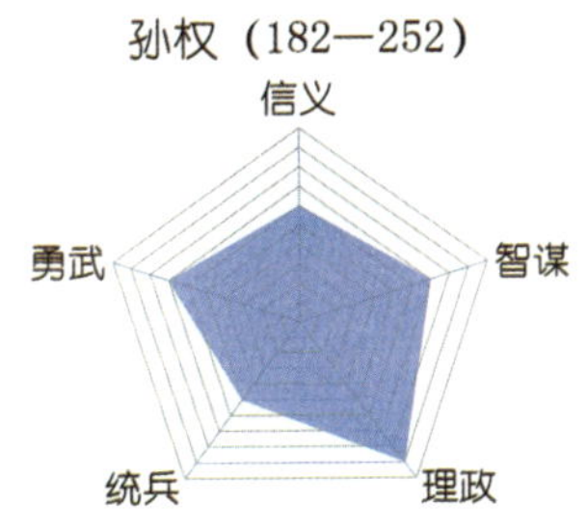

信义（6）：年轻时，孙权对属下信任有加，比如袭取江陵时，孙权本计划设置左右都督，但吕蒙认为这样会导致内乱，孙权听罢，立即改变决定，让吕蒙独任都督。再比如孙权留周泰总督濡须坞，朱然、徐盛等人不服，孙权宴请诸将，询问周泰每一处伤疤，并给周泰敬酒，朱然、徐盛从此对周泰心服口服。但是，孙权晚年性情大变，猜忌好杀。陆逊一生出将入相，为孙权立下汗马功劳，仅因写信向孙权阐明嫡庶之别，就被孙权谴责，最终悲愤而死。综合考虑，孙权的信义只能给个及格分。

勇武（7）：孙坚和孙策都是一流武将，孙权也继承了孙氏家族的优良血统。打猎时，孙权经常乘马射虎，苏东坡有词“亲射虎，看孙郎”；战争时，孙权经常亲临战场，张辽评价孙权“向有紫髯将军，长上短下，便马善射”。

智谋（7）：在战略决策方面，孙权作为江东的掌舵者，做出的重大决策都十分准确，比如联刘抗曹，袭取荆州，分割交州等。在战术运用上，孙权也有精彩表现，比如，在历史上草船借箭的并不是诸葛亮，而是孙权。当时孙权坐船到曹营刺探军情，船一侧被箭射满，发生倾斜，孙权下令把船调头，使船两侧均匀受箭，船恢复平衡后，从容离开。事后，曹操感叹：“生子当如孙仲谋！”

统兵（5）：东吴的重大胜利都不是孙权指挥的，比如赤壁之战是周瑜指挥的，江陵之战是吕蒙指挥的，夷陵之战是陆逊指挥的。孙权的统兵能力一直备受诟病，比如合肥之战，孙权亲自指挥十万大军竟然被张辽等人的七千人击败。

理政（9）：孙策临死前对孙权说：“举江东之众，决机于两陈之间，与天下争衡，卿不如我；举贤任能，各尽其心，以保江东，我不如卿。”孙策很了解他的弟弟，统兵打仗孙权不行，但选拔人才孙权的确有过人之处。在任期间，孙权选用了周瑜、鲁肃、吕蒙、陆逊四任都督，这四人各有所长，都是三国时代的杰出人才。外交方面，孙权时而与曹魏联合，时而与蜀汉结盟，游刃有余，不断谋求利益的最大化。经济方面，三国之前，中国的经济重心在黄河流域，三国之后，中国经济的重心不断南移，这与孙权对长江流域的开发密不可分。

三国人物大数据 6：籍贯篇

三国人物自报家门时，都会加上一个地名，比如常山赵子龙、燕人张翼德等等，听着十分霸气。三国时代，哪里的人才最多呢？在《三国演义》所写的 1200 多个人物中，明确写明籍贯的有 466 人。当时全国共有 13 个州，这 466 人分布在其中的 12 州。

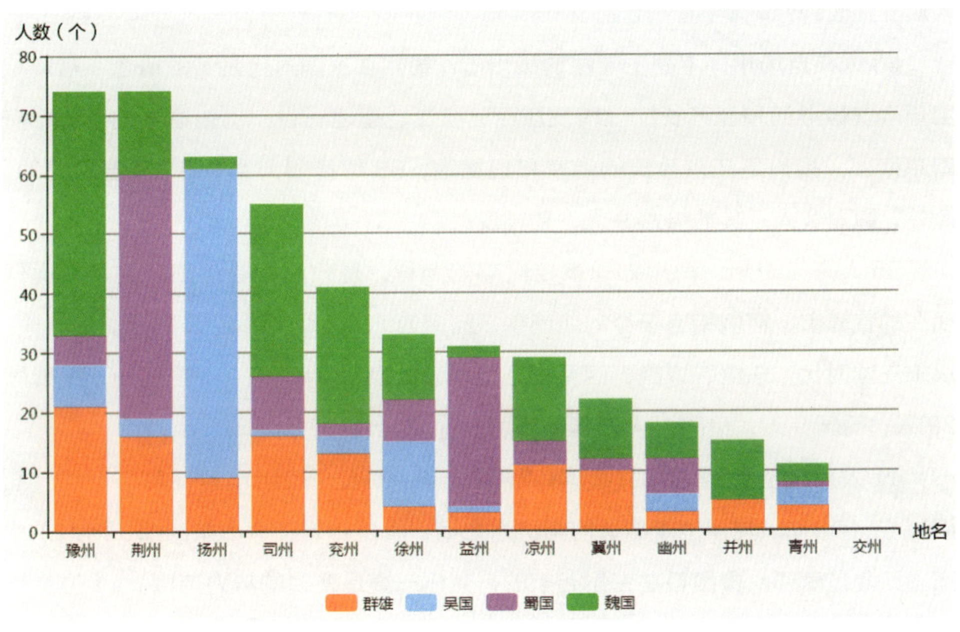

《三国演义》人物籍贯分布图

东汉末年地方行政机构分为州、郡、县三级，类似现在的省、市、县。13 个州分别是司州、豫州、兖州、徐州、青州、凉州、并州、冀州、幽州、扬州、荆州、益州、交州。州下设郡，全国共有 158 个郡，郡下设县，全国共有 1190 个县。

74 人来自豫州。豫州辖境相当于今淮河以北伏牛山以东的河南东部，安徽北部，现在河南省的简称即是豫。豫州也就是我们常说的中原地区，是曹操的根据地，曹魏的都城许都就位于豫州颍川郡。74 个豫州人中，属于曹魏的多达 41 人，曹操的重要谋臣荀彧、荀攸、郭嘉、陈群、钟繇等人都是颍川人。此外，蜀国 5 人，吴国 7 人，还有 21 人属于其他势力。

荆州也有 74 人。荆州辖境相当于今湖北、湖南大部，及河南、贵州、广东、广西等省的一小部分。荆州相当于南方的中原，是兵家必争的四战之地，诸葛亮在《隆中对》中形容荆州："荆州北据汉、沔，利尽南海，东连吴会，西通巴、蜀。"刘备投靠刘表后，招贤纳士，"荆州豪杰归先主者日益多"，其中最著名的就是诸葛亮。赤壁之战后，刘备占据了荆州大部分地区，又吸纳了一些荆州人士，比如庞统、黄忠等。74 位荆州人中，蜀国占 31 人，魏国 24 人，吴国 3 人，还有 16 人属于其他势力。

63 人来自扬州。不同于现在的扬州市，扬州在三国时代是省的概念，辖境相当于今安徽淮河和江苏长江以南及江西、浙江、福建三省，也包括湖北东部、河南东南部。扬州是江东孙氏的老家和根据地，63 位扬州人中有 52 人是吴国的。此外，魏国 2 人，其他势力 9 人，蜀国没有。

55 人来自司州。司州即司隶校尉部的简称，是政治中心洛阳所在地，类似现在的直辖市。辖境相当于今河北南部、河南西北部、山西南部及陕西渭河平原。汉末三国时代，东汉、曹魏、西晋都把都城设在洛阳，因此，55 位司州人中魏国 29 人，蜀国 9 人，吴国 1 人，其他势力也有 16 人。

41 人来自兖州。三国时代，有四大水之说，即江（长江）、河（黄河）、淮（淮河）、济（济水），兖州位于古黄河与济水之间，辖境相当于今山东西部、河南东北部、河北东南部。曹操是在兖州起家的，兖州一直是曹魏的势力范围。41 位兖州人中，魏国 31 人，蜀国 4 人，吴国 2 人，其他势力 4 人。

33 人来自徐州。徐州不同于现在的徐州市，同扬州一样，在三国时代也是省的概念，辖境相当于今江苏长江以北及山东南部地区。三国时代，徐州虽然被曹魏占据，但是，刘备曾任徐州牧，孙坚曾在徐州治所下邳当官，因此魏蜀吴三家在徐州都有各自的人脉。33 位徐州人中，魏国 11 人，蜀国 7 人，吴国 11 人，其他势力 4 人。

31 人来自益州。益州辖境相当于今四川、重庆、云南、贵州大部，及陕西、甘肃、湖北的一小部分。刘备在益州建立蜀国，因此，31 位益州人中，蜀汉 25

人，魏国 2 人，吴国 1 人，其他势力 3 人。

29 人来自凉州。凉州辖境相当于今甘肃、宁夏回族自治区和青海湟水流域，及陕西西部。当时凉州属于偏远地区，相当长的时间里被多股势力占据，直到曹操西征马超、韩遂才归属曹魏。诸葛亮北伐后，也占据凉州的一小部分。因此，29 位凉州人中，魏国 14 人，其他势力 11 人，蜀国 4 人，吴国没有。

22 人来自冀州。冀州辖境相当于今河北中部和南部、山东西部、河南北部，现在河北省的简称便是冀。东汉末年，冀州被袁绍占据，直到官渡之战后，曹操才开始一点点蚕食冀州。因此，22 位冀州人中，魏国有 10 人，其他势力 10 人，蜀国 2 人，吴国没有。

18 人来自幽州。幽州辖境相当于今北京市、河北北部、辽宁南部及朝鲜西北部。东汉末年，最早占据幽州的是公孙瓒，之后被袁绍兼并，曹操击败袁氏后，归属曹操。但是，因为刘备是幽州涿郡人，所以在这里也有人脉。18 位幽州人中，魏国 6 人，蜀国 6 人，吴国和其他势力都是 3 人。

15 人来自并州。并州辖境相当于今山西、内蒙古自治区、河北、陕西的部分地区。东汉末年，董卓曾担任并州牧，因此在此有很大影响，三国第一武将吕布就是并州五原郡（今内蒙古包头市）人。三国时代，并州被曹魏占据。15 位并州人中，魏国 10 人，其他势力 5 人，吴蜀两国都没有。

11 人来自青州。青州辖境位于今山东半岛一带。青州面积较小，因此人才也较少，但三家都有一些重臣来自这里，如曹魏的华歆、蜀汉的孙乾、东吴的太史慈。11 位青州人中，魏国 3 人，蜀国 1 人，吴国 3 人，其他势力 4 人。

《三国演义》写明籍贯的人中没有来自交州的，虽有遗憾，但也情有可原。交州辖境相当于今广东、广西及越南的一部分地区，在三国时代相对偏远，远离文明中心。交州长时间被士燮家族占据，士燮是个忠厚长者，对中原王朝没有野心，不曾与魏蜀吴三家发生战争，最后和平归附孙权。

人物资料

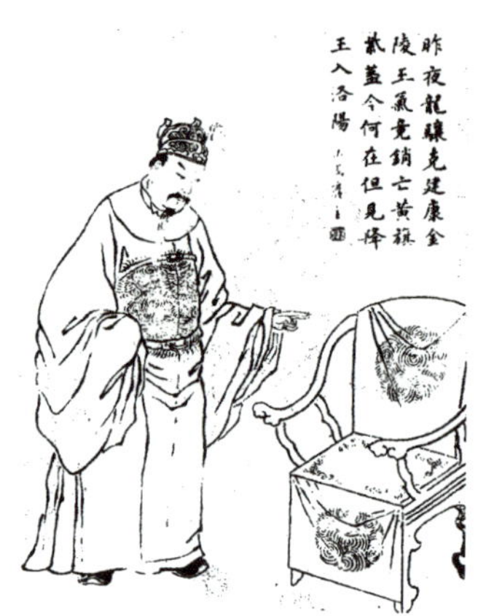

字号：字元宗；一名彭祖，字皓宗

生卒：242—284 年

籍贯：扬州吴郡富春县（今浙江杭州市富阳区）

相貌：不详

年号：元兴、甘露、宝鼎、建衡、凤凰、天册、天玺、天纪

爵位：归命侯（西晋）

评　价

陈寿：况皓凶顽，肆行残暴，忠谏者诛，谗谀者进，虐用其民，穷淫极侈，宜腰首分离，以谢百姓。

万彧：皓才识明断，是长沙桓王之畴也，又加之好学，奉遵法度。

秦秀：以孙皓之虚名，足以惊动诸夏，每一小出，虽圣心知其垂亡，然中国辄怀惶怖。

羊祜：孙皓恣情任意，与下多忌，名臣重将不复自信，是以孙秀之徒皆畏逼而至。

薛莹：皓昵近小人，刑罚放滥，大臣诸将，人不自保，此其所以亡也。

吾彦：吴主英俊，宰辅贤明。

李世民：王莽伪行仁义之道，有始无终；孙皓权施恩惠之风，有初无末。二子犹船之泛巨浪，毁在不遥，若驽马之奔千里，困其将至。

李德裕：孙皓虽骄奢极欲，残虐用刑，而自专生杀之柄，不牵帷墙之制，运尽天亡，而后夷灭。

周昙：吴宫季主恣骄奢，移尽江南百媚花。一旦狂风江上起，花随风散落谁家。

萧常：皓穷凶极恶，卒陨其业，非不幸也。

丁耀亢：皓乘江东三世之资，恣重凶暴，以狂乐饮人而罔罪快刑，桀纣何加焉？

人物生平

242 年：孙皓出生，为吴国太子孙和的长子。孙皓出生后，祖父孙权非常开心，为他起名“彭祖”。

250 年：孙皓父亲孙和在二宫之争中被孙权废黜。

253 年：孙亮即位后，将孙和流放到新都并赐死，孙皓由其母何姬抚养成人。

258 年：孙休即位，封孙皓为乌程侯，令其居住在封国。

264 年：孙休去世，在原乌程令万彧的推荐下，丞相濮阳兴、左将军张布建议太后朱氏立孙皓为帝，改元元兴。孙皓即位初期，实行仁政，百姓以为迎来了明主。但不久，孙皓就变得骄奢淫逸，濮阳兴与张布后悔立其为帝，孙皓知道后将二人杀死。

265 年：四月，大旱后天降甘露，遂改元甘露。七月，孙皓逼死当初立他为皇帝的太后朱氏，并杀死朱氏与孙休的两个儿子。九月，孙皓迁都武昌。

266 年：孙皓得到一口大鼎，于是改元宝鼎，任命陆凯为左丞相，常侍万彧为右丞相。同年冬，孙皓又把都城迁回建业。

268 年：吴国进攻晋国，孙皓亲率大军屯兵东关，但无功而返。

269 年：孙皓立儿子孙瑾为太子，改元建衡。

271 年：孙皓属下说有凤凰聚集在西苑，于是决定次年改元凤凰。

272 年：孙皓认为右丞相万彧要加害自己，将其流放，万彧忧愤自杀。

275 年：吴郡掘出一块银子，上面刻有年月等文字，于是改元天册。

276 年：吴郡人疏通临平湖，在湖边得到一件石函，内藏石块，上面刻有"作皇帝"几个字，孙皓于是改元天玺。鄱阳传说历阳山的石头上刻有文字："楚九州渚，吴九州都，扬州士，作天子，四世治，太平始。"孙皓于是决定第二年改元天纪。

280 年：晋军压境，群臣请求处死宠臣岑昏。演义中，岑昏身份被写成了一个宦官。吴国节节败退，孙皓效仿刘禅，向晋国投降，吴国灭亡。孙皓举家迁往洛阳，司马炎封孙皓为归命侯。

284 年：孙皓在洛阳去世，时年 42 岁。

人物能力

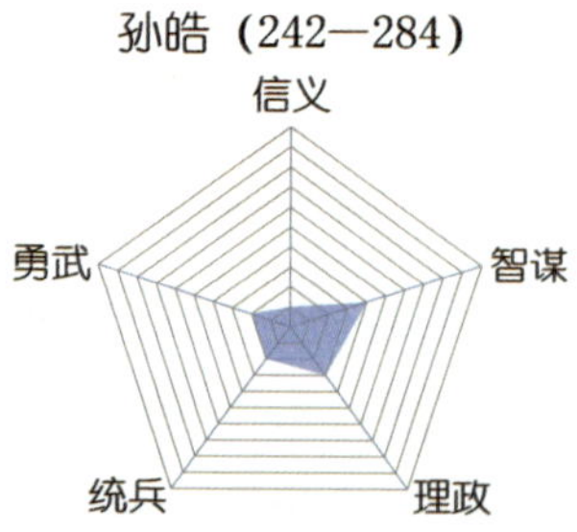

信义（1）：孙休临去世时，蜀汉灭亡，东吴震动，希望能找一个年长的君主。

孙皓并不是吴景帝孙休的儿子，他之所以能当上皇帝，要得益于四个人：左典军万彧、丞相濮阳兴、左将军张布、太后朱氏。万彧曾任乌程令，而孙皓当时是乌程侯，两人交好。万彧屡次向濮阳兴、张布夸赞孙皓，说他有当年孙策的风采。濮阳兴和张布于是又向朱太后极力推荐孙皓，朱太后同意，没有让自己的儿子继位，而选择迎立孙皓。但是，孙皓即位后，竟然先后将这四个人杀害。264 年，濮阳兴和张布因后悔迎立孙皓被杀。265 年，孙皓逼死朱太后，将朱太后与景帝孙休的四个儿子流放，并杀死其中年龄较大的两个。272 年，孙皓认为时任右丞相的万彧要杀害自己，将万彧流放，并想用毒酒毒死他，万彧知道后自杀而死。

勇武（2）：正史和演义中都没有关于孙皓勇武方面的记载，不过在《三国志》中，说孙皓“好酒色”，后宫佳丽数千人，综合考虑，勇武只能给到 2 分。

智谋（4）：演义中，王濬楼船下益州，宦官岑昏建议打造铁索沿江拦截，孙皓竟然同意。但是，王濬烧毁铁链，“千寻铁锁沉江底，一片降幡出石头”。孙皓也有一些小机灵，投降后，孙皓来到西晋都城洛阳，曾帮助司马氏弑君的贾充问孙皓：“闻君在南方，每凿人眼目，剥人面皮，此何等刑耶？”孙皓说：“人臣弑君及奸回不忠者，则加此刑耳。”

统兵（2）：268 年，孙皓曾御驾亲征，出兵东关。但史书上并没有过多描述，我们只知道孙皓最终无功而返。

理政（3）：孙皓登基之初，曾开仓济民，遣散宫女，被全国上下认为是明君。但不久，孙皓就变得残暴骄横，善猜忌，好酒色。孙皓经常设宴款待群臣，令大家一醉方休，然后暗中派太监监听臣下酒后之言，稍有微词，就施以剥皮或凿眼的重刑。孙皓后宫有数千人，但仍然四处寻找美女。如有宫女引起孙皓不满，要么被杀死，要么被流放。孙皓好大喜功，穷兵黩武。全国上下，从官员到百姓，都深受其苦。陈寿甚至认为孙皓“宜腰首分离，以谢百姓”。

内事重臣：张昭

人物资料

字号：字子布

生卒：156—236 年

籍贯：徐州彭城国彭城（今江苏省徐州市）

相貌：容貌矜严，有威风。（《三国志》）

官职：辅吴将军

爵位：娄侯

谥号：文侯

评　价

孙策：今子布贤，我能用之，其功名独不在我乎！

孙权：孤与张公言，不敢妄也。

孙权：吴国士人入宫则拜孤，出宫则拜君，孤之敬君，亦为至矣。

陆机：宾礼名贤而张昭为之雄，交御豪俊而周瑜为之杰。

陈寿：张昭受遗辅佐，功勋克举，忠謇方直，动不为己；而以严见惮，以高见外，既不处宰相，又不登师保，从容闾巷，养老而已，以此明权之不及策也。

陆云：辅吴将军文侯，遭季末云扰，遂避难于东。有吴之兴，实为谋主。

习凿齿：昭为人臣，不度权得道，匡其后失，夙夜匪懈，以延来誉，乃追忿不用，归罪于君，闭户拒命，坐待焚灭，岂不悖哉！

司马光：昭容貌矜严，有威风，吴主以下，举邦惮之。

苏轼：仆之有张昭，正如备之孔明，左提右挈，以就大事，国中文武之事，尽以委之。

萧常：昭以纯刚见惮于孙权，虽不及相，而所立有可称者。

胡三省：张昭事吴，有古大臣之节。

孙策（演义）：内事不决问张昭，外事不决问周瑜。

人物生平

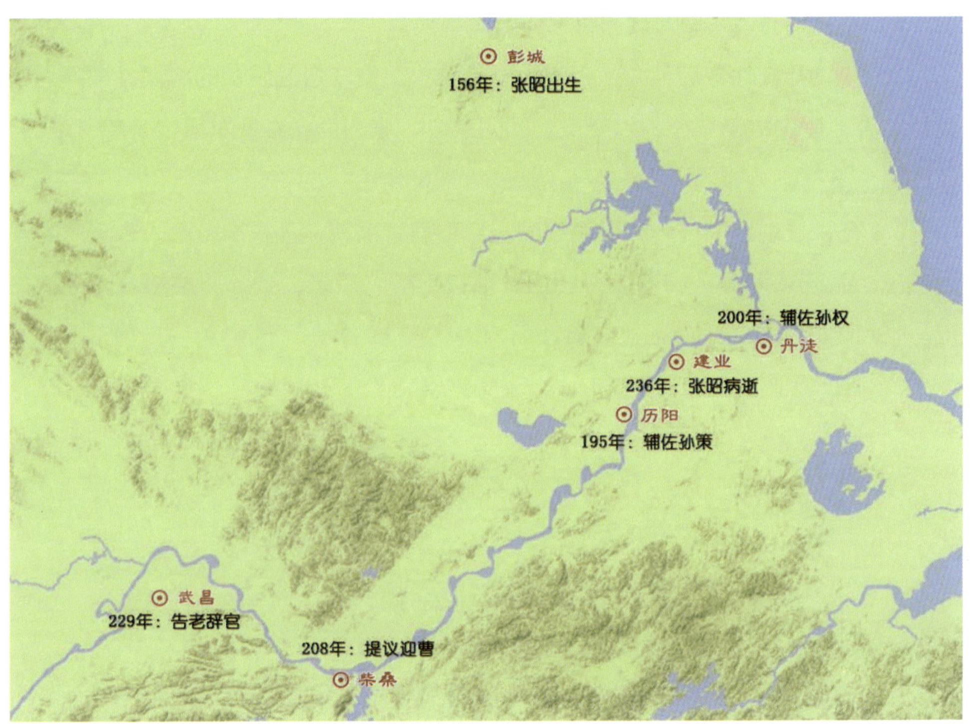

156 年：张昭出生于彭城，从小好学，博览群书，善写隶书，随白侯子安学习《左氏春秋》，与琅邪赵昱、东海王朗交好。

175 年：张昭 20 岁，被举为孝廉，但没有就任。徐州刺史陶谦又举荐张昭为茂才，他仍然没有接受。陶谦认为张昭看不起他，把他关押起来，后经赵昱舍身营救才被释放。东汉末年，天下大乱，张昭南渡扬州避难。

195 年：孙策开创江东基业，任命张昭为长史、抚军中郎将，升堂拜母，文武之事全权委托张昭处理。

200 年：孙策遇刺身亡，临死前将弟弟孙权托付给张昭。张昭仍然担任长史，率领群臣辅佐孙权。演义中，孙策临死前对孙权说：“内事不决问张昭，外事不决问周瑜。”

208 年：曹操南下荆州，江东恐慌，张昭提议投降曹操，孙权没有听从，后来周瑜率军在赤壁击败曹操。演义中，张昭率领江东群儒刁难前来结盟的诸葛亮。同年冬，孙权派张昭率军攻打九江当涂，但未能攻克。

209 年：刘备表奏孙权为车骑将军，张昭任军师。

221 年：张昭被任命为绥远将军，封由拳侯。

229 年：孙权称帝后不久，张昭告老辞官，上交了自己统领的部属，被拜为辅吴将军，地位仅次于三公，封娄侯。回到家中，张昭为《春秋左氏传》和《论语》做注解。

232 年：辽东太守公孙渊脱离魏国，自称吴国藩属，孙权准备派人去辽东封其为燕王。张昭认为公孙渊不值得相信，孙权不听。后来，公孙渊果然杀死孙权使臣。张昭因此托病不出，孙权亲自登门相请。

236 年：张昭去世，时年 81 岁，谥号文侯。

人物能力

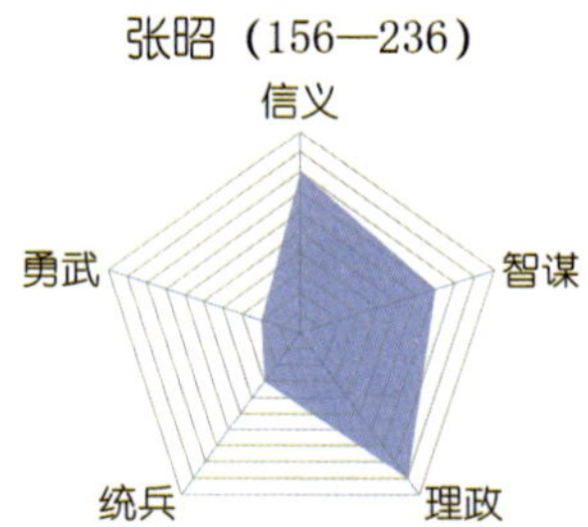

信义（8）：作为托孤重臣，张昭刚正不阿，敢于直言。孙策死后，孙权十分悲痛，张昭劝他：天下动荡，盗贼四起，整天悲伤不已，不是大丈夫的行为。孙权喜欢乘马射虎，张昭劝谏：作为君主，应该善于驾驭英雄，统帅群臣，杀几个野兽算什么本事！有次孙权与群臣饮酒大醉，张昭夺门而走，孙权追问他：大家都很高兴，何必发怒。张昭回答说以前纣王酒池肉林也很高兴。公孙渊称藩，孙权遣使封王，张昭劝谏，孙权不听，甚至拿刀威胁张昭。张昭说，“虽然他知道孙权不会听他的，但他还要劝，因为太后临死前曾把他叫到床前，说过的那些话仍在耳边。说罢，痛哭流涕。但是，张昭也有信义方面的污点。赤壁之战前夕，面对南下的曹操，张昭主张投降，以至孙权称帝后对张昭说：“如张公之计，今已乞食矣。”

勇武（2）：《三国演义》中，张昭并没有任何勇武的表现，而且很多时候是以老臣的形象出现，勇武只能给 2 分。

智谋（7）：232 年，辽东公孙渊脱离魏国，向孙权称藩，孙权很高兴，决定派使节前往加封，张昭坚决反对，说公孙渊背叛魏国，担心被灭，所以才远来求援，这并非他的本意。如果公孙渊改变意图，再度降魏，那派去的使者就回不来了，岂不会让天下取笑。但孙权没采纳。后来，果如张昭所料，孙权的使节被公孙渊杀死。张昭闭门不出，孙权无奈，只得亲自登门相请。

统兵（3）：赤壁之战结束后，孙权亲自率军包围合肥，派张昭率军攻打九江郡的当涂县，但未能攻克，张昭仅有的一次统兵记录也以失败告终。

理政（9）：孙策临死前，对张昭说：“若仲谋不任事者，君便自取之。正复不克捷，缓步西归，亦无所虑。”这与刘备托孤时对诸葛亮说的话十分相似，可以说，张昭就是缺少智谋的诸葛亮。演义中，孙策还说：“内事不决问张昭，外事不决问周瑜。”张昭不负众望，率领群臣尽心辅佐孙权，确保政权顺利过渡。孙权日后曾说：“吴国士人入宫则拜孤，出宫则拜君。”足见张昭在东吴地位之高。

雄姿英发：周瑜

人物资料

字号：字公瑾，别称周郎

生卒：175—210 年

籍贯：扬州庐江郡舒县（今安徽省合肥市舒城县一带）

相貌：壮有姿貌。（《三国志》）姿质风流，仪容秀丽。（《三国演义》）

官职：偏将军、南郡太守

评　价

孙策：周公瑾英俊异才。

孙权：公瑾雄烈，胆略兼人，遂破孟德，开拓荆州，邈焉难继。

蒋干：雅量高致，非言辞所间。

王朗：周公瑾，江淮之杰，攘臂而为其将。

程普：与周公瑾交，若饮醇醪，不觉自醉。

虞溥：年少有美才。

陈寿：瑜少精意于音乐。

袁宏：公瑾卓尔，逸志不群。

李白：二龙争战决雌雄，赤壁楼船扫地空。烈火张天照云海，周瑜于此破曹公。

苏轼：遥想公瑾当年，小乔初嫁了，雄姿英发。羽扇纶巾，谈笑间，樯橹灰飞烟灭。

人物生平

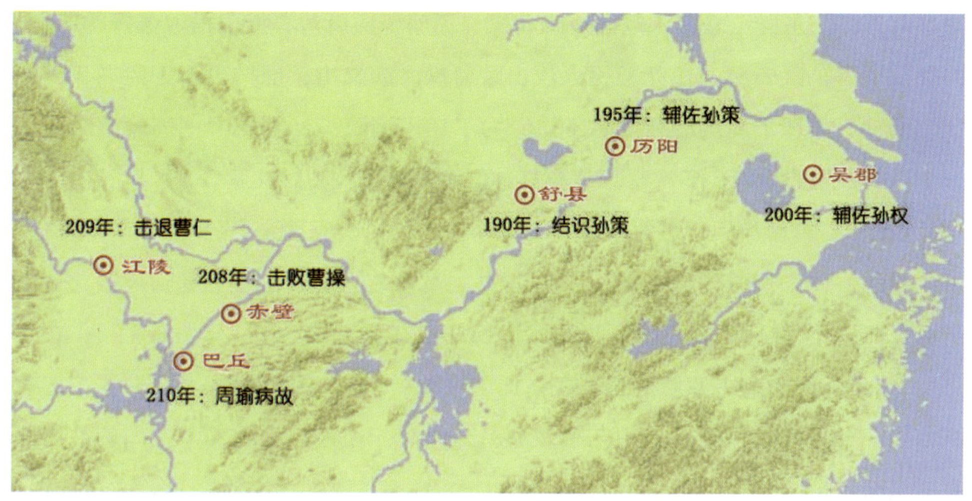

175 年： 周瑜出生，周瑜的从祖父周景和周景之子周忠皆官至太尉，周瑜的父亲周异曾做过洛阳令。

190 年： 孙坚举兵讨董，举家迁徙到舒县。孙策与周瑜同岁，两人相处融洽，升堂拜母，结为通家之好。

195 年： 孙策率军开拓江东，在历阳恰遇前来探亲的周瑜，于是写信邀请周瑜加入，周瑜带兵相迎，协助孙策攻下横江、当利，又渡江进攻秣陵，击败笮融、薛礼，转而攻取湖孰、江乘，进入曲阿，赶走刘繇。随后，周瑜返回丹阳。

198 年： 袁术希望周瑜为他效力，但周瑜认为袁术不足以成大事，借机返回东吴。孙策亲自迎接，授建威中郎将，获得士兵两千人，守备牛渚，后领春谷长。

199 年： 孙策以周瑜为中护军，领江夏太守，攻取皖县，得到桥公的两个女儿，孙策自纳大桥，周瑜纳小桥。后周瑜跟随孙策进兵寻阳，破刘勋，讨江夏。

200 年： 周瑜跟随孙策定豫章、庐陵，孙策命周瑜镇守巴丘（此巴丘不是周瑜后来去世的巴丘）。孙策遇刺身亡后，孙权接任。周瑜前去赴丧，留在孙权身边，以中护军的身份与长史张昭共同主持军政大事。

202 年： 曹操击败袁绍后，兵威日盛要求孙权把儿子送到许都当人质。孙权召集群臣商议，张昭等人犹豫不决。周瑜权衡利弊，认为不该派质子，孙权采纳。

206 年：周瑜统领孙瑜等人征讨麻、保二屯，歼灭敌首，俘虏万余人。

208 年：春，孙权征讨江夏，以周瑜为前部大都督，斩杀黄祖。九月，曹操举兵南下，江东群臣恐慌，倾向投降曹操。周瑜坚决反对，提出击败曹操的可能，向孙权请得精兵三万，在赤壁用火攻击败曹操。演义中，虚构了蒋干盗书、苦肉计等情节，展现了周瑜的智慧。不过，为了突出诸葛亮，罗贯中把周瑜塑造成了一个心胸狭隘的小人，多次暗算诸葛亮，但都被诸葛亮巧妙化解。

209 年：周瑜与程普进军南郡，与守将曹仁相持。周瑜亲自跨马冲阵，被流矢射中右肋。曹仁听说周瑜中箭，前来进攻，周瑜带伤作战，将士受到鼓舞，一举击退曹仁。孙权拜周瑜为偏将军，领南郡太守，屯兵江陵。

210 年：周瑜前去京城拜见孙权，提出进取益州，与马超结好，二分天下，对抗曹操。孙权同意，周瑜回到江陵做准备，但病死在巴丘。演义中，周瑜被诸葛亮三气而死。

人物能力

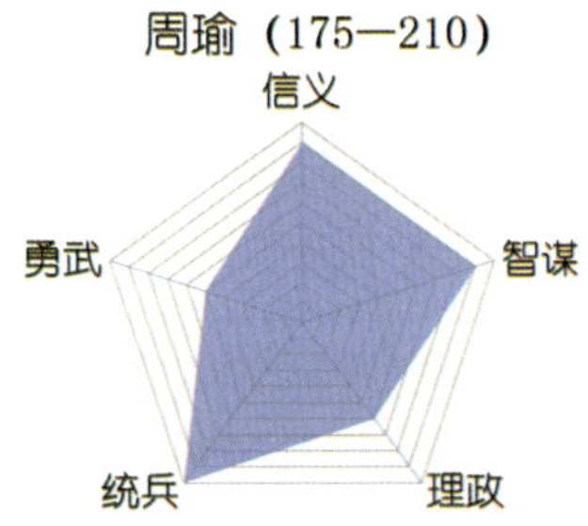

信义（9）：周瑜与孙策少年相识，两人登堂拜母，结为总角之好，周瑜一生都在守护这份情义。孙策进攻历阳时写信请周瑜帮忙，周瑜二话不说领兵前来，帮助孙策在江东站稳脚跟后又返回丹阳。孙策死后，周瑜第一时间来到孙权身边，尽心竭力辅佐孙权，帮助孙权击退曹操，开拓荆州，临去世前还进京献策，提出二分天下之计。与同僚相处时，周瑜也表现得宽宏大量。赤壁之战时，周瑜与程普为左右都督，程普倚老卖老，数次顶撞周瑜，但周瑜委曲求全，不予计较。战胜曹操后，程普拜服，说："与周公瑾交，若饮醇醪，不觉自醉。"演义中，周瑜总想算计诸葛亮，看似有些狭隘，其实这也是在为江东基业着想。

勇武（5）：演义中，周瑜没有上阵单挑的经历，但正史上，攻打江陵时周瑜曾“亲跨马擽陈”，勇武相对没上过战场的那些谋士要高。

智谋（9）：江东每次面临重大决策时，周瑜都能做出正确选择，“外事不决问周瑜”，此言不虚。202 年，曹操要求孙权把儿子送到许都当人质，周瑜认为江东兵精粮足，将士用命，不必质子，可以静观其变。208 年，曹操南下荆州，群臣建议投降，周瑜认为可以一战，并指出曹操的四大劣势：一、马超关西为患；二、北人不习水战；三、曹军补给困难；四、曹军水土不服。210 年，孙权占据荆州，周瑜进一步提出足以媲美《隆中对》的二分天下计划：“今曹操新折衄，方忧在腹心，未能与将军连兵相事也。乞与奋威俱进取蜀，得蜀而并张鲁，因留奋威固守其地，好与马超结援。瑜还与将军据襄阳以蹙操，北方可图也。”如果周瑜没有英年早逝，历史很可能会被改写。

统兵（10）：跟随孙氏后，周瑜攻无不克，战无不胜。孙策时代，周瑜协助孙策开拓江东，建立基业。孙权时代，周瑜统领全军赤壁破曹，攻取南郡，三分天下有其一。周瑜，是历史级别的名将。唐代，追封古代名将六十四人，其中就包括周瑜。宋代，为七十二位古代名将设武庙，也包括周瑜。

理政（6）：周瑜是位将军，并没有参与太多民治工作。但在人事方面，周瑜贡献很大，提携了很多人才，比如他的继任者鲁肃。

人物资料

字号：字子敬

生卒：172—217 年

籍贯：徐州临淮郡东城县（今安徽省滁州市定远县）

相貌：体貌魁奇。（《三国志》）

官职：汉昌太守、横江将军

评　价

孙权：此诸人持议，甚失孤望；今卿廓开大计，正与孤同，此天以卿赐我也。

孙权：子敬英爽有殊略，孤始与一语，便及大计，与禹相似，故比之。

周瑜：鲁肃忠烈，临事不苟，可以代瑜。

周瑜：鲁肃智略足任，乞以代瑜。

韦昭：肃体貌魁奇，少有壮节，好为奇计。

韦昭：肃为人方严，寡于玩饰，内外节俭，不务俗好。治军整顿，禁令必行，虽在军陈，手不释卷。又善谈论，能属文辞，思度弘远，有过人之明。

陈寿：家富于财，性好施与。

袁宏：昂昂子敬，拔迹草莱。荷檐吐奇，乃构云台。

严从：肃为布衣，当襄汉之际，标卖田宅，分财结士，以求人杰：此其志不小也。

孙元晏：斫案兴言断众疑，鼎分从此定雄雌。若无子敬心相似，争得乌林破魏师。

周昙：轻财重义见英奇，圣主贤臣是所依。公瑾窘饥求子敬，一言才起数船归。

江用世：夫肃在当时，其智计上不参公瑾，次似不敌子布，而何其有成画于胸中至与孔明隆中之筹相印合也？

钟敬伯：鲁子敬所见即孔明隆中之言也，真是英雄之见略同。人知孔明，不知子敬哉！

王士桢：将相江东美，英风压上流。鲁公最忠烈，慷慨借荆州。

人物生平

172 年：鲁肃出生不久就失去了父亲，由祖母抚养成人。鲁肃家境富裕，乐善好施。少年时，鲁肃认为天下必乱，于是学习骑马射箭，讲武习兵，不治家事，散财卖地，招揽豪杰。

198 年：周瑜做居巢长时，带领数百人经过东城，请求鲁肃资助。鲁肃把家中两仓米中的一仓送给周瑜，周瑜十分感激，与鲁肃成为至交。袁术听说鲁肃大名，想任命他为东城长，但鲁肃认为袁术不足以成大事，便到居巢投奔周瑜。后随周瑜前往江东，孙策十分赏识鲁肃，但不久鲁肃因祖母去世返回东城治丧。

200 年：孙策遇刺身亡，孙权统领江东。鲁肃听从周瑜的建议，投奔孙权。鲁肃见到孙权后，献上了著名的“榻上策”，提出“鼎足江东，以观天下之衅”的战略计划。张昭以鲁肃无礼为由诋毁鲁肃，但孙权并不介意，仍然厚待鲁肃。

208 年：曹操南下荆州，刘表病死，鲁肃前往荆州打探虚实，到南郡时，得知刘表的儿子刘琮已经投降曹操。鲁肃与刘备相见，提议孙刘结盟抗曹，刘备采纳，派诸葛亮随鲁肃前往江东。当时江东群臣倾向于投降曹操，但鲁肃为孙权分析投降的弊端，坚定了孙权联刘抗曹的决心。同年冬天，鲁肃作为赞军校尉参与赤壁之战，协助周瑜在赤壁击败曹操。演义中，鲁肃充当了周瑜与诸葛亮之间的黏合剂，多次暗中保护诸葛亮。

210 年：周瑜病重，向孙权推荐自己死后由鲁肃接任，孙权拜鲁肃为奋武校尉，代周瑜领兵。鲁肃最初驻扎在江陵，后建议孙权将江陵借给刘备（演义中的“借荆州”），改屯兵陆口。鲁肃在陆口恩威并施，招兵买马，部队增加到一万多人，被授予汉昌太守、偏将军。

214 年：鲁肃随孙权攻破皖城，获胜，转任横江将军。

215 年：吴蜀因为荆州问题剑拔弩张，鲁肃驻守益阳抗衡关羽，邀请关羽赴会，双方约定只允许带一口单刀。会上，鲁肃怒斥关羽，双方不欢而散。同年，刘备、孙权以湘水为界平分荆州。《三国演义》曲解了单刀赴会的含义，写成只有关羽独自一人带青龙偃月刀赴会。

217 年：鲁肃病逝，时年 46 岁。孙权亲自为他举行丧事，并参加葬礼。诸葛亮也写信吊唁。

人物能力

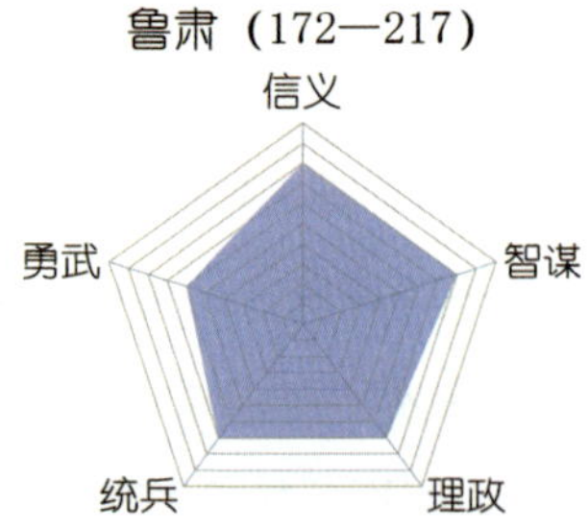

信义（8）：正史上，鲁肃家境富裕，但鲁肃认为天下将乱，不治家事，大

散金银，摽卖田地，周济穷困之人，广交天下豪杰。鲁肃的家中有两仓米，各有三千斛（一斛为十斗），周瑜前来借米，鲁肃毫不犹豫，拿出其中一仓米送给周瑜。演义中，鲁肃十分厚道，周瑜多次算计诸葛亮，幸亏鲁肃从中周旋，才保证两家联合破曹。

勇武（6）：演义中，鲁肃并没有任何勇武的表现，但是在正史上，鲁肃从小“击剑骑射”，箭法十分优秀。鲁肃率众前往江东时，州兵追来阻截，鲁肃将盾牌竖在地上，开弓放箭，射穿盾牌，州兵见状，纷纷撤退。

智谋（8）：孙权评价鲁肃，称其有二长一短。周瑜邀请鲁肃来江东，鲁肃献“榻上策”：“为将军计，惟有鼎足江东，以观天下之衅。规模如此，亦自无嫌。何者？北方诚多务也。因其多务，剿除黄祖，进伐刘表，竟长江所极，据而有之，然后建号帝王以图天下，此高帝之业也。”这是一长。曹操南下荆州，孙权向群臣问计，张昭等人都建议投降，鲁肃反驳：“今肃迎操，操当以肃还付乡党，品其名位，犹不失下曹从事，乘犊车，从吏卒，交游士林，累官故不失州郡也。将军迎操，欲安所归？愿早定大计，莫用众人之议也。”这是二长。周瑜死后，鲁肃建议孙权将荆州借给刘备，这是一短。孙权认为，一短不足以损二长。综合考虑，鲁肃的智谋可以给到 8 分。

统兵（7）：鲁肃并没有亲自带兵取得过大胜，但他的治军能力很优秀。接任周瑜职位后，鲁肃屯兵陆口，恩威并施，麾下士卒从四千人扩大到一万余人。孙权评价鲁肃：“其作军，屯营不失，令行禁止，部界无废负，路无拾遗，其法亦美也。”

理政（7）：鲁肃理政的能力体现在外交方面，赤壁之战前，曹操南下，鲁肃去荆州打探虚实，成功说服刘备联合孙权。回来后，又建议孙权联合刘备，一手促成孙刘联盟。但是，在借荆州的问题上，鲁肃太过于相信刘备、诸葛亮，是一次外交失误。

智勇双全：吕蒙

人物资料

字号：字子明

生卒：179—220 年

籍贯：豫州汝南郡富陂县（安徽省阜阳市阜南县）

相貌：不详

武器：刀、牌

官职：南郡太守

爵位：孱陵侯

评　价

鲁肃：吕子明，吾不知卿才略所及乃至于此也。

鲁肃：吾谓大弟但有武略耳，至于今者，学识英博，非复吴下阿蒙。

孙权：人长而进益，如吕蒙、蒋钦，盖不可及也。富贵荣显，更能折节好学，耽悦书传，轻财尚义，所行可迹，并作国士，不亦休乎！

孙权：子明少时，孤谓不辞剧易，果敢有胆而已；及身长大，学问开益，筹略奇至，可以次于公瑾，但言议英发不及之耳。图取关羽，胜于子敬。

陈寿：吕蒙勇而有谋断，识军计，谲郝普，禽关羽，最其妙者。初虽轻果妄杀，终于克己，有国士之量，岂徒武将而已乎！

邓骞：武昌既定，据其军实，镇抚二州，施惠士卒，使还者如归，此吕蒙所以克敌也。

胡三省：吕蒙所以禽关羽者，摧之而已。

曾国藩：吕蒙诛取铠之人，魏绛戮乱行之仆。古人处此，岂以为名，非是无以警众耳。

毛泽东：吕蒙如不折节读书，善用兵，能攻心，怎能充当东吴统帅？我们解放军许多将士都是行伍出身的，不可不读《吕蒙传》。

人物生平

179 年：吕蒙出生于汝南富陂。吕蒙很小的时候就到江东投奔姐夫邓当，邓当在孙策手下为将，多次讨伐山贼。吕蒙长至十五六岁时，常常偷偷跟随邓当上阵杀敌。孙策认为吕蒙不同寻常便安排在身边做事。邓当去世后，张昭推荐吕蒙接替邓当的职务，拜为别部司马。

200 年：孙策遇刺身亡，孙权继任。吕蒙受到孙权赏识，参加了丹阳之战，屡立战功，被拜为平北都尉，领广德长。

208 年：孙权征讨黄祖，吕蒙作为先锋亲手斩杀黄祖都督陈就。黄祖听说陈就被杀，弃城逃走，被追兵擒获，孙权封吕蒙横野中郎将。同年，吕蒙又跟随周瑜在赤壁击败曹操。

209 年：吕蒙跟随周瑜围攻曹仁于南郡。甘宁在夷陵被围，吕蒙与周瑜击败曹军，救出甘宁。吴军受到鼓舞，一举击败曹仁，吕蒙被授予偏将军，领寻阳令。

210 年：周瑜去世，鲁肃继任。为对付关羽，吕蒙为鲁肃谋划了五条计谋，两人升堂拜母，结为好友。

213 年：吕蒙跟随孙权在濡须抵御曹操，多次献计助孙权击退魏军，又劝孙权在濡须水山口处修筑濡须坞加强防御。

214 年：吕蒙建议孙权进攻皖县，推荐甘宁为升城督。吕蒙亲自擂鼓助阵，只用了一顿饭的工夫就攻下皖县，孙权封吕蒙为庐江太守。

215 年：刘备占据益州之后，未按照约定归还荆州，孙权命吕蒙西取长沙、零陵、桂阳三郡。长沙、桂阳二郡望风归降，零陵太守郝普又被吕蒙用计骗降。

217 年：曹操再次进攻濡须，吕蒙被任命为都督，据守濡须坞，趁曹操先头部队立足未稳，将其击败，曹操退兵。孙权拜吕蒙为左护军、虎威将军。同年，鲁肃病故后，吕蒙接替鲁肃镇守陆口，谋划进攻关羽。

219 年：关羽围攻襄樊。吕蒙诈病辞职，暗中调兵遣将，选取精兵，白衣渡江，奇袭荆州，糜芳、士仁望风归降。进入城内，吕蒙秋毫不犯，抚恤百姓。蜀军将士无心再战，关羽败走麦城，终被擒获。孙权以吕蒙为南郡太守，封孱陵侯，赐钱一亿，黄金五百斤。

220 年：吕蒙于南郡公安病逝，时年 42 岁。演义中，吕蒙被关羽附身而死。

人物能力

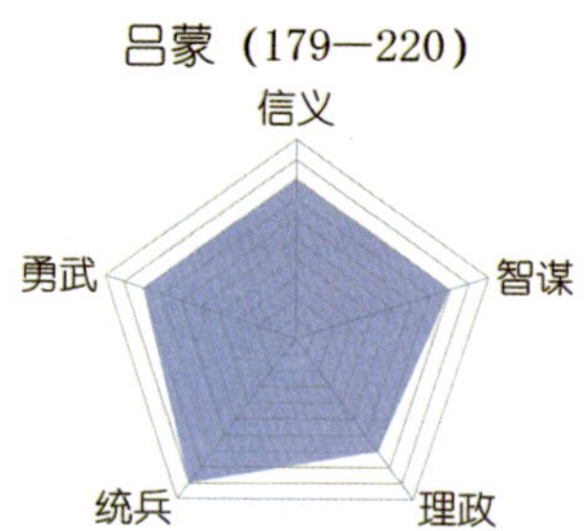

信义（8）：周瑜进攻南郡，益州将军袭肃前来投降，周瑜想把袭肃的兵马交给吕蒙指挥。但吕蒙认为袭肃有胆有识，而且慕名前来，剥夺他的兵权不符合道义，拒绝接受。甘宁有个厨子犯了错，担心甘宁杀他，逃到吕蒙帐下。甘宁索要，承诺不会将厨子杀死，吕蒙这才还给甘宁。但甘宁失信，仍射杀厨子，吕蒙知道后大怒，带兵找甘宁拼命。

勇武（8）：演义中，吕蒙并没有太多单挑经历，但正史上他可是一员勇将。吕蒙行伍出身，十五六岁时就偷偷跟随姐夫邓当上战场，当时有个官员数次羞辱吕蒙，说："彼竖子何能为？此欲以肉喂虎耳。"吕蒙大怒，将其杀死。成为将军后，吕蒙依旧常常冲锋陷阵，身先士卒。进攻黄祖时，吕蒙作为先锋，亲手斩杀黄祖都督陈就。甘宁与凌统不和，两人厮斗，吕蒙操刀执盾，用身体隔开二人。

智谋（8）：进攻皖县时，诸将建议垒土山，调运攻城武器，但吕蒙认为皖县并不牢固，四面齐攻短时间可以破城，拖久会导致水路变浅，不易回军。孙权采纳，果然很快就攻下皖县。进攻零陵时，零陵太守郝普据城不降，刘备、关羽准备前来救援。吕蒙哄骗郝普，说刘备在汉中与夏侯渊相持，关羽在南郡防御孙权，都无暇相救。如果城破身死，对不起他年迈的母亲。郝普被骗，投降吕蒙。关羽北伐襄樊，吕蒙诈病辞职，关羽轻敌，倾城出动，造成后防空虚。吕蒙选取精兵，假扮商旅，白衣渡江，奇袭荆州，一举击败关羽。

统兵（9）：吕蒙戎马一生，战无不胜。进攻皖县，吕蒙亲自擂鼓助阵，一顿饭的工夫便攻下皖县。庐陵山贼造反，许多将领前去平定，皆无功而返。吕蒙前往，斩杀贼首。孙权评价吕蒙说："鸷鸟累百，不如一鹗。"据守濡须，吕蒙趁曹军立足未稳发起进攻，击退曹操。白衣渡江，奇袭江陵，吕蒙兵不血刃收复荆州。

理政（7）：攻下南郡，吕蒙进城安民，约定不许惊动百姓。有士卒用百姓的斗笠覆盖军中盔甲，吕蒙为严明军纪，含泪将其斩首。吕蒙抚恤百姓和蜀军家属，送给他们衣服、食物、药品。蜀军将士听说后，全无战意，纷纷逃走。

出将入相：陆逊

人物资料

字号：字伯言，本名陆议

生卒：183—245 年

籍贯：扬州吴郡吴县（今江苏省苏州市）

相貌：身长八尺，面如美玉。（《三国演义》）

官职：丞相、荆州牧、右都护

爵位：江陵侯

谥号：昭侯

评　价

孙权：昔伊尹隆汤，吕尚翼周，内外之任，君实兼之。

孙权：孤与君分义特异，荣戚实同。

吕蒙：陆逊意思深长，才堪负重，观其规虑，终可大任。

贾诩：孙权识虚实，陆议见兵势。

刘备：吾乃为逊所折辱，岂非天邪！

诸葛瑾：伯言多智略，其当有以。

孙登：陆逊忠勤于时，出身忧国，謇謇在公，有匪躬之节。

陈寿：逊忠诚恳至，忧国亡身，庶几社稷之臣矣。

高适：隐隐摧锋势，光光弄印荣。鲁连真义士，陆逊岂书生。

萧常：逊工于制胜，而谬于谋国；知袭关羽以取荆州，而不知佐汉以定中原，才有余而知不足故也。

苏轼：陆逊之于孙权，高颎之于隋文，言听计从，致君于五伯矣。

冯梦龙：陆逊多沉虑，筹无不中。

王世贞：陆伯言一少年书生，受脤而据诸将之上，挥麾扬策，破天下之所惮服以为英雄如昭烈者，若拉枯朽。

人物生平

183 年：陆逊出生，本名陆议，陆家是江东大族。陆逊少年丧父，由从祖庐江太守陆康抚养。

194 年：袁术与陆康不和，准备攻打陆康，陆康将家人与陆逊送还吴郡。

203 年：陆逊成为孙权幕僚，历任东西曹令史，后出任海昌屯田都尉，兼海昌县令。在任期间，陆逊开仓济民，劝督农桑，剿灭山贼，深得民心。

216 年：鄱阳山贼作乱，陆逊前往征讨，被拜为定威校尉，屯兵利浦。

217 年：孙权十分器重陆逊，将孙策的女儿嫁给陆逊为妻，任命陆逊为帐下右部督，总督会稽、鄱阳、丹阳三郡。陆逊剿灭丹阳反贼，屯兵芜湖。

219 年：吕蒙诈病辞职，向孙权推荐陆逊接任其职，陆逊上任后写信麻痹关羽，配合吕蒙成功袭取荆州。孙权任命陆逊为宜都太守，拜抚边将军，封华亭侯。后又迁升为右护军、镇西将军，晋封为娄侯，镇守荆州。

221 年：刘备亲率大军伐吴，孙权拜陆逊为大都督统兵五万御敌。陆逊诱敌深入，主动将巫县、秭归等地让给蜀军，导致蜀军战线过长，只能沿江连营七百里。次年六月，陆逊火烧连营，蜀军溃败，刘备退守白帝城。孙权拜陆逊辅国将军，领荆州牧，改封江陵侯。

223 年：刘备去世，刘禅即位，诸葛亮辅政，陆逊与蜀国重修旧好。

228 年：魏国大司马曹休举兵入侵皖县，孙权以陆逊为大都督迎敌。陆逊兵分三路，在石亭击败曹休。

229 年：孙权登基称帝，拜陆逊为大将军，右都护，位列三公之上。孙权东巡建业，召陆逊到武昌辅佐太子，主持东吴军国大事。

236 年：孙权北伐，命陆逊与诸葛瑾进攻襄阳，魏军畏惧陆逊，闭门不出，吴军擒杀数千人，大获全胜。

237 年：中郎将周祗不顾陆逊反对在鄱阳强行征兵，当地百姓反抗，将周祗杀死。陆逊前往征讨，迅速平息叛乱，并收编民众得精兵八千。

244 年：顾雍去世之后，陆逊接替顾雍成为丞相。

245 年：太子孙和同鲁王孙霸的“二宫之争”愈演愈烈，朝廷官员分作两派，陆逊屡次上疏极力陈述嫡庶之分，并与支持孙霸的全琮等人交恶，其外甥顾谭、顾承等人被问罪，孙权也一再派宦官责备他，陆逊最终忧愤而死，时年 63 岁。

人物能力

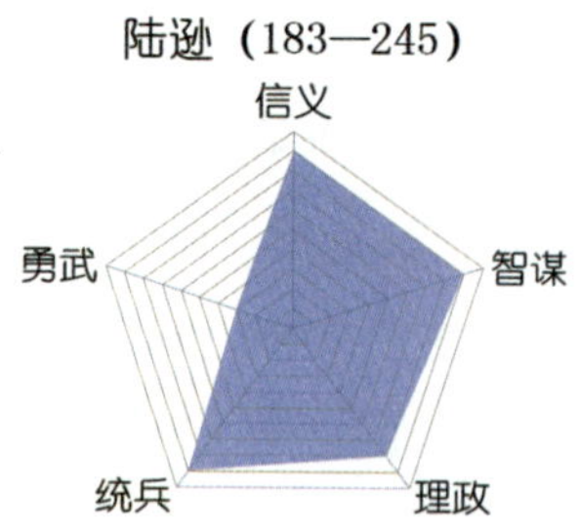

信义（9）：陆逊在芜湖期间，会稽太守淳于式上表孙权状告陆逊非法奴役百姓。但陆逊却对孙权称赞淳于式贤能，孙权不解，问他说淳于式是在弹劾他，他

为什么却反而称赞淳于式。陆逊说淳于式弹劾他，是为老百姓着想，如果他再反过来说淳于式的坏话，就没人再敢说实话了。夷陵之战时，陆逊手下很多老臣居功自傲，不听从陆逊调遣。夷陵之战获胜后，孙权问陆逊为什么不处罚那些不听将令的人，陆逊说让他担任大都督的要职，已经超过了他的能力，那些将领都是国家栋梁，不能为了他自己的原因，再坏了国家大事。

勇武（3）：陆逊是一介书生，虽然担任大都督，但并没有勇武方面的表现，只能得到3分。

智谋（9）：与周瑜很像，东吴每次面对重大抉择，陆逊总能做出正确的选择。关羽北伐，陆逊建议吕蒙袭取荆州。接替吕蒙后，又写信麻痹关羽，使关羽轻敌。刘备进犯荆州，陆逊故意将巫县、秭归等地让给蜀军，以至蜀军战线过长，只能连营七百里。孙权想派船队攻掠夷州和朱崖，陆逊劝谏，孙权不听，果然得不偿失。辽东公孙渊背盟，孙权想发兵征讨，陆逊上书反对，有理有据，使孙权放弃了这次不切实际的远征。

统兵（9）：陆逊在20岁时就开始独立统兵，曾率兵在海昌、鄱阳、丹阳等地成功剿灭山贼。江陵之战，陆逊协助吕蒙袭取荆州，擒杀关羽。吕蒙死后，陆逊成为东吴大都督。222年，陆逊在夷陵击败刘备，228年，又在石亭击败曹休，这两场大战的胜利巩固了东吴的疆土，使魏蜀两国不敢轻易来犯。陆逊也由此比肩周瑜，成为东吴数一数二的军事家。

理政（8）：早年在海昌县，陆逊就曾开仓济民，鼓励农桑，赢得百姓爱戴。孙权东巡时，特意把陆逊调到武昌辅佐太子处理军国大事。顾雍去世后，陆逊接任丞相，实现了真正的出将入相。陆逊敢于直言，曾批评孙权“峻法严刑，非帝王之隆业；有罚无恕，非怀远之弘规”。但是，陆逊晚年卷入两宫之争，受到牵连，忧愤而死。

三国人物大数据7：身高篇

读《三国演义》时，我们经常看到某某武将“身高八尺”，八尺究竟多高呢？《三国演义》中身高最高的是谁？最矮的又是谁？这次我们来聊聊这个话题。

关于汉末三国时一尺究竟多长说法不一，《中国科学技术史·度量衡卷》综合考察了出土文物和文献资料，最终指出：“《隋志》云，魏武帝令杜夔定音律，杜夔以当朝日常用尺定律，经与新莽铜斛尺校测，一尺之长当在 24.2 厘米，至景元四年刘徽校大司农铜斛，得铜斛尺也正合 24.2 厘米……因大司农铜斛尺测算精确，可作为这时期一尺的约定值。”我们这里采用一尺 24.2 厘米的说法。

《三国志》中，明确记载身高的人物如下：

人物	身高（三国尺）	身高（厘米）
王衮	八尺四寸	203 厘米
何夔	八尺三寸	201 厘米
程昱	八尺三寸	201 厘米
卢植	八尺二寸	198 厘米
刘表	八尺余	194 厘米以上
许褚	八尺余	194 厘米以上
马腾	八尺余	194 厘米以上
诸葛亮	八尺	194 厘米
赵云	八尺	194 厘米
管宁	八尺	194 厘米
彭羕	八尺	194 厘米
满宠	八尺	194 厘米
谯周	八尺	194 厘米
孙邵	八尺	194 厘米
孙韶	八尺	194 厘米
董袭	八尺	194 厘米
陈化	七尺九寸	191 厘米
太史慈	七尺七寸	186 厘米
陈武	七尺七寸	186 厘米
诸葛恪	七尺六寸	184 厘米
刘备	七尺五寸	182 厘米

由上表可知，在三国时代，七尺五寸以上就是高个子，值得写入历史。而七尺（169 厘米）以下，就是矮个子，《三国志》特意强调朱然“长不盈七尺”。除了朱然，曹操、乐进、王粲、张松、韩宣、游楚这几人也都是矮个子，《三国志》形容他们用了同一个词：短小。

到了《三国演义》中，身高被夸张了许多，明确提到身高的人物如下：

人物	身高（三国尺）	身高（厘米）
兀突骨	一丈二	290 厘米
吕布	一丈	242 厘米
关羽	九尺	218 厘米
华雄	九尺	218 厘米
鄂焕	九尺	218 厘米
郝昭	九尺	218 厘米
王双	九尺	218 厘米
华雄	九尺	218 厘米
张飞	八尺	194 厘米
赵云	八尺	194 厘米
诸葛亮	八尺	194 厘米
许褚	八尺	194 厘米
董袭	八尺	194 厘米
文丑	八尺	194 厘米
魏延	八尺	194 厘米
马腾	八尺	194 厘米
彭羕	八尺	194 厘米
陆逊	八尺	194 厘米
文鸯	八尺	194 厘米
刘备	七尺五寸	182 厘米
曹操	七尺	169 厘米
陈武	七尺	169 厘米
诸葛恪	七尺	169 厘米
张松	不满五尺	121 厘米以下

演义中，身高还成了衡量武将武力的一个指标，武将身高越高，通常武力越强。比如关羽，身高九尺，约合 218 厘米，放到 NBA 里都算高个子。吕布更高，按照嘉靖本的说法，吕布身长一丈，一丈等于十尺，这意味着吕布身高 242 厘米！比姚明还高了 16 厘米。

尚不敢言。汝何等之人。輒敢多言耶。遂掣佩
劍在手。欲斬之。時李儒見丁原背後一人。身
長一丈。腰大十圍。弓馬熟閑。眉目清秀。五原
郡九原人也。姓呂。名布。字奉先。官拜執金吾。
自幼隨從丁原。拜為義父。當日布執方天畫
戟。立於丁原之後。李儒會意。急向前曰。今日
飲宴之處。不可以談國政。來日向都堂公論
未遲。衆人皆勸丁原上馬。呂布手執畫戟。目
視董卓而出。衆皆奉送丁原。上馬而去。董卓

吕布“身长一丈”（嘉靖本《三国志通俗演义》）

但是，这并不是《三国演义》中最高的，《三国演义》的第一高是兀突骨，罗贯中写道：

此去东南七百里，有一国，名乌戈国。国主兀突骨，身长丈二，不食五谷，以生蛇恶兽为饭，身有鳞甲，刀箭不能侵。

有一國。名烏戈國。國主兀突骨。身長丈二。不
食五穀。以生蛇惡獸為飯。身有鱗甲。刀箭不
能侵。手下有等軍。謂之藤甲軍。其軍至矮者
九尺。面目醜惡。見者皆驚。洞中有一等藤。生
於山澗之內。盤於石壁之上。國人採取浸於
油中。半年方取曬之。曬乾復浸。凡十餘遍。却
纔穿成鎧甲。前胸并後背各用一片。兩臂兩
片。又做成大裙五片。共為一副。穿在身上。渡
江不沉。經水不濕。甚是輕巧。刀箭皆不能入。

兀突骨“身长丈二”（嘉靖本《三国志通俗演义》）

丈二约合290厘米，这个身高人类是不可能达到的。但是，别以为《三国演

义》是小说所以才会这么写，裴松之所引《魏略·西戎传》中还有更夸张的记载：

车离国一名礼惟特，一名沛隶王，在天竺东南三千余里，其地卑湿暑热。其王治沙奇城，有别城数十，人民怯弱，月氏、天竺击服之。其地东西南北数千里，人民男女皆长一丈八尺，乘象、橐𫐌以战，今月氏役税之。

车离国人高达一丈八，喜欢乘象作战，很可能就是《三国演义》中乌戈国的原型。

《三国演义》中，身高最矮的人物是张松，罗贯中写道：

却说那进计于刘璋者，乃益州别驾，姓张名松字永年。其人生得额钁头尖，鼻偃齿露，身短不满五尺，言语有若铜钟。

五尺约合 121 厘米，算得上侏儒了，在那个以貌取人的时代，难怪曹操不喜欢张松。正史里，张松也是小个子，《益部耆旧杂记》说他“短小”，但并没有说不满五尺。

劉璋視之。出進言者益州成都人也。官帶益
州別駕。姓張名松字永年。其人生得額钁音決
頭尖鼻偃齒露。身短不滿五尺。言語有若銅
鍾。劉璋問曰。別駕有何高見。可解張魯之危。
松曰。某聞許都曹操。巳掃蕩中原。呂布二袁
皆被滅之。南直抵于江漢。北直抵于幽燕。近
又破馬超。天下無敵矣。主公可備進獻之物。
松親往許都。說曹公興兵去取漢中。以圖張
魯。則魯豈敢望蜀中矣。璋曰。汝於建安十三

张松身高“不满五尺”（嘉靖本《三国志通俗演义》）

人物资料

字号：字子义

生卒：166—206 年

籍贯：青州东莱郡黄县（山东省烟台市龙口黄城集）

相貌：长七尺七寸，美须髯。（《三国志》）

武器：枪、手戟

官职：折冲中郎将、建昌都尉

评　价

孔融：卿吾之少友也。

刘繇：我若用子义，许子将不当笑我邪？

孙策：太史子义，青州名士，以信义为先，终不欺策。

孙策：太史子义虽气勇有胆烈，然非纵横之人。其心有士谟，志经道义，贵重然诺，一以意许知己，死亡不相负。

陈寿：太史慈信义笃烈，有古人之分。

谢混：人之相知，岂可以一涂限，孔文举礼太史子义，夫岂有非之者邪！

洪迈：三国当汉、魏之际，英雄虎争，一时豪杰志义之士，磊磊落落，皆非后人所能冀，然太史慈者尤为可称。

郝经：慈笃于信义，以气相许穿彻，劲挺克复。其言亦田畴辈流也。终委身孙氏，受其驱防，以不能为王爪士咄唶自恨，衔愤以死，其志可哀已。

孙策（演义）：我知子义真丈夫也。

严白虎（演义）：彼军有如此人，安能敌乎！

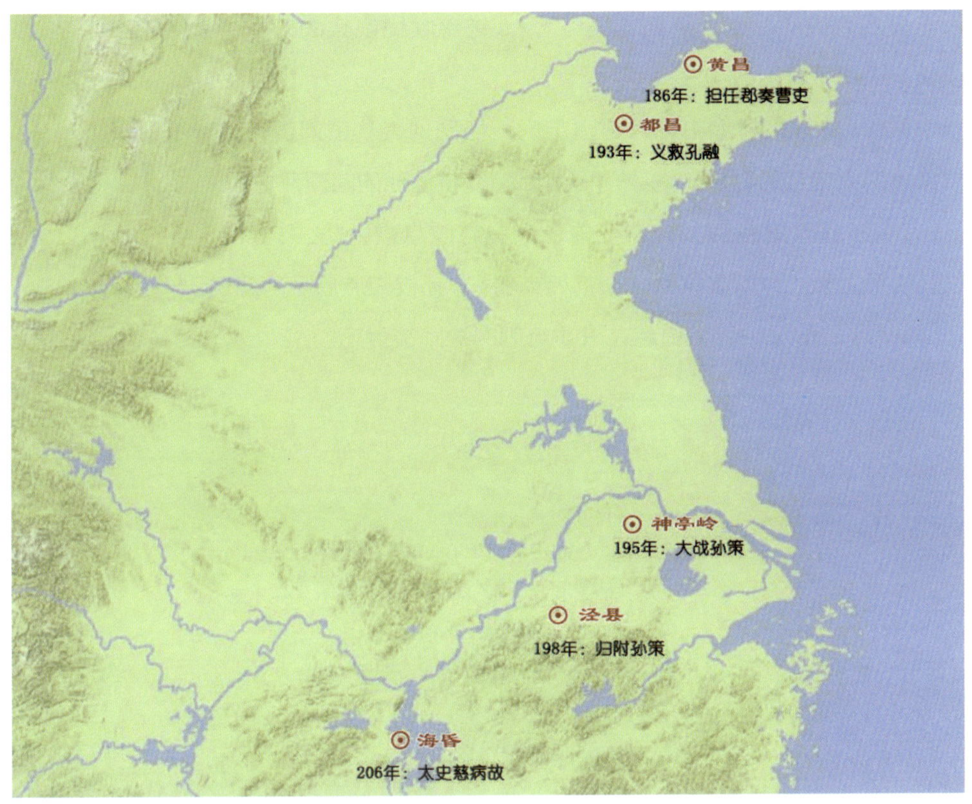

166 年：太史慈出生于东莱黄县，少年时十分好学，成年后任郡奏曹史。

186 年：太史慈所在郡郡守与州刺史产生矛盾，太史慈前往洛阳为郡守递送奏折，用计骗走州刺史派来的官员。太史慈担心受到迫害，逃往辽东避难。其间，太史慈的母亲受到北海相孔融的照顾。

193 年：孔融被黄巾贼围困，太史慈回家探望母亲，母亲命他前去救援。孔融欲向平原相刘备求救，但苦于无人送信，太史慈自告奋勇，施展神射绝技突围，将信送到，并成功说服刘备出兵相救，赶走黄巾贼。

195 年：太史慈投奔扬州刺史刘繇，正赶上孙策进攻刘繇。刘繇命太史慈侦察敌情，太史慈与孙策在神亭岭不期而遇，两人进行匹马单挑，打成平手。刘繇战败后，太史慈逃到豫章，自称丹阳太守。

198 年：孙策攻打泾县，生擒太史慈，太史慈投降，被任命为门下督，拜为折冲中郎将。后来刘繇死于豫章，万余残兵无人可附，孙策便命太史慈前往招揽，六十日后太史慈返回。根据《吴历》，太史慈收拢残兵次日中午就回来了，《三国演义》采用了吴历的说法。

200 年：孙策封太史慈为建昌都尉，抵御刘表从子刘磐，刘磐不敢再来侵扰。曹操听说太史慈的名声，送给他一盒当归，希望他能回到北方。

206 年：太史慈病故，临死前，太史慈叹息道：“丈夫生世，当带七尺之剑，以升天子之阶。今所志未从，奈何而死乎！”孙权知道后十分悲伤。

209 年：演义中，太史慈在进攻合肥时被乱箭射死。

人物能力

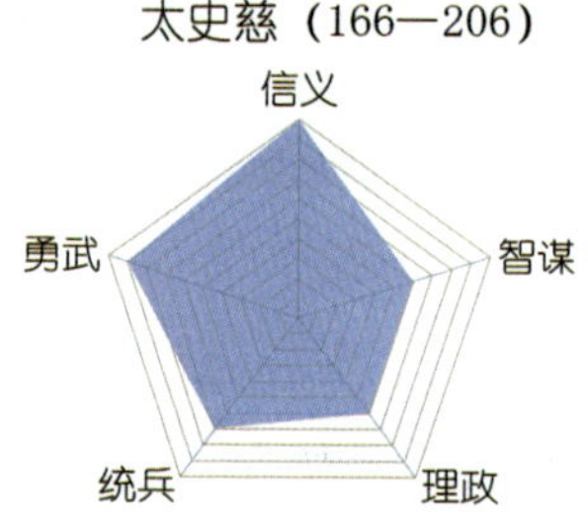

信义（10）：太史慈忠孝节义俱全。担任郡奏曹史，为了帮助郡守，太史慈宁可得罪州刺史，避祸辽东，是为忠。北海相孔融厚待其母，太史慈回来后，舍生忘死替孔融解围，是为孝。太史慈被孙策擒获，不卑不亢，孙策问太史慈如果太史慈抓住他会如何处理，太史慈回答“未可量也”，是为节。太史慈为孙策招揽刘繇残部，别人都认为他会一去不返，但太史慈一诺千金，按时归来，是为义。

勇武（9）：《三国演义》第 15 回，太史慈与孙策大战 100 多回合，孙策抢了太史慈的手戟，太史慈抢了孙策的头盔。现在看起来，似乎两人打了个平手，但嘉靖本《三国志通俗演义》的一行小字说：“后史官议论，失盔者当输也。”可见，在明代人眼中，太史慈是要略强于孙策的。太史慈不仅马上功夫好，箭法也同样十分优秀。第 11 回，北海突围：“慈倚住枪，拈弓搭箭，八面射之，无不应弦落马。贼众不敢来追。”第 15 回，随孙策攻打严白虎：“城上一员裨将，左手托定护梁，右手指着城下大骂。太史慈就马上拈弓取箭，顾军将曰：‘看我射中这厮左手！’说声未绝，弓弦响处，果然射个正中，把那将的左手射透，反牢钉在护梁上。”按照演义，太史慈的勇武至少要给 8 分。但是，我更愿意给他 9 分，因为，上述的单挑孙策、八面射敌、箭钉敌掌三件事都是历史上真实发生的。

智谋（6）：太史慈年轻时在本郡任职，郡守与州刺史之间产生矛盾，太史慈为了先把郡奏章上呈朝廷，抢先来到洛阳，等州吏到来，假装朝廷官员，骗其拿出州奏章，将其毁坏，又劝说州吏一起逃跑，然后自己把郡守的奏章上呈。

统兵（7）：刘表的儿子刘磐骁勇善战，屡次骚扰孙策，孙策分海昏、建昌左右六县，以太史慈为建昌都尉，统帅诸将抵御刘磐，刘磐从此不敢再来。

理政（6）：太史慈具备一定的政治号召力。进驻泾县，当地山越部落竞相归附。刘繇死后，太史慈前去豫章招揽残兵，增加了孙策的兵力。

锦帆游侠：甘宁

人物资料

字号：字兴霸，外号锦帆贼

生卒：?—220 年

籍贯：荆州江夏郡竟陵（今湖北省潜江市）

相貌：负旄带铃。（《三国志》）

武器：铁链、双戟、刀

官职：西陵太守、折冲将军

评　价

孙权：此人（甘兴霸）虽粗豪，有不如人意时，然其较略大丈夫也。

孙权：足以惊骇老子否？聊以观卿胆耳。

孙权：孟德有张辽，孤有兴霸，足相敌也。

韦昭：宁轻侠杀人，藏舍亡命，闻于郡中。其出入，步则陈车骑，水则连轻舟，侍从被文绣，所如光道路，住止常以缯锦维舟，去或割弃，以示奢也。

陈寿：少有气力，好游侠。

陈寿：宁虽粗猛好杀，然开爽有计略，轻财敬士，能厚养健儿，健儿亦乐为用命。

冯时行：豪杰自不群，俗眼盖盲瞽。刘表既不识，那复论黄祖。翻然脱羁衔，渡江得英主。垂手立功勋，雄名诧千古。

李贽：观甘宁、凌统不共戴天，一朝改为刎颈之友，乃知世上无不解之仇，只是人不肯先为甘宁耳．吾劝世人勇为甘宁可也。

黄恩彤：先取荆，次取蜀，兴霸之策与孔明、公瑾略同，亦识时务之俊杰也。

孙权（演义）：吾得兴霸，破黄祖必矣。

凌统（演义）：不想公能如此垂恩！

人物生平

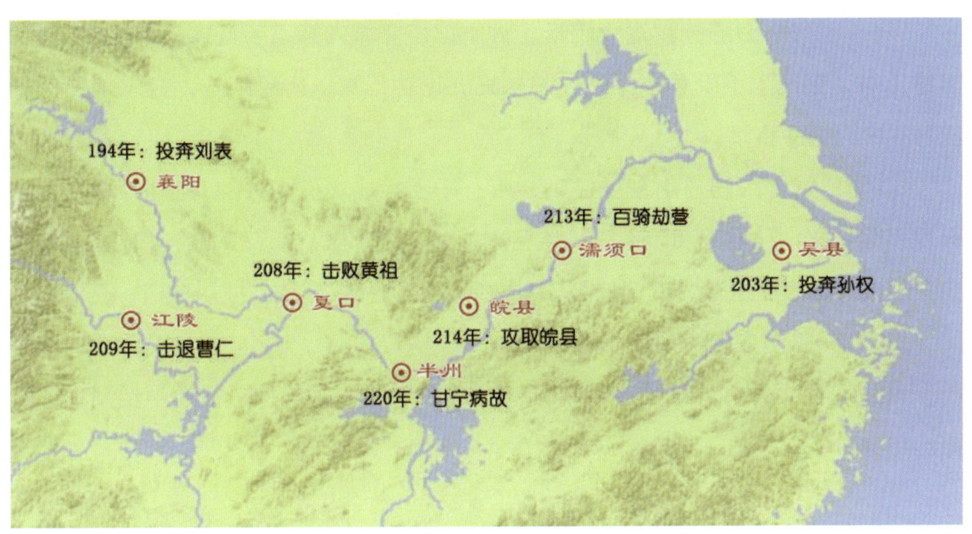

174 年：甘宁本是南阳人，祖先客居巴郡。早年，甘宁受推荐担任蜀郡丞，但不久就弃官回家。甘宁有气力，爱游侠，召集游手好闲的年轻人，并成为他们的首领。人们都不敢惹甘宁，当地官吏也不例外。

194 年：甘宁等人起兵反对刘璋，进攻成都，但被击败。甘宁率领门客八百多人，前往荆州依附刘表。甘宁不被重用，于是想投奔孙权。但是，黄祖在夏口屯兵，甘宁无法通过，只能留在黄祖处，黄祖也不看重甘宁。

203 年：孙权领兵西攻江夏，黄祖败逃，孙权的校尉凌操前来追赶，甘宁断后，射杀凌操，救出黄祖，但黄祖仍不重视甘宁。后来，甘宁在黄祖都督苏飞的帮助下逃到东吴。甘宁向孙权献策，提出“先取黄祖，西据楚关，渐规巴蜀”的战略计划，孙权非常赞同。

208 年：孙权进攻江夏，擒杀黄祖，调拨部队给甘宁，命他屯兵当口。演义中，甘宁亲手射杀黄祖。同年，赤壁之战爆发，甘宁跟随周瑜在乌林击败曹操。演义中，甘宁配合黄盖诈降曹操。

209年：甘宁跟随周瑜进攻南郡，甘宁率兵攻下夷陵，并用一千士兵成功抵御曹仁五六千人的围攻。

213年：曹操出兵濡须口，甘宁为先锋，率领百余人趁夜劫营，曹军大惊退兵，孙权更加器重甘宁，为他增兵二千人。演义中，甘宁带领整整一百人劫营，而且不折一人一骑。

214年：甘宁跟随孙权进攻皖县，甘宁担任登城先锋，手持铁链，身先士卒，攀缘上城，迅速攻下皖县，生擒守将朱光。论功行赏，吕蒙第一，甘宁第二，孙权拜甘宁为折冲将军。

215年：甘宁跟随鲁肃镇守益阳，用一千士兵成功抵御关羽五千精兵的进攻。孙权嘉奖甘宁，拜他为西陵太守，监管阳新、下雉两县。后又跟随孙权进攻合肥。东吴部队遭遇瘟疫退军，张辽追赶，甘宁等人保护孙权死战，成功撤退。

220年：甘宁去世，孙权非常惋惜。

222年：演义中，甘宁带兵参加夷陵之战，被蛮王沙摩柯一箭射中头颅，逃到富池口身亡。

人物能力

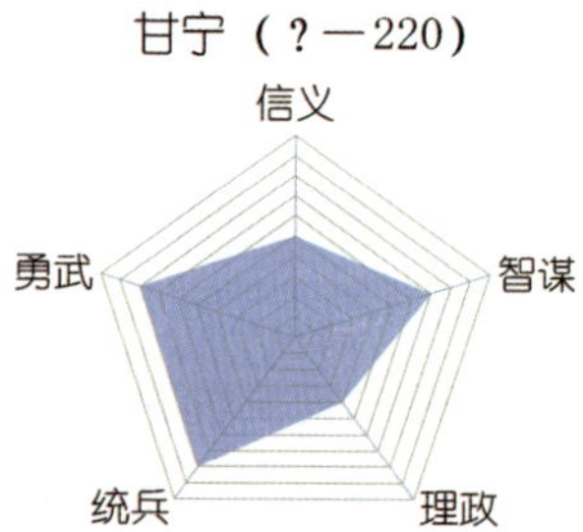

信义（5）：甘宁信义方面有得有失。甘宁初属刘璋，后反刘璋不成投靠刘表，又弃刘表就黄祖，再叛黄祖投奔孙权。一次，甘宁的厨子犯错，逃到吕蒙处，甘宁向吕蒙承诺不会杀他，但最后还是失信，惹得吕蒙大怒。这些都是甘宁的不信之处，但甘宁也有很多讲信义的时候。在黄祖处，甘宁在苏飞的帮助下逃到江东，后孙权攻下江夏，要杀苏飞，甘宁“下席叩头，血涕交流”为苏飞求情，并承诺苏飞若反叛愿意代他去死。演义中，凌统因杀父之仇多次要找甘宁报仇，但甘宁不计前嫌，还救过凌统一命。综合来看，甘宁的信义可以给 5 分。

勇武（8）：《三国演义》中，甘宁弓马俱佳，特别是箭法，十分了得，多次射杀敌人。第 38 回，“权部将凌操轻舟当先，杀入夏口，被黄祖部将甘宁一箭射死”；第 39 回，“宁恐普来争功，慌忙拈弓搭箭，背射黄祖。祖中箭，翻身落马”；第 45 回，“甘宁拈弓搭箭，望蔡瓛射来，应弦而倒”；第 68 回“一箭射中乐进面门，翻身落马”。四次射箭，三死一伤，堪称三国第一狙击手。

智谋（7）：甘宁投奔江东后，为孙权提出了一个操作性非常强的战略计划：“今汉祚日微，曹操弥憍，终为篡盗。南荆之地，山陵形便，江川流通，诚是国之西势也。宁已观刘表，虑既不远，儿子又劣，非能承业传基者也。至尊当早规之，不可后操。图之之计，宜先取黄祖。祖今年老，昏耄已甚，财谷并乏，左右欺弄，务于货利，侵求吏士，吏士心怨，舟船战具，顿废不修，怠于耕农，军无法伍。至尊今往，其破可必。一破祖军，鼓行而西，西据楚关，大势弥广，即可渐规巴蜀。”此计划不及周瑜“二分天下”的战略，但比鲁肃的“榻上策”更具体，更深远。

统兵（8）：甘宁能攻善守，濡须口之战，甘宁百骑劫曹营，完胜而归；皖县之战，甘宁身先士卒，速战速决；守卫夷陵，甘宁用一千人成功抵挡曹仁五六千人的围攻；守卫益阳，甘宁又用一千人让号称拥有三万人的关羽不敢渡河。

理政（4）：甘宁并没有展现出太强的理政能力，早年担任过蜀郡丞，但不久就弃官回家，摇身一变，成为锦帆贼。

江东脊梁：黄盖

人物资料

字号：字公覆

生卒：不详

籍贯：荆州零陵郡泉陵县（湖南省永州市零陵区）

相貌：姿貌严毅。（《三国志》）

武器：铁鞭

官职：偏将军、武陵太守

评　价

陈寿：江表之虎臣，孙氏之所厚待也。

萧常：盖将略吏能，皆有可称。

韦昭：盖少孤，婴丁凶难，辛苦备尝，然有壮志，虽处贫贱，不自同于凡庸，常以负薪余间，学书疏，讲兵事。

蔡景历：武夫则猛气纷纭，雄心四据，陆拔山岳，水断虬龙，六钧之弓，左右驰射，万人之剑，短兵交接，攻垒若文鸯，焚舰如黄盖，百战百胜，貔貅为群。

庾信：乍风惊而射火，或箭重而回舟。未辨声于黄盖，已先沈于杜侯。落帆黄鹤之浦，藏船鹦鹉之洲。

章如愚：如程普、黄盖、甘宁、徐盛、潘璋、朱然、朱桓、贺齐、凌统、全琮、吕范，皆智足以御众，勇足以却敌，未有不为守令之职者。

郝经：黄盖之水战而用火攻，能用奇者也。

周瑜（演义）：君若肯行此苦肉计，则江东之万幸也。

曹操（演义）：公覆来降，此天助我也！

人物生平

187 年：黄盖最初担任郡吏，后举孝廉，在府内任职。长沙人区星反叛，黄盖跟随长沙太守孙坚将其击败。

190 年：董卓乱政，黄盖跟随孙坚加入义军讨董。击败吕布，赶走董卓后，被拜为别部司马。

192 年：黄盖随孙坚攻打刘表。演义中，黄盖作为先锋击败刘表大将蔡瑁，孙坚被黄祖乱箭射死后，黄盖生擒黄祖，用黄祖换回孙坚尸体。

195 年：黄盖跟随孙策平定江东，演义中，黄盖先后与张英、周昕交战。

199 年：黄盖代理武锋校尉，跟随孙策征讨黄祖。

200 年：孙策遇刺身亡，黄盖跟随孙权东征西讨，屡立战功。遇到为乱的山越或反叛的郡县，孙权都会派黄盖去管理。黄盖办事雷厉风行，对违法官员绝不姑息，先后在九个县任职，经他治理后都很太平。后又升任丹阳都尉，在当地打压豪强，周济百姓，山越部落心悦诚服。

208 年：黄盖跟随周瑜在赤壁抵御曹操，提出火攻之计，周瑜采纳。黄盖写信给曹操，谎称自己准备投降。等到有东南风时，黄盖率领装满薪草膏油的战船冲向曹操营寨，一举烧退曹军。演义中，为了塑造黄盖忠勇的形象，虚构了很多黄盖的故事。诸葛亮舌战群儒时，黄盖出场呵斥以张昭为首的东吴投降派；赤壁之战时，为赢取曹操的信任，黄盖与周瑜联合上演苦肉计。

219 年：武陵蛮夷叛乱，攻城略地，孙权任命黄盖为太守，前去平定，击败叛军，杀敌数百。黄盖将贼首处死，赦免其部下，不到半年，叛乱彻底平定，收复所有郡县。巴、醴、由、诞等偏远地区的部落首领也相继尊奉孙权，献礼归附，整个武陵全境彻底安定。

220 年：长沙郡益阳县遭山越部落攻击，孙权又命黄盖前去平叛，加封黄盖为偏将军。后黄盖死于任上。

229 年：孙权登基称帝，追论黄盖的功劳，赐其子黄柄为关内侯。

人物能力

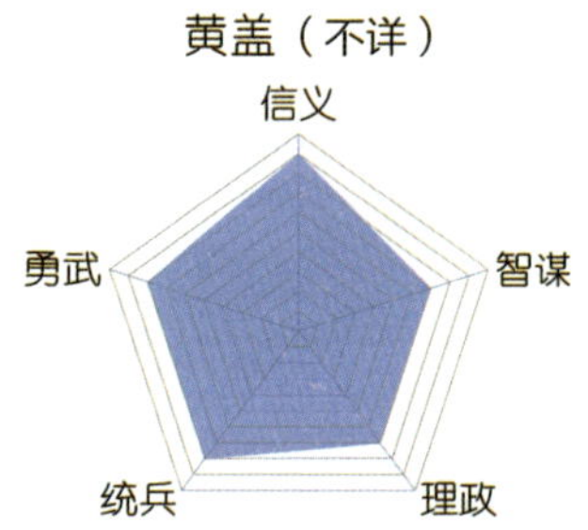

信义（9）：演义中，诸葛亮舌战群儒，受到江东主降派刁难，黄盖义愤填膺，怒斥群儒。赤壁之战时，黄盖甘愿受苦肉计，说：“某受孙氏厚恩，虽肝脑涂地，亦无怨悔。”作为三世老臣，当江东受到威胁时，黄盖挺身而出，身先士卒，堪称江东的脊梁。

勇武（8）：演义中，黄盖有两次单挑让人印象深刻。一次与黄祖：“黄盖听得喊声震天，引水军杀来，正迎着黄祖。战不两合，生擒黄祖。”另一次与蔡瑁：“坚大怒，命黄盖出战。蔡瑁舞刀来迎。斗到数合，盖挥鞭打瑁，正中护心镜，瑁拨回马走。”我们可以拿程普对蔡瑁的战绩作对比，第 7 回，“程普挺铁脊矛出马，与蔡瑁交战，不到数合，蔡瑁败走。”同样是数合，程普只是击败蔡瑁，而黄盖击中蔡瑁，黄盖要更厉害一些。

智谋（7）：演义中，赤壁之战前夕，黄盖找到周瑜，提出火攻破曹的计划，周瑜大惊，问是谁教他此计，黄盖回答是自己想出来的。周瑜之所以意外，是因为他刚刚与诸葛亮就火攻曹操达成一致，没想到黄盖也有如此见解。正史上，最先提出火攻曹操的不是周瑜，也不是诸葛亮，恰恰是黄盖。黄盖常年在赤壁附近驻军，熟悉当地的地理环境，因地制宜，提出了这个计划。现在，距离赤壁市 35 公里，有一个湖泊，叫黄盖湖，相传就是当年黄盖操练水军的地方。

统兵（8）：赤壁之战，黄盖提出诈降火攻的计划，并亲自率军完成。如果把赤壁之战比作一出大戏，那这部戏的编剧和主演都是黄盖。黄盖不仅能攻，而且善守。武陵蛮夷叛乱，黄盖被调驻为武陵太守，贼兵前来攻城，当时城内只有五百人，黄盖打开城门，诱敌深入，等贼兵进来一半时，发起进攻，斩杀数百人，取得大胜。

理政（7）：黄盖是块砖，哪里有用往哪儿搬，遇到不好管理的县，孙权就会派黄盖前去，黄盖先后管理过九个县。虽是武官出身，但理政方面黄盖却有自己独特的办法。在石城县，黄盖任命了两个官员，以自己军务繁忙为由，将公事全权交给他俩处理，但警告他们，如果违法乱纪，绝不轻饶。时间一长，那两位官员果然徇私舞弊，黄盖查明后将二人斩首。从此，石城县政治清明，百姓受益。

熊虎之将：周泰

人物资料

字号：字幼平

生卒：不详

籍贯：扬州九江郡下蔡（安徽省淮南市凤台县）

相貌：彪形虎体，目朗眉浓。（《三国志通俗演义》）

武器：刀、枪

官职：汉中太守、奋威将军

爵位：陵阳侯

评 价

孙权：幼平，卿为孤兄弟战如熊虎，不惜躯命，被创数十，肤如刻画，孤亦何心不待卿以骨肉之恩，委卿以兵马之重乎！卿吴之功臣，孤当与卿同荣辱，等休戚。幼平意快为之，勿以寒门自退也。

陈寿：江表之虎臣，孙氏之所厚待也。

王勃：孙仲谋承父兄之余事，委瑜肃之良图，泣周泰之痍，请吕蒙之命，惜休穆之才不加其罪，贤子布之谏而造其门。

孙元晏：名与诸公又不同，金疮痕在满身中。不将御盖宣恩泽，谁信将军别有功。

虞预：王基、邓艾、周秦、贾越之徒，皆起自寒门，而著绩于朝。

李贽：东吴周泰不减魏之许褚、蜀之赵云也。壮哉丈夫！可用可用！不独救权，且再救徐盛，益不可及矣！而仲谋报之，亦可谓一知己矣。

孙权（演义）：吾亏周泰三番冲杀，得脱重围。

孙权（演义）：卿两番相救，不惜性命，被枪数十，肤如刻画，孤亦何心不待卿以骨肉之恩、委卿以兵马之重乎！卿乃孤之功臣，孤当与卿共荣辱、同休戚也。

人物生平

195 年：孙策脱离袁术，开始攻略江东，周泰与同郡人蒋钦投奔孙策。周泰令行禁止，谦虚谨慎，多有战功。

196 年：进入会稽后，孙策任命周泰为别部司马，并分拨军队给他。孙权非常赏识周泰，请求孙策让周泰跟随自己，孙策答应，从此周泰不离孙权左右。

197 年：孙策前往讨伐山贼，孙权留守宣城，士卒疏忽大意，遭到叛军突袭，情形危机。周泰舍命死战，击退贼兵，救出孙权。周泰负伤十二处，昏迷了很久才苏醒。孙策感激周泰，任命他为春谷长。演义中，周泰为救孙权身负重伤，请来华佗才将周泰治好。

203 年：周泰跟随孙权先后征讨皖县、江夏，回军途中经过豫章，孙权任命周泰为宜春长，把宜春的税收作为周泰的俸禄。

208 年：周泰随军先后在夏口击败黄祖、在赤壁击败曹操。

209 年：周泰跟随周瑜在江陵击败曹仁，平定荆州后，周泰屯兵岑县。

216 年：演义中，曹操与孙权在濡须口大战。孙权被曹军包围，周泰杀入重围，身中数枪，将孙权救出。孙权安全后，周泰听说徐盛也被包围，于是再次杀入重围，将徐盛救出。

217 年：濡须坞之战后，孙权拜周泰为平虏将军，留督濡须坞。朱然、徐盛等人不服，孙权为安抚诸将，特意前往濡须坞宴请百官。酒席间，孙权来到周泰面前，命周泰脱去衣服，问每一处伤疤是什么时候留下的。周泰一一回答并追忆当年的战斗情形。第二天，孙权把自己的华盖赐给周泰，徐盛等人于是心甘情愿听从周泰调遣。

219 年：吕蒙击败关羽，孙权考虑西进攻蜀，封周泰为奋威将军、陵阳侯，遥领汉中太守。

222 年：演义中，周泰跟随陆逊在夷陵抵御刘备，周泰斩杀蛮王沙摩柯。正史中，周泰在黄武年间（222—229 年）去世。

人物能力

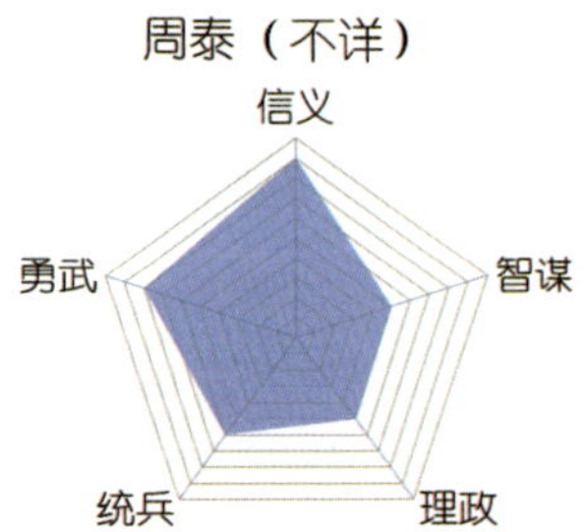

信义（9）：《三国演义》中，周泰两次舍身救主。一次是在第 15 回："泰抱权上马。数十贼众用刀来砍，泰赤体步行，提刀杀贼，砍杀十余人。随后一贼跃马挺枪，直取周泰，被泰扯住枪，拖下马来，夺了枪马，杀条血路，救出孙权。"一次是在第 68 回："泰在前，权在后，奋力冲突。泰到江边，回头又不见孙权，乃复翻身杀入围中，又寻见孙权。……孙权乃纵马前行。周泰左右遮护，身被数枪，箭透重铠，救得孙权。"救出孙权后，得知徐盛也被敌军包围，周泰不顾自己的伤势，再次杀入重围之中，救出徐盛。伤痕，是男人的勋章，周泰用自己的勋章诠释了“忠义”二字。

勇武（8）：在东吴的武将中，比单挑的质量，周泰不如太史慈；比射杀敌将的次数，周泰也不如甘宁。但周泰斩杀过重量级的武将，夷陵之战中，“番将沙摩柯匹马奔走，正逢周泰，战二十余合，被泰所杀。”要知道，沙摩柯此前曾射杀甘宁。正史上，周泰是典韦、许褚一般的人物，宣城之战，孙权被袭，“惟泰奋激，投身卫权，胆气倍人，左右由泰并能就战。贼既解散，身被十二创，良久乃苏。”

智谋（5）：无论演义还是正史，周泰在智谋方面都没有什么表现，不曾用计，也不曾中计，智谋只能给个中间分。

统兵（6）：195 年，跟随孙策平定江东；203 年，跟随孙权在江夏击败黄祖；208 年，跟随周瑜在赤壁战胜曹操；演义中，周泰还曾跟随陆逊在夷陵击败刘备。可以说，周泰基本上参加了东吴所有的重大战争，虽然单独领兵的机会不多，但是位可靠的蓝领将军。217 年，孙权在濡须坞赶走曹操，命周泰留守，而并没有选择朱然、徐盛等名将。在任期间，周泰忍辱负重，没有出现任何差错。

理政（5）：周泰当过春谷长和宜春长，但只是食邑；周泰还当过汉中太守，但也是遥领，理政只能给 5 分。

四朝元老：丁奉

人物资料

字号：字承渊

生卒：?—271 年

籍贯：扬州庐江郡安丰县（今河南省信阳市固始县）

相貌：不详

武器：刀

官职：右大司马、左军师、徐州牧

爵位：安丰侯

评　价

张布：丁奉虽不能吏书，而计略过人，能断大事。

孙休：綝秉国威，将行不轨，欲与将军诛之。

陈寿：少以骁勇为小将。

陈寿：贵而有功，渐以骄矜。

陈寿：江表之虎臣，孙氏之所厚待也。

陆机：施绩、范慎以威重显，丁奉、钟离斐以武毅称，孟宗、丁固之徒为公卿，楼玄、贺劭之属掌机事，元首虽病，股肱犹良。

张栻：自古倚长江之险者，屯兵据要，虽在江南，而挫敌取胜，多在江北。故吕蒙筑濡须坞，而朱桓以偏将却曹仁之全师；诸葛恪修东兴堤，而丁奉以兵三千，破胡遵七万。转弱为强，形势然也。

郝经：丁奉恃功而骄，不容于虐主，宜哉！

张布（演义）：老将丁奉计略过人，能断大事，可与议之。

人物生平

200 年：演义中，孙策遇刺身亡，孙权继任江东之主，招贤纳士，丁奉听说后前来投奔。正史中，丁奉登上历史舞台的时间要比这晚得多，早期只是作为一员小将先后从属于甘宁、陆逊、潘璋，因战功迁升为偏将军。

224 年：演义中，曹丕伐吴，被徐盛击败。交战中，丁奉一箭射中张辽，张辽因伤而亡。

252 年：孙权去世，孙权的小儿子孙亮即位，拜丁奉为冠军将军，封都亭侯。同年，魏军进攻东兴，丁奉作为先锋，率领三千人快速抵达前线，抢占有利地形，“雪中奋短兵”，大破魏军。丁奉迁升为灭寇将军，领都乡侯。

255 年：魏将文钦来降，丁奉以虎威将军的身份跟随孙峻到寿春接应，与魏国追兵交战，丁奉跨马持矛，斩敌数百，回国后晋封为安丰侯。

257 年：魏国大将军诸葛诞在寿春投降，被魏军包围。丁奉为先锋前去解围，屯兵于黎浆，力战有功，被拜为左将军。

258 年：孙休即位，与左将军张布合谋诛杀大将军孙綝，张布推荐丁奉前来商议。丁奉献计，诱使孙綝前来参加年终祭祀，趁机杀死孙綝。丁奉迁升为大将军，加封左右都护。

260 年：丁奉假节，遥领徐州牧。

263 年：魏国大举伐蜀，吴国采用围魏救蜀之计，派丁奉进兵寿春。刘禅投降后，丁奉撤军。

264 年：孙休去世，丁奉与丞相濮阳兴等听从万彧的建议，共同迎立孙权的长孙孙皓为皇帝。丁奉迁升为右大司马、左军师。

268 年：孙皓命丁奉和诸葛靓一起进攻合肥。丁奉写信成功离间西晋大将石苞，使其调离前线。

269 年：丁奉再次率军进驻徐塘，攻打晋国谷阳。谷阳的百姓得到消息，全部撤离，丁奉一无所获。孙皓大怒，斩杀了丁奉的向导官。

271 年：丁奉逝世，孙皓追究丁奉之前无功而返的责任，将他的家属流放到临川。

人物能力

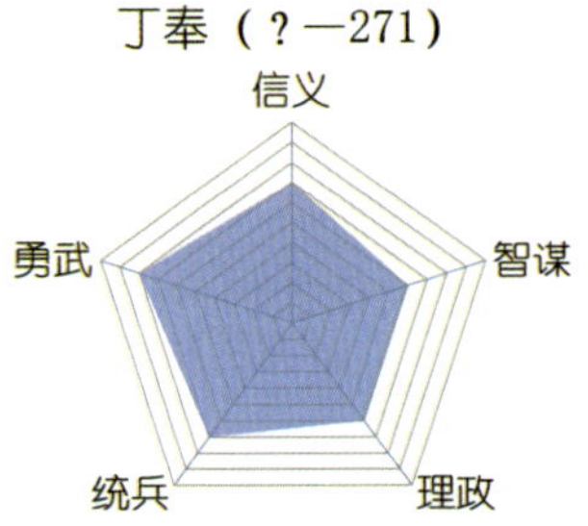

信义（7）：演义中，丁奉在 200 年投奔孙权，此后一直活跃在战场上，历仕孙权、孙亮、孙休、孙皓，是东吴的四朝元老，直到第 120 回时他仍然活跃在战场，担任对晋前线的总指挥。如果颁发终身成就奖，丁奉肯定会被提名。可惜丁奉晚年居功自傲，于信义有失。

勇武（8）：演义中，丁奉在夷陵之战曾斩杀蜀国大将傅彤，在广陵之战曾射死魏国大将张辽，但在荆襄之战中也被关平击败过。正史中，高亭之战时“奉跨马持矛，突入其陈中，斩首数百”，剪除孙綝时“奉与张布目左右斩之”。综合考虑，丁奉的勇武可以给到 8 分。

智谋（6）：东兴之战，诸葛恪率兵迎敌，其他将领都恭维诸葛恪，说诸葛恪亲率大军前来，敌军肯定望风而逃。唯独丁奉认为，敌人动员全国之力，连许昌、洛阳的兵力都调来了，一定是想要有所作为，怎么会甘心无功而返？不应指望敌人逃走，而要做好准备将其击败。诸葛恪登岸后，丁奉觉得军队行动太过缓慢，如果敌人占据有利地形，就很难对付了。于是率领三千人迅速进军，一举击败魏军。

统兵（7）：丁奉多次与魏军交战，胜多负少。特别是“雪中奋短兵”一战，无论正史还是演义，都曾着力描写。252 年，魏军进攻东兴，丁奉作为诸葛恪先锋迅速抵达战场。当时天降大雪，魏军将领正在饮酒取暖，丁奉见敌军先头部队人少，对手下说：“取封侯爵赏，正在今日！”于是命令士兵脱去盔甲，手持短刃发起进攻。魏军看到后嘲笑吴军，没有做好防备。丁奉率领部队奋力砍杀，大破魏军。

理政（6）：正史或演义都没有记载丁奉民治方面的才能，但他的政治敏感度还是很高的。孙休即位后，丁奉设计并亲手除掉大将军孙綝，自己也因此被加封为大将军。孙休死后，丁奉又迎立孙皓继帝位，迁升至右大司马、左军师。

刚愎自用：诸葛恪

人物资料

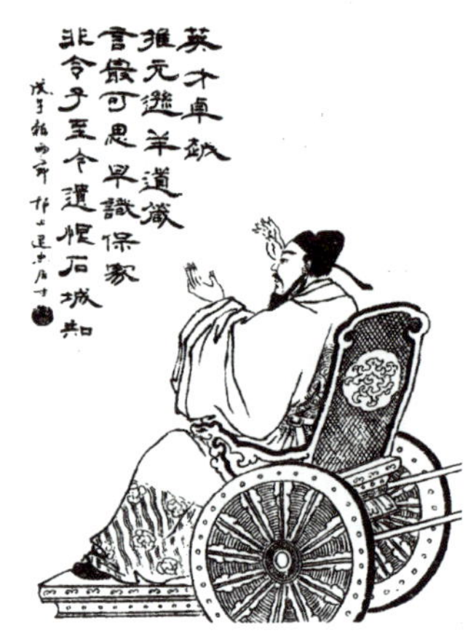

字号： 字元逊

生卒： 203—253 年

籍贯： 徐州琅邪国阳都县（今山东省临沂市沂南县）

相貌： 长七尺六寸，少须眉，折頞广额，大口高声。（《三国志》）身长七尺。（《三国演义》）

官职： 丞相、荆州牧、扬州牧

爵位： 阳都侯

评　价

孙权：恪刚很自用。

诸葛亮：恪性疏，今使典主粮谷，粮谷军之要最，仆虽在远，窃用不安。

诸葛瑾：恪不大兴吾家，将大赤吾族也。

胡综：英才卓越，超逾伦匹，则诸葛恪。

邓艾：恪新秉国政，而内无其主，不念抚恤上下以立根基，竞于外事，虐用其民，悉国之众，顿于坚城，死者万数，载祸而归，此恪获罪之日也。

孙登：诸葛恪才略博达，器任佐时。

孙休：（恪）盛夏出军，士卒伤损，无尺寸之功，不可谓能；受托孤之任，死于竖子之手，不可谓智。

孙峻：当今朝臣之才，无及恪者。

陈寿：诸葛恪才气干略，邦人所称，然骄且吝，周公无观，况在于恪？

萧常：恪矜己自用，残民以逞，陨身覆族，非不幸也。

胡三省：恪无孔明之才而轻用其民，不唯不足以强吴，适足以灭其身，灭其家而已。

李贽：诸葛恪不禁熬炼，不济，不济，有愧令叔多矣！

人物生平

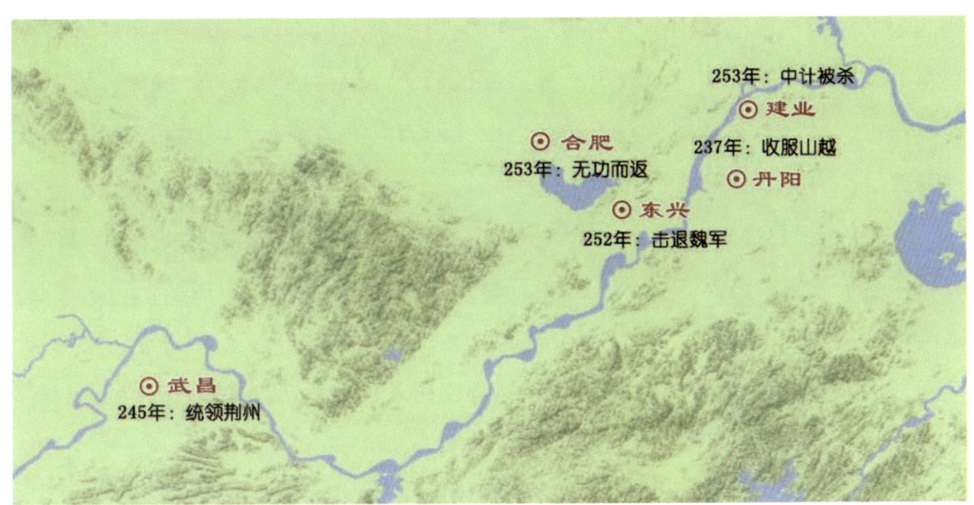

203 年：诸葛恪出生，是诸葛瑾的长子，诸葛亮的侄子。

208 年：诸葛恪 6 岁，因能言善辩深受孙权赏识。

222 年：诸葛恪被拜为骑都尉，与顾谭、张休等人一起陪侍太子孙登学习，成为太子幕僚。

234 年：孙权十分器重诸葛恪，后任命他为节度使，掌管军队的粮草，但诸葛恪不喜欢这种繁杂的工作。诸葛亮也觉得他不合适，孙权改让诸葛恪统兵。诸葛恪请求带兵前去平定丹阳山越，孙权同意，拜他为抚越将军，领丹阳太守。诸葛恪恩威并施，丹阳山越纷纷归降，三年后，诸葛恪从中征得士兵四万人。孙权拜诸葛恪为威北将军，封都乡侯。诸葛恪率众在庐江郡皖口屯田，并袭击魏国的舒县，俘掠当地百姓而还。

243 年：司马懿准备攻打诸葛恪，孙权想发兵接应，但吴国方士认为天象不利，孙权命诸葛恪转驻柴桑。

245年：陆逊去世，孙权提拔诸葛恪为大将军，驻军武昌，接替陆逊统领荆州一切事务。

251年：孙权病重，太子孙亮年少，孙权将其托付给诸葛恪和中书令孙弘，拜诸葛恪为太子太傅，孙弘为太子少傅。除生杀大权外诸葛恪掌管一切事务，朝中上下对诸葛恪十分满意。

252年：孙权病逝，孙弘与诸葛恪不和，担心诸葛恪加害于他，秘不发丧，想伪造诏书除掉诸葛恪。诸葛恪知道后，以商讨国事为名将孙弘邀请到家中，于席间将其杀死，然后公布孙权死讯。孙亮即位后，拜诸葛恪为太傅。同年，魏国趁孙权新亡，举兵七万进攻东兴。诸葛恪率兵四万，击退魏军。回国后，诸葛恪晋封阳都侯，加荆、扬州牧，总督内外诸军。

253年：诸葛恪不顾众人反对，兴兵二十万，围攻合肥，连续攻打三个月无法破城。由于天气炎热，饮水不卫生，大量士兵生病，诸葛恪无奈退军。回到建业，诸葛恪把他出征期间任命的官员全部罢免，并准备再次进攻魏国，引起朝廷上下不满。吴主孙亮与宗室大臣孙峻设计将诸葛恪诱入宫中杀死，并夷灭三族。

人物能力

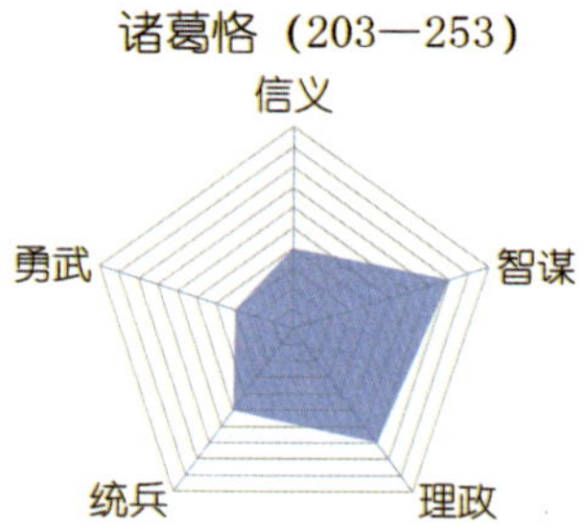

信义（4）：孙权评价诸葛恪刚愎自用，的确如此。包围合肥，吴军久攻不下，诸葛恪自知失策，但又不愿意承认，迁怒于众人。将军朱异提出不同意见，诸葛恪大怒，罢黜朱异兵权；都尉蔡林屡次献策，诸葛恪都不采纳，逼得蔡林投奔魏国。吴军将士病者大半，诸葛恪不愿接受这个事实，有人向他汇报，他却说将士装病，导致言路阻塞，大失人心。

勇武（3）：诸葛恪被孙峻刺杀前，曾“拔剑未得”，是他唯一的勇武表现。

智谋（8）：诸葛恪继承了诸葛家族的优秀基因，从小就能言善辩，才思敏捷。诸葛恪的父亲诸葛瑾是个大长脸，孙权常常拿这件事开玩笑，一次，孙权在宴会上让人牵来一头驴，并在驴脸上写了“诸葛子瑜”四个字。诸葛恪看到后，向孙权借笔，在后面加上了“之驴”两个字，孙权大笑，将此驴送给了诸葛恪。还有一次，孙权问诸葛恪，他的父亲诸葛瑾与叔父诸葛亮谁更贤能，诸葛恪说他的父亲。孙问为什么，诸葛恪说他的父亲知道如何选择英明的君主，而他的叔父不知道，所以他的父亲更贤能。孙权听完哈哈大笑。但是，诸葛恪智有余，谋不足。围攻合肥时，合肥城墙本已破口，合肥守将张特采用缓兵之计，向诸葛恪诈降，请求暂缓攻城。诸葛恪中计，答应给张特一天时间，张特连夜修补破口，诸葛恪前功尽弃，最终兵败。

统兵（5）：252 年，东兴之战，诸葛恪统领四万人击败魏军七万人，这个战绩看似不错，但这一战的真正指挥者是丁奉。一年后，诸葛恪独立率军进攻合肥，坐拥二十万的兵力，却打不下来只有三千人的合肥。撤兵时，更是狼狈不堪，死伤惨重。这次北伐失败，直接导致吴主孙亮对他失去信心。

理政（7）：降服山越时，诸葛恪采用怀柔政策，不但没费一兵一卒，还收编了四万山越武士。孙亮即位后，诸葛恪实施一系列仁政，罢免耳目之官，赦免逃亡罪人，取消苛捐杂税，凡事都以百姓的利益优先，深得民心。但是，独揽大权后，诸葛恪日益膨胀，刚愎自用，清除异己，甚至将吴主孙亮的卫兵换成自己人，孙亮感到自己的安全受到威胁，最终设计将其杀害。

三国人物大数据8：官职篇

看《三国演义》或《三国志》的一大困惑就是庞杂的官职系统，比如三公都是哪三公？九卿都是哪九卿？骠骑将军和车骑将军哪个的地位高？四征将军与四镇将军哪个的官职大？其实，不光是普通读者，就连专家学者也常常搞错，因为那个时代太复杂了。

后汉三国时代，从190年董卓乱政开始，到280年三分归晋为止，一共90年。220年曹丕称帝是个分界点，190年到220年属于后汉，220年到280年属于三国，后汉30年，三国60年。但是，在《三国演义》中，前80回讲后汉，后40回讲三国。严格地说，吕布、曹操、周瑜、关羽等人都不是三国时代的，而是后汉的。因此，后汉与三国，我们起码要同等对待。在这短短的90年里，中华大地先后有5个独立的政权：汉、魏、蜀、吴、晋，这还没算那些被兼并的割据势力，比如袁绍、袁术、刘表、刘璋等。不同的政权有不同的官僚制度，不同的官僚制度产生了不同的官职系统。有些官职这家有那家无，比如祭酒，魏、蜀有，东吴无；再如司空，魏、吴有，蜀汉无；而中常侍，蜀、吴有，曹魏无。甚至，同一个政权，在不同时期，官职也不尽相同。比如丞相，东汉一直不设丞相，但献帝建安十三年（208年）复置，曹操担任，建安二十一年（216年）又改称相国，黄初元年（220年）废除，甘露五年（260年）再复置。

为了帮助大家更好地了解《三国演义》和《三国志》中的官职，我们选取重要官职制作了简易的后汉三国官职表，篇幅所限，不可能面面俱到。

先看后汉的官职，后汉的官职按照品秩排列如下：

序号	品秩	官职	月俸
1	万石	丞相、三公	350斛
2	中二千石	九卿、执金吾、太子太傅、太子少傅	180斛
3	二千石	州牧、郡太守、国相、三辅丞、校尉	120斛
4	比二千石	中郎将、都尉、中常侍	100斛

续表

序号	品秩	官职	月俸
5	千石	尚书令、御史中丞、长史、三辅县令	90 斛
6	比千石	光禄寺丞、谒者仆射	80 斛
7	六百石	州刺史、太史令、郡丞、尚书仆射、县令	70 斛
8	比六百石	中郎、太子洗马	60 斛
9	五百石	大县县长	50 斛
10	四百石	尚书左右丞、大县县尉，大县县丞	45 斛
11	比四百石	东西曹掾、左右侍郎	40 斛
12	三百石	小县县长	40 斛
13	比三百石	郎中	37 斛
14	二百石	太史丞、宗正史、小县县尉，小县县丞	30 斛
15	比二百石	虎贲、屯长	27 斛
16	百石	太常吏、文学吏、乡吏	16 斛

再来看三国官职表，三国时期实行九品中正制，我们按照品阶排列：

品阶	官职
一品	丞相、三公、大司马、大将军、大都督
二品	光禄大夫、骠骑将军、车骑将军、四征将军、四镇将军
三品	九卿、尚书令、中书令、太常、四方将军、四安将军、四平将军
四品	御史中丞、中郎将、持节都督
五品	州刺史、郡太守、郡都尉、国相、国都尉
六品	大县县令
七品	小县县令
八品	县长
九品	乡三老

对于这两个表格，有几点要说明一下：

品秩只是官员的象征性年俸，实际上拿不到这么多，拿品秩万石的三公举例，他们的实际月俸只有 350 斛，实际年俸 4200 斛，2 斛大约是 1 石，折合一下，只有 2000 多石。

三公指天子之下三个最高官吏之称。周代以太师、太傅、太保为三公。从战国至秦朝，三公作为天子之下最高官吏的称呼。西汉成帝时成为法定官名，指大司马、大司徒、大司空。东汉改以太尉、司徒、司空为三公。

九卿指古代中央政府的 9 个高级官员，也是对中央政府诸卿类高级官员的习惯性泛称。周代以少师、少傅、少保、冢宰、司徒、宗伯、司马、司空、司寇为九卿。秦汉置奉常（太常）、郎中令（光禄勋）、卫尉、太仆、廷尉、典客（大鸿胪）、宗正、治粟内史、中尉（执金吾）、少府等诸卿，但并非固定为 9 个，所谓九卿只是对这类高级官员习惯性的仿古称呼。

东汉中前期地方行政机构实行秦以来的郡（或国）县两级制，虽然在郡上设州，但州只是个监察机构，负责考察郡县官员政绩，既无兵权也无政权，因此州刺史的品秩只有六百石。东汉末年，迫于黄巾起义的压力，中央政府决定整合资源，把郡国的军事力量拧成一股绳，集中力量办大事。汉灵帝采纳太常刘焉的建议，把州设为郡县之上的更高一级行政单位，设置州牧，集军政大权于一身。州牧品秩二千石，比刺史高很多。

州、郡、县三级，类似我们现在的省、市、县三级，州以下有郡或国，两者虽然称谓不同，但都相当于现在的地级市，郡的最高长官为郡太守，国的最高长官为国相，品秩都是二千石。

郡国之下有县，万户以上的县最高长官叫县令，万户以下的县最高长官叫县长，根据户的多少，县令或县长的品秩也不尽相同，县令从千石到六百石，县长从五百石到三百石。

三国时期战乱不断，负责征伐的将军地位上升，头衔也是数不胜数。大将军一品，在所有将军中地位最高。二品中，骠骑将军最高，车骑将军次之，然后是四征将军（征东、征西、征南、征北）最高，四镇将军（镇东、镇西、镇南、镇北）次之，其中“东、西、南、北”又以东为最高。

四方将军（前、后、左、右）又低于四镇将军，高于四安将军（安东、安西、安南、安北）和四平将军（平东、平西、平南、平北）。但实际操作中，却并非这么简单。拿蜀汉举例，刘备称汉中王后，分前、后、左、右四将军，前将军关羽、后将军黄忠、左将军马超、右将军张飞，此后赵云历任征南将军和镇东将军，但地位并未超过关羽等人。

比拜将更难的是封侯。封侯是一种莫大的荣誉，据清人钱仪吉在《三国会要》中统计：曹魏共封侯 125 人，蜀汉共封侯 40 人，东吴共封侯 58 人。这个统计虽然不绝对精确，但大体不错。

三国时侯爵有：县侯、乡侯、亭侯、关内侯、关外侯等。县侯、乡侯、亭侯为列侯，可以享用当地的税收，即食邑。关内侯与关外侯没有食邑，大多情况只是一种单纯的荣誉，地位也比列侯低。

按照《汉书·百官公卿表》的说法，十里一亭，十亭一乡。做个不太恰当的比喻，里相当于现在的街道办事处，亭相当于现在的派出所，乡相当于现在的城区。县长、亭长、乡长官不大，但县侯、亭侯、乡侯都不得了。整个三国时代，曹魏共有县侯 31 人，蜀汉共有县侯 9 人，东吴共有县侯 25 人。

据柳春藩先生在《秦汉魏晋经济制度研究》一书中的计算，县侯的平均食邑约为 3800 户，乡侯平均食邑约为 870 户，亭侯平均食邑约为 280 户。但这也不绝对，如“王佐之才”荀彧仅为万岁亭侯，但食邑多达 2000 户，远超一般乡侯。

罪魁祸首：董卓

人物资料

字号：字仲颖

生卒：?—192 年

籍贯：凉州陇西郡临洮（今甘肃省定西市岷县）

相貌：肥。（《三国志》）

官职：相国、太师

爵位：郿侯

评　价

王粲：世有卓而大乱作，大乱作而卓身灭。

郑泰：董卓强忍寡义，志欲无餍。

荀彧：卓暴虐已甚，必以乱终，无能为也。

荀攸：董卓骄忍无亲，虽资强兵，实一匹夫耳。

蔡邕：董公性刚而遂非，终难济也。

王允：卓，国之大贼，杀主残臣，天地所不祐，人神所同疾。

孙权：天降丧乱，皇纲失叙，逆臣乘衅，劫夺国柄，始于董卓，终于曹操。穷凶极恶，以覆四海，至令九州幅裂，普天无统，民神痛怨，靡所戾止。

陈寿：董卓狼戾贼忍，暴虐不仁，自书契已来，殆未之有也。

陆机：远惟王莽篡逆之事，近览董卓擅权之际，亿兆悼心，愚智同痛。

裴松之：董卓自窃权柄，至于陨毙，计其日月，未盈三周，而祸崇山岳，毒流四海。

范晔：董卓初以虓虎阚为情，因遭崩剥之势，故得蹈藉彝伦，毁裂畿服。

李世民：至如赵高之殒二世，董卓之鸩弘农，人神所疾，异代同愤。

刘知几：汉之有董卓，犹秦之有赵高。

苏轼：衣中甲厚行何惧，坞里金多退足凭；毕竟英雄谁得似，脐脂自照不须灯。

人物生平

167 年：董卓年轻时有勇力，好游侠，与羌人来往密切。桓帝末年，董卓作为军司马征讨并州有功，被拜为郎中，历任广武令、蜀郡北部都尉、西域戊己校尉，后被免官。

184 年：黄巾之乱爆发，董卓被拜为并州刺史、河东太守，迁中郎将，征讨黄巾贼，兵败获罪，后被赦免。演义中，董卓被黄巾首领张角追赶，多亏刘备、关羽、张飞搭救。

185 年：韩遂等人在凉州叛乱，董卓被任命为中郎将，率兵抵御韩遂。当时有六支部队前往陇西，五路人马兵败，只有董卓全军而还。朝廷拜董卓为前将军，封斄乡侯。

188 年：凉州叛军进入右扶风，围攻陈仓，董卓前去平叛。

189 年：平叛胜利后，灵帝拜董卓为并州牧，让其把下属军队交给黄甫嵩，被董卓拒绝，董卓驻兵河东，以观天下之变。不久，灵帝驾崩，少帝即位。大将军何进召董卓进入洛阳，希望借董卓之力除掉诸宦官。但计划败露，何进被杀，宦官们挟持少帝出逃。董卓赶到洛阳，迎回少帝，收纳何进残部，并派吕布杀死执金吾丁原兼并其部队。演义中，董卓将赤兔马赠予吕布，诱使吕布背叛丁原。不久，董卓被封为太尉。为了进一步控制朝廷，董卓废掉少帝刘辩，立陈留王刘协，是为献帝。董卓迁相国，封郿侯，权倾朝野，烧杀抢掠，无恶不作。

190 年：关东诸侯以袁绍为盟主，举义兵联合讨董。董卓为除后患，将被废黜的少帝刘辩毒死，并命汉献帝迁都长安，董卓留在洛阳抵御关东联军。演义中，董卓派吕布在虎牢关与关东联军作战。

191 年：孙坚由荆州北上，击败吕布，直逼洛阳。董卓为拉拢孙坚提出和亲，孙坚严词拒绝。董卓亲率大军进攻孙坚，又被击败。董卓畏惧，烧毁皇宫，窃取皇陵，放弃洛阳，逃往长安。在长安期间，董卓独揽大权，自封太师，号尚父，实行恐怖统治，人人自危，民不聊生。

192 年：吕布与董卓产生矛盾，司徒王允等人与吕布设计，趁董卓拜会汉献帝时将其杀死，并夷灭三族。演义中，王允巧使连环计，借助貂蝉拉拢吕布，趁董卓篡权登基之际将其杀死。

人物能力

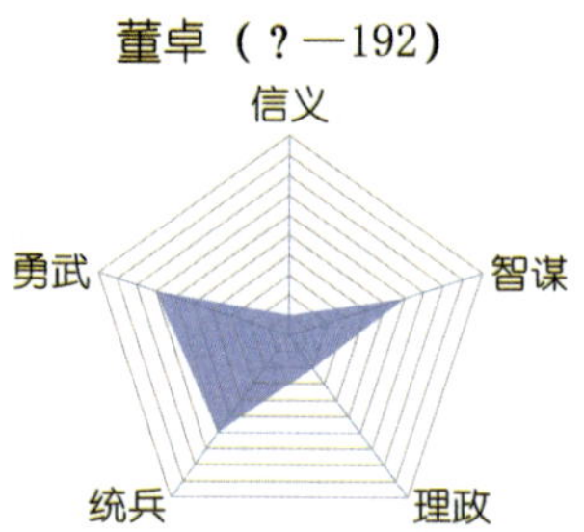

信义（1）：东汉末年天下大乱，罪魁祸首不是别人，正是董卓。董卓进入洛阳后，为了进一步提升自己的地位，开始在皇帝身上做文章。当时的皇帝是少帝刘辩，刘辩有一个弟弟，即陈留王刘协。刘协是由董太后抚养长大的，所以叫董侯。

东汉中后期，外戚专权是一种常态，渐渐地，这种常态有了些许合法性。董卓为了让自己的身份名正言顺，与董太后攀亲，然后废黜少帝刘辩，拥立董侯刘协为汉献帝。这引起关东诸侯不满，举义兵讨伐董卓。董卓为绝后患，毒杀少帝刘辩。弑君是古代最大的罪，仅凭这一点，董卓的信义只能给 1 分。

勇武（7）:《三国志》记载：“卓有才武，旅力少比，双带两鞬，左右驰射。”鞬即箭袋，就是说董卓可以在马上左右开弓，这证明董卓的武力还是不错的。

智谋（6）：演义中，董卓被王允和貂蝉玩弄于股掌之间，但是在正史中，董卓还是展现了一定的智慧。征讨韩遂时，董卓军被羌胡包围，粮草缺乏，形势危急。董卓假装捕鱼，筑起堤坝堵住溪水，形成几十里长的大水池，率军悄悄从堤坝下通过，然后决堤放水。等羌胡赶到时，水深，已无法通过。进入洛阳时，董卓只带了三千多人，他担心兵少，无法威慑群臣，于是命士兵在夜间偷偷离开洛阳，第二天白天再敲锣打鼓地回来。这样一来，人们都以为董卓人马众多。综合来看，董卓的智谋可以到 6 分。

统兵（6）：董卓一生征战无数，胜负各半。征讨羌胡，前后百余战，董卓常常斩首数千。平定凉州叛乱，六支部队，五支败北，只有董卓全军而退。剿灭黄巾军，董卓围攻张宝两个月不下。抵御孙坚，被孙坚击溃，逃往长安。从整体上看，董卓还是胜多负少。

理政（2）：董卓在长安主政期间，凶狠残暴，横征暴敛。政治上，董卓邀请文武百官赴宴，宴会上拉来叛军，割掉他们的舌头，砍断他们的手脚，挖出他们的眼珠，用锅烧煮。群臣吓得心惊胆战，而董卓面不改色，饮食自若。经济上，董卓废掉五铢钱，改铸小钱，导致货币贬值，物价飞涨，一斗谷卖到几十万钱，民不聊生，怨声载道。

人物资料

字号：字本初

生卒：?—202 年

籍贯：豫州汝南郡汝阳（今河南省周口市商水县）

相貌：姿貌威容。（《三国志》）

官职：大将军、冀州牧

爵位：邺侯

评　价

鲍信：袁绍为盟主，因权夺利，将自生乱，是复有一卓也。

沮授：将军弱冠登朝，则播名海内；值废立之际，则忠义奋发；单骑出奔，则董卓怀怖；济河而北，则勃海稽首。

王粲：袁绍有姿貌、威容，爱士养名。

袁术：今君拥有四州，民户百万，以强则无与比大，论德则无与比高。

曹操：吾知绍之为人，志大而智小，色厉而胆薄，忌克而少威，兵多而分画不明，将骄而政令不一，土地虽广，粮食虽丰，适足以为吾奉也。

荀彧：绍，布衣之雄耳，能聚人而不能用。

郭嘉：多端寡要，好谋无决。

程昱：夫袁绍据燕、赵之地，有并天下之心，而智不能济也。

陈寿：袁绍、刘表，咸有威容、器观，知名当世。表跨蹈汉南，绍鹰扬河朔，然皆外宽内忌，好谋无决，有才而不能用，闻善而不能纳，废嫡立庶，舍礼崇爱，至于后嗣颠蹙，社稷倾覆，非不幸也。

王夫之：袁绍虽疏而有略，其规恢较大矣。

毛泽东：袁绍这个人多谋寡断，有谋无断，没有决心，不果断。

曹操（演义）：袁绍色厉胆薄，好谋无断；干大事而惜身，见小利而忘命：非英雄也。

人物生平

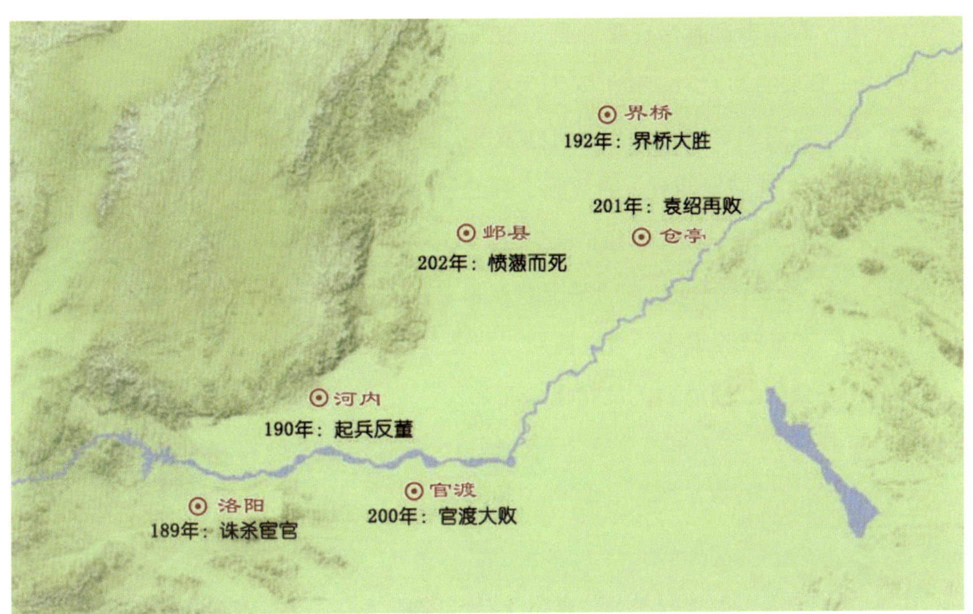

188 年：袁绍家族四世三公，经大将军何进推荐，袁绍历任侍御史、中军校尉、司隶校尉。

189 年：汉灵帝去世，何进与袁绍密谋除掉宦官，召董卓进京帮忙。但事情败露，宦官杀死何进，挟持少帝出逃。袁绍率兵杀死宦官，迎回少帝。董卓专权后，独揽大权，准备废长立幼，袁绍表示反对，离开洛阳，逃到冀州。董卓为了安抚袁绍，拜袁绍为渤海太守，封邟乡侯。

190 年：关东诸侯举义兵讨董，推举袁绍为盟主。袁绍自号车骑将军，屯兵河内。

191 年：董卓在洛阳被孙坚击败，逃往长安。袁绍与冀州牧韩馥拥立幽州牧刘虞为帝，刘虞不敢接受。公孙瓒引兵进入冀州，准备以讨董为名夺取冀州。韩馥畏惧，在荀谌的游说下，将冀州让给袁绍。

192 年：袁绍在界桥与公孙瓒交战，以少胜多。之后又与曹操合兵，击败袁术。

193 年：袁绍以其子袁谭为青州刺史，与公孙瓒和亲，双方罢兵。

194 年：曹操缺乏粮草，袁绍劝其归降，但曹操在程昱的建议下拒绝了袁绍。

195 年：汉献帝辗转流亡到河东地区，沮授、郭图建议袁绍把献帝接到邺城定都，袁绍没有采纳。

196 年：曹操奉迎献帝迁都许县，挟天子以令诸侯，袁绍悔之晚矣。曹操以皇帝的名义任命袁绍为太尉，转而又为大将军，封邺侯，但袁绍没有接受。

199 年：袁绍大举进攻幽州，所向披靡，直抵易京。公孙瓒自焚而死，幽州归属袁绍。至此，袁绍坐拥冀、青、幽、并四州，士卒超过十万。

200 年：曹操军与袁绍军相持于官渡，袁绍谋士许攸叛逃，曹操在许攸的建议下奇袭乌巢，烧毁袁绍粮仓，一举击败袁军，袁绍与儿子逃回河北。

201 年：曹操乘胜追击，渡过黄河，在仓亭再次击败袁绍。

202 年：袁绍羞愧愤恨，发病吐血而死。

人物能力

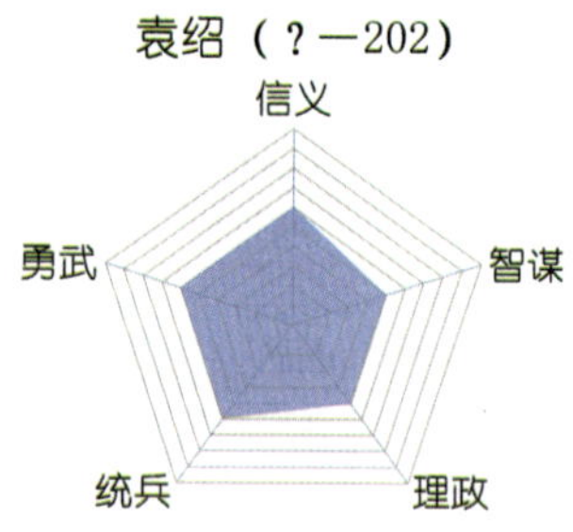

信义（6）：袁绍年轻时也是一个热血男儿，演义中董卓想废黜少帝，咨询袁绍意见，袁绍说："今上即位未几，并无失德；汝欲废嫡立庶，非反而何？"董卓按着剑柄呵斥袁绍："天下事在我！我今为之，谁敢不从！汝视我之剑不利否？"袁绍勃然大怒，说："汝剑利，吾剑未尝不利！"他手提宝剑，辞别众人而去。但是，随着权力越来越大，袁绍的心胸却越来越狭窄。官渡之战前，田丰多次劝谏袁绍，袁绍不听。袁绍兵败后，人们都认为田丰能被重用，但田丰说，袁绍表面宽容而内心狭隘，如果他战胜曹操，一高兴或许还能赦免自己，现在他被曹操击败，心情郁闷，自己肯定活不了了。后来袁绍果然将田丰处死。

勇武（6）：袁绍曾任中军校尉，武艺不会太差。界桥之战，袁绍还展现了大将之风，面对公孙瓒军的箭雨，田丰劝袁绍躲到墙内，袁绍把头盔扔在地上，说："大丈夫当前斗死，而入墙间，岂可得活乎？"

智谋（5）：官渡之战，可以说是袁绍的失误集锦。曹操东征刘备，田丰建议袁绍偷袭曹操后方，但袁绍说自己儿子生病，无心用兵。田丰举着拐杖敲击地面，说："夫遭难遇之机，而以婴儿之病失其会，惜哉！"颜良被斩，袁绍准备亲率全部主力渡河，沮授建议袁绍分兵前往，这样即使失败也不至于全军覆没，袁绍不听。沮授渡河时感叹："上盈其志，下务其功，悠悠黄河，吾其不反乎！"

统兵（6）：在遇到曹操之前，袁绍的统兵能力还是可圈可点的。在青州击败田楷，在常山击败黑山军，在幽州击败公孙瓒。但是，到了官渡之战，遇到真正的高手，袁绍一败涂地，十万大军几乎损失殆尽。

理政（5）：汝南袁家四世三公，门生故吏遍天下，关东联军推举袁绍任盟主，韩馥拱手送出冀州，都得益于袁绍雄厚的政治资本。但袁绍有两大政治失误，一是没有听从郭图、沮授的建议奉迎汉献帝，把挟天子以令诸侯的机会让给了曹操；二是袁绍任命长子袁谭掌管青州，次子袁熙掌管幽州，三子袁尚掌管冀州，外甥高干掌管并州，彼此互不统属，日后诸子争权，被曹操逐个击败。

冢中枯骨：袁术

人物资料

字号：字公路

生卒：?—199 年

籍贯：豫州汝南郡汝阳（今河南省周口市商水县）

相貌：不详

官职：后将军

爵位：阳翟侯

评　价

蒯越：袁术勇而无断。

孔融：袁公路岂忧国忘家者邪？冢中枯骨，何足介意。

陈登：公路骄豪，非治乱之主。

何夔：天之所助者顺，人之所助者信。术无信顺之实，而望天人之助，此不可以得志于天下。

吕布：喜为大言以诬天下。

陈寿：袁术无毫芒之功，纤介之善，而猖狂于时，妄自尊立，固义夫之所扼腕，人鬼之所同疾。虽复恭俭节用，而犹必覆亡不暇。

陈寿：袁术奢淫放肆，荣不终己，自取之也。

王沈：为长水校尉，好奢淫，骑盛车马，以气高人，语曰："路中捍鬼袁长水"。

范晔：术虽矜名尚奇，而天性骄肆，尊己陵物。及窃伪号，淫侈滋甚，媵御数百，无不兼罗纨，厌粱肉，自下饥困，莫之简恤。

郝经：术恃冢中枯骨，敢奸大分，罪浮于绍矣。

王夫之：狂愚而逞者袁术，而犹饰伪以自尊。

曹操（演义）：冢中枯骨，吾早晚必擒之。

人物生平

189 年：袁术是司空袁逢之子，袁绍的弟弟，历任郎中、折冲校尉、虎贲中郎将。董卓把持朝政，任命袁术为后将军，袁术怕被牵连，逃到南阳。

190 年：关东诸侯举义兵讨董，袁术驻军鲁阳。长沙太守孙坚杀死南阳太守张咨，袁术得以占据南阳。但袁术骄奢淫逸，横征暴敛，引起百姓不满。

191 年：袁术派孙坚进攻洛阳，董卓放弃洛阳逃往长安。没有了共同的敌人，袁术与袁绍产生分歧，袁术与公孙瓒联合，袁绍与刘表联合。

192 年：袁术派孙坚进攻刘表，但被刘表部将黄祖射杀。吕布杀死董卓后，认为自己对袁家有功，于是投奔袁术，但袁术认为吕布反复无常，不予接受。

193 年：曹操与袁绍联合进攻袁术，袁术无法在南阳立足，逃到淮南，占领寿春，自封扬州刺史，以张勋、桥蕤等为大将军。李傕入主长安后，想拉拢袁术，任命袁术为左将军，封阳翟侯。

194 年：朝廷派遣太傅马日磾为袁术举行授封仪式，袁术夺走马日磾所携军中符节，把他关押起来不再放回，马日磾吐血而死。

195 年：孙策脱离袁术攻略江东。演义中，袁术以传国玉玺作为抵押，将孙坚旧部还给孙策。

196 年：袁术进攻刘备，意欲夺取徐州，两军在盱眙、淮阴相持数月，互有胜负。袁术写信劝说吕布偷袭下邳，并许以军粮。吕布听从袁术建议，袭取下邳，但袁术并没履行承诺。后袁术派部将纪灵进攻刘备，被吕布辕门射戟化解。

197 年：袁术不顾他人反对，在寿春僭越称帝，建号仲氏。吕布和孙策得知袁术称帝，先后与袁术决裂。袁术与韩暹、杨奉联合，遣大将张勋兵分七路进攻吕布，吕布听从陈珪建议，离间韩暹、杨奉，击退袁术。

198 年：袁术再次与吕布联合，击败刘备。

199 年：袁术称帝后骄奢淫逸，钱粮耗尽，众叛亲离，无处安身，准备把帝号送给袁绍，投奔在青州的袁绍之子袁谭，但遭到曹军拦截，半路吐血而死。

人物能力

袁术（？—199）

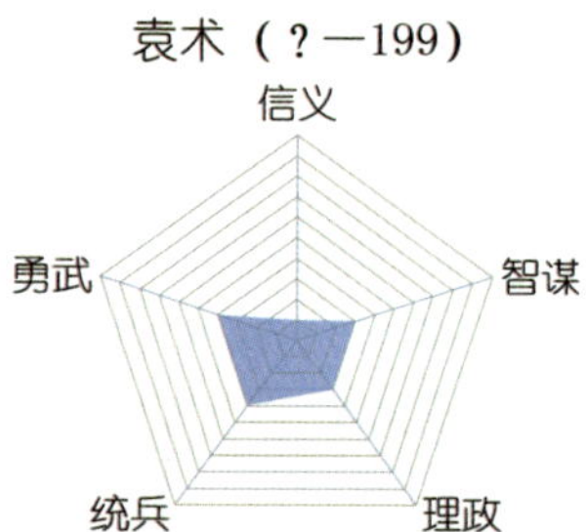

信义（1）：袁术多次失信于人：讨伐董卓时，孙坚负责上阵杀敌，袁术负责供应粮草，孙坚初战告捷，有人对袁术说孙坚比董卓更难对付，袁术于是不再给孙坚供应粮草。袁术许诺以孙策为九江太守，最后却用了陈纪。后来袁术又许诺孙策如果击败陆康，就让孙策担任庐江太守。孙策击败陆康后袁术却又任命了自己的部下刘勋。袁术与刘备作战，写信劝吕布奇袭下邳，许以粮草，但吕布攻取下邳后，袁术又反悔。不过，这些事与篡逆相比，又是小巫见大巫了。袁术一直认为袁姓出自陈姓，陈姓是舜的后代，以土承火，应该接替汉朝，又根据谶语“代汉者，当涂高也”推断“涂”即“途”，与他的字“公路”吻合。197 年，袁术不顾众人反对，正式僭越称帝，直接导致其众叛亲离，失去人心。

勇武（4）：袁术曾任虎贲中郎将，十常侍杀掉何进后，持刀攻入皇宫追杀十常侍，迫使十常侍离开皇宫，勇武可以给到 4 分。

智谋（3）：袁术一生最大的错误决定就是称帝。早在 195 年，汉献帝逃出长安，袁术就有了称帝的野心，他对群臣说：“今刘氏微弱，海内鼎沸。吾家四世公辅，百姓所归，欲应天顺民，于诸君意如何？”主簿阎象劝他，当年周人从始祖后稷到文王，不断积累功德，三分天下有其二，可他们还侍奉殷商。袁家虽然世代担任要职，但还没有周人那么强；汉室虽然衰微，但还没到殷纣王那么残暴。阎象忠言逆耳，有理有据，但袁术并没有听从他的建议。

统兵（4）：袁术先后被吕布、曹操等人击败，最好的战绩就是在吕布偷袭刘备老家的情况下，在广陵战胜无家可归的刘备。

理政（3）：袁术是三国时代的蝗虫，走到哪里吃光哪里。在南阳时，袁术横征暴敛，百万南阳人苦不堪言。在淮南时，袁术骄奢淫逸，自己的皇宫里到处挂着肉条，而士兵们饥寒交迫，百姓更是易子相食。临死时，袁术却连蜜浆都找不到，大叫：“袁术至于此乎！”然后吐血而死，这也许就是现世报。

虚名无实：刘表

人物资料

字号：字景升

生卒：142—208 年

籍贯：兖州山阳郡高平县（今山东省济宁市微山县）

相貌：长八尺余，姿貌甚伟。（《三国志》）

官职：镇南将军、荆州牧

爵位：成武侯

评　价

曹操：刘表自以为宗室，包藏奸心，乍前乍却，以观世事，据有当州。

贾诩：表，平世三公才也；不见事变，多疑无决，无能为也。

郭嘉：表，坐谈客耳。

孔融：刘表桀逆放恣，所为不轨，至乃郊祭天地，拟仪社稷。虽昏僭恶极，罪不容诛，至于国体，宜且讳之。

王粲：刘表雍容荆楚，坐观时变，自以为西伯可规。士之避乱荆州者，皆海内之俊杰也；表不知所任，故国危而无辅。

刘备：若刘景升、季玉父子，岁岁赦宥，何益于治。

诸葛亮：荆州北据汉、沔，利尽南海，东连吴会，西通巴、蜀，此用武之国，而其主不能守。

甘宁：宁已观刘表，虑既不远，儿子又劣，非能承业传基者也。

陈寿：表虽外貌儒雅，而心多疑忌。

范晔：刘表道不相越，而欲卧收天运，拟踪三分，其犹木禺之于人也。

王夫之：刘表文士也，而无能自立。

曹操（演义）：刘表虚名无实，非英雄也。

人物生平

142 年：刘表出生。刘表少年时就很有名望，与同郡七人并称“八俊”。

184 年：党禁解除，大将军何进任命刘表为北军中侯。

190 年：董卓废黜少帝，关东群雄举义兵讨董。荆州刺史王叡被孙坚所杀，董卓命刘表前去接任。江南宗贼林立，刘表无法直接上任，于是隐姓埋名，单马进入荆州，联合当地士族设计除掉宗贼，占据荆州北部，屯兵襄阳。

192 年：袁术与孙坚联合，进攻刘表意欲夺取荆州。刘表部将黄祖射杀孙坚，并切断袁术粮道，袁术后来放弃南阳逃往淮南。

192 年：董卓被杀，李傕、郭汜占据长安，为联合刘表，派黄门侍郎钟繇拜刘表为镇南将军、荆州牧，封成武侯。

196 年：曹操迎奉献帝定都许昌，刘表虽遣使进贡，却与河北袁绍联合。同年，骠骑将军张济引兵入荆州，进攻穰城，被乱箭射死，张济侄子张绣率部归顺，刘表命张绣屯兵南阳抵御曹操。

198 年：曹操南征张绣，刘表派兵相助，与张绣合力击退曹操。同年，长沙太守张羡反叛，刘表派兵围攻，连年不下。后张羡病死，张羡手下拥立其子张怿。刘表击败张怿，收复零陵、桂阳两郡。

200 年：曹操与袁绍在官渡对峙，袁绍派人向刘表求助，希望刘表出兵，刘表表面答应但只是坐山观虎斗。

201 年：袁绍兵败后，刘备投奔刘表，刘表厚待刘备，但并不重用。

203 年：交州牧张津被部下杀害，苍梧太守史璜病故，为控制交州，刘表派赖恭出任交州刺史，派吴巨出任苍梧太守。

207 年：曹操远征柳城，刘备劝说刘表趁机进攻许都，刘表没有采纳。

208 年：曹操兴兵准备南征刘表，刘表病死，其子刘琮接任后，投降曹操。

人物能力

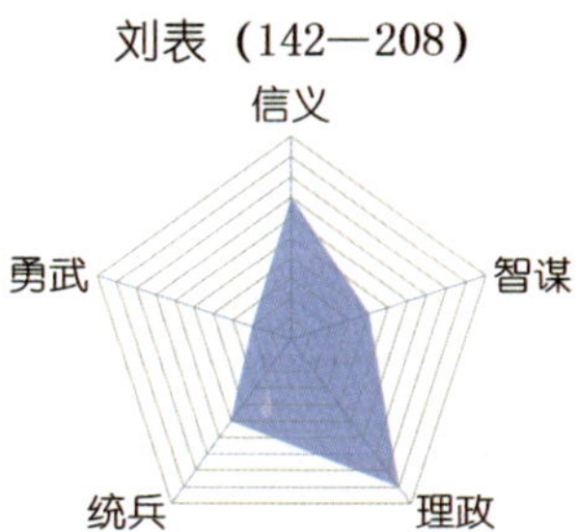

信义（7）：刘表最大的污点是并没有参与群雄讨董，这大概是因为他的荆州牧一职是董卓授予的。除此之外，刘表的信义还是不错的。196 年，骠骑将军张济进入荆州就食，攻打南阳穰城时被乱箭射死，荆州官员都祝贺刘表除去劲敌。但刘表说，张济势穷而来，他作为荆州之主没有以礼相待，反倒在交战中将其杀死，这不是他的本意，他接受吊唁，不接受祝贺。刘表派人招降张济余部，由张济的侄子张绣继续统领。

勇武（2）：无论演义还是正史，刘表都没有勇武方面的表现，而且在三国中刘表年龄较大，勇武只能给 2 分。

智谋（4）：贾诩评价刘表“不见事变，多疑无决”。的确，每次面临重大抉择，刘表都犹犹豫豫，不能抓住机会。曹操与袁绍在官渡相持时，从事中郎韩嵩、别驾刘先、大将蒯越都劝刘表协助曹操，但刘表不听，还怀疑韩嵩替曹操说好话，想杀掉韩嵩。曹操远征柳城，刘备建议刘表偷袭许都，刘表踌躇不前。等曹操还军，刘表又后悔地说：“不用君言，故失此大会也。”刘表最大的失策是废长立幼，小儿子刘琮接任后，将自己经营多年、坐拥十万精兵的荆州拱手让给曹操，曹操日后评价：“刘景升儿子若豚犬耳！”

统兵（5）：刘表有过三次较大的用兵，第一次是孙坚进攻刘表，刘表派黄祖迎战，射杀孙坚；第二次是曹操进攻，刘表与张绣夹击，击退曹操；第三次是张羡反叛，刘表攻打多年，最终攻破。这三次战争，最终的结果都是刘表获胜，但刘表更多的是坐镇后方，而非亲自指挥。

理政（9）：荆州向来民风彪悍，加之董卓乱政，天下大乱，荆州宗贼群起，沸沸扬扬。刘表入主荆州后，循循善诱，恩威并施，使各路势力为己所用，从此荆州太平，他得到上下的拥戴。关西、兖州、豫州的数千学士都来荆州避祸，刘表出资修建学校，奖励儒生。诸葛亮、庞统等许多士人都是在荆州接受的教育。刘表虽然称不上乱世之奸雄，但至少是治世之能臣。

守户之犬：刘璋

人物资料

字号：字季玉

生卒：?—220 年

籍贯：荆州江夏郡竟陵县（今湖北省天门市）

相貌：不详

官职：益州牧、振威将军

评　价

诸葛亮：刘璋暗弱，张鲁在北，民殷国富而不知存恤，智能之士思得明君。

彭羕：仆昔有事于诸侯，以为曹操暴虐，孙权无道，振威闇弱，其惟主公有霸王之器，可与兴业致治，故乃翻然有轻举之志。

陈寿：璋才非人雄，而据土乱世，负乘致寇，自然之理，其见夺取，非不幸也。

范晔：璋能闭隘养力，守案先图，尚可与岁时推移，而遽输利器，静受流斥，所谓羊质虎皮，见豺则恐，吁哉！

常璩：刘焉器非英杰，图射侥幸；璋才非人雄，据土乱世，其见夺取，陈子以为非不幸也。

《益州耆旧传》：璋懦弱多疑，不能党信大臣。

张璠：刘璋愚弱而守善言，斯亦宋襄公、徐偃王之徒，未为无道之主也。

叶适：刘璋虽暗懦，然国富民盛，守之以恩，无所得罪也。

郝经：焉利本颠，堕剥维城。璋尤庸阍，迁夺犹轻。

曹操（演义）：刘璋虽系宗室，乃守户之犬耳，何足为英雄！

诸葛亮（演义）：刘璋失基业者，皆因太弱耳。

人物生平

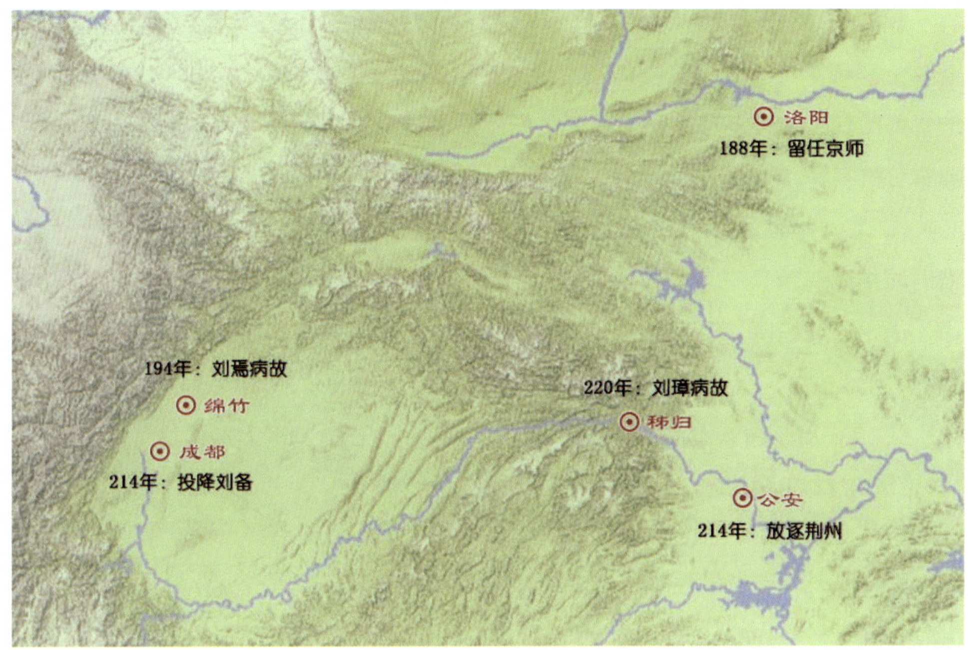

188 年：刘璋是汉鲁恭王刘余之后，其父刘焉为太常，向汉灵帝建言设立州牧，并出任益州牧。刘璋留在京城洛阳，出任奉车都尉，受朝廷派遣前往益州招揽刘焉，刘璋趁机留在刘焉身边。

194 年：刘璋兄长刘范、刘诞被杀，又逢治所绵竹遭遇大火，刘焉迁治成都，背疽发作而死。益州官吏赵韪等人以刘璋为人温和仁爱，上表奏请朝廷委任刘璋做益州刺史。

200 年：赵韪在巴中地区深得民心，发动叛乱，刘璋将其杀死。刘焉死后，依附于刘焉的张鲁不再服从刘璋，刘璋杀死张鲁的母亲和弟弟，双方成为仇敌，刘璋多次派兵进攻张鲁，但胜少败多。

208 年：曹操南征荆州，刘璋向曹操示好，曹操加封刘璋为振威将军。刘璋派别驾张松前去拜谢曹操，但曹操没有礼遇张松，张松心中怀恨。恰逢曹操兵败赤壁，张松回来后劝说刘璋同曹操断绝关系，与刘备结盟。

211 年：曹操遣钟繇征讨张鲁，刘璋担忧，听从张松等人的建议，不顾众人反对，邀请刘备入蜀抵御曹操。刘备与刘璋在涪城相会，欢饮百余日。刘璋送给刘备大批军用物资，请刘备前去讨伐张鲁。

212 年：刘备在葭萌驻军一年，但并不北伐张鲁，而是假意回荆州，向刘璋索要士卒和军资。张松以为刘备真要离开，写信劝刘备进攻成都，但书信被张松的哥哥截获并告知刘璋，刘璋杀死张松。刘备借机掉转兵力攻打刘璋，连战连胜，蜀军纷纷归降。

214 年：诸葛亮、张飞、赵云三路援军入蜀支援刘备。刘备包围成都数十日，当时城中尚有精兵三万，粮食能够支持一年，上下都愿意死战。但刘璋为百姓考虑，决定出城投降。刘备把刘璋放逐到南郡公安，并将刘璋财物和振威将军的印绶归还于他。

219 年：吕蒙白衣渡江，杀死关羽，接管荆州，任命刘璋为益州牧，驻军秭归。

220 年：刘璋病逝。

人物能力

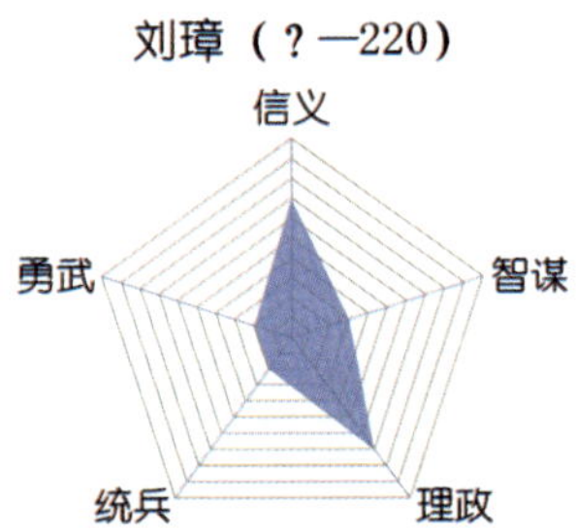

信义（7）：刘备进攻益州，是中国第一次有人从长江逆流而上攻取巴蜀，也是一次无后勤作战。之所以能成功，是因为刘备滥用了刘璋对他的信任。在刘璋看来，刘备是其同宗，自己如此厚待他，他不会夺取益州的。可惜，益州对刘备的吸引力太大了，他宁愿用自己所有的名声换取。演义中，诸葛亮认为刘璋“暗弱”，正史中，赵韪认为刘璋“温仁”，两者意思差不多，都是说刘璋不够狠，不够滑，无法在这个乱世生存。

勇武（2）：无论是在演义还是正史中，刘璋都没有勇武方面的表现，他长时间都在成都养尊处优，勇武只能给 2 分。

智谋（3）：张松劝刘璋迎刘备入蜀，黄权、王累坚决反对。黄权认为，刘备不是久居人下之人，到益州后，肯定会喧宾夺主，刘璋不听。王累将自己倒悬在州城城门上向刘璋进谏（演义中王累割断绳索，死在刘璋面前），刘璋也不予采纳。天下人都知道刘备是枭雄，只有刘璋把他当亲兄弟。

统兵（2）：演义中，曹操评价刘璋是"守户之犬"，话糙理不糙，刘璋成为益州牧后，从未亲自带兵进攻过其他势力，统兵能力只能给 2 分。

理政（7）：诸葛亮评价益州"民殷国富"，庞统评价益州"国富民强，户口百万,四部兵马，所出必具，宝货无求于外"，由此可见，益州在刘璋的治理下是很富足的。更难得的是，刘璋爱民如子。刘备与刘璋决裂后，向成都进军，益州从事郑度向刘璋建议坚壁清野拖垮刘备。但刘璋说，只听说率兵拒敌以保护百姓，未听说迁移百姓以躲避敌人的。于是不用郑度之计。刘备进兵包围成都，派简雍劝降刘璋，城中官民都决心与刘备决一死战。但刘璋说："父子在州二十余年，无思德以加百姓。百姓攻城三年，肌膏草野者，以璋故也，何心能安！"于是开城投降。刘璋不是乱世奸雄，也称不上治世能臣，但起码是个合格的州牧，在那个兵荒马乱的年代，能不顾自己荣辱，把老百姓的利益放在首位，十分难得。

天下无双：吕布

人物资料

字号：字奉先，外号飞将

生卒：?—199 年

籍贯：并州五原郡九原县（今内蒙古自治区包头市九原区）

相貌：身长一丈，腰大十围，眉目清秀。（《三国志通俗演义》）头戴三叉束发紫金冠，体挂西川红锦百花袍，身披兽面吞头连环铠，腰系勒甲玲珑狮蛮带。（《三国演义》）

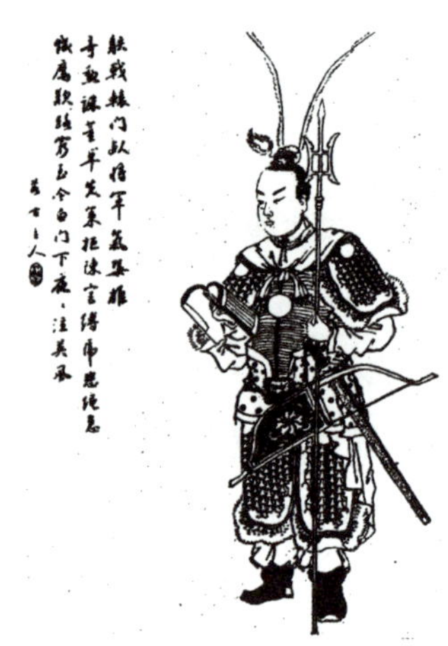

武器：方天画戟

官职：平东将军

爵位：温侯

评　价

陈宫：吕布壮士，善战无前。

曹性：吕将军大将有神，不可击也。

曹操：布，狼子野心，诚难久养。

荀攸：吕布勇而无谋。

程昱：夫布，粗中少亲，刚而无礼，匹夫之雄耳。

郭嘉：布之威力不及项籍，而困败过之，若乘胜攻之，此成禽也。

陈寿：吕布有虓虎之勇，而无英奇之略，轻狡反覆，唯利是视。自古及今，未有若此不夷灭也。

徐众：吕布反覆无义，志在逆乱。

范晔：术既叨贪，布亦翻覆。

司马光：布者反覆乱人，非能辅佐汉室，而又强暴无谋，败亡有证。

苏轼：背逆人理，世所共疑。故吕布见诛于曹公，牢之见杀于桓氏，皆以其平生反覆，势不可存。

王夫之：吕布不死，天下无可定乱之机。

人物生平

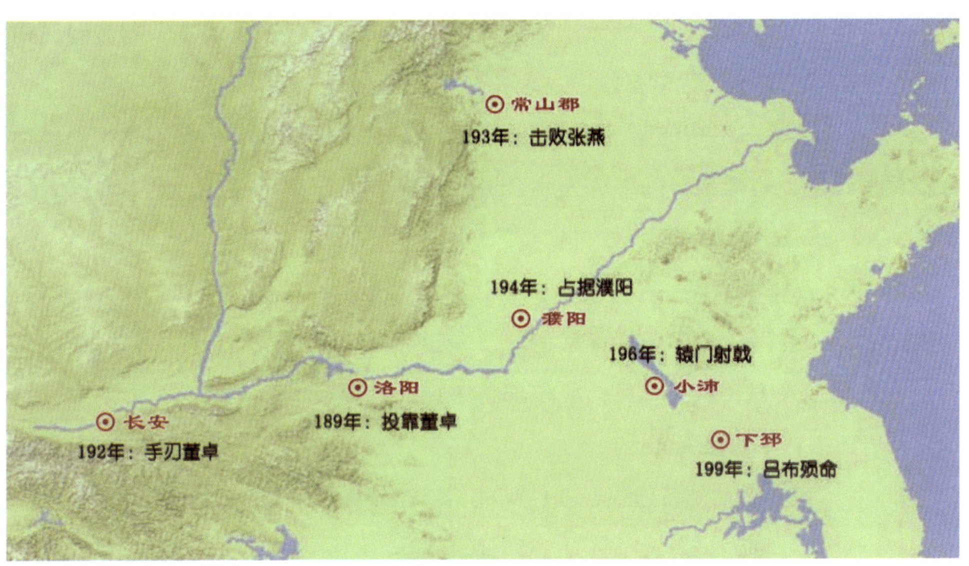

189 年：吕布因骁勇受到并州刺史丁原赏识，担任主簿。汉灵帝去世，吕布随丁原带兵进入洛阳。在董卓的引诱下，吕布杀死丁原，转投董卓，担任骑都尉，两人结为父子。后又迁升为中郎将，封都亭侯。

190 年：关东群雄举义兵讨董，董卓毒杀少帝刘辩。演义中，吕布在虎牢关被刘备、关羽、张飞合力击败。

191 年：吕布被孙坚击败，跟随董卓西迁长安。董卓担心被人谋害，以吕布作为自己的侍卫。

192 年：吕布与董卓婢女有染，心中不安，与王允合谋，趁董卓拜会天子时亲手将其杀死。演义中，与吕布有染的董卓婢女被设定为王允的义女，名叫貂蝉。董卓旧部李傕、郭汜率兵攻入长安，吕布被击败，投奔袁术。袁术认为吕布反复无常，拒绝接纳。

193 年： 吕布改投袁绍，与袁绍联合在常山击败黑山贼张燕。吕布自恃功高，要求增兵，袁绍没有答应。吕布投奔河内张杨，途经陈留，与陈留太守张邈结识。

194 年： 曹操征讨陶谦，后方空虚，张邈与陈宫反叛曹操，迎请吕布做兖州牧，占据濮阳。曹操回军，与吕布交战，两军相持百余天。

195 年： 曹操在巨野击败吕布，吕布逃到徐州投奔刘备。

196 年： 吕布趁刘备与袁术交战之机，夺取下邳。刘备回来后，向吕布投降，吕布将刘备安置在小沛，自领徐州刺史。袁术派部将纪灵进攻刘备，刘备向吕布求救。吕布辕门射戟，为刘备解围。

197 年： 袁术与吕布结盟，提出结成儿女亲家，吕布同意，后又因袁术僭越反悔。袁术大怒，与韩暹、杨奉等人联合进攻吕布。吕布策反韩暹、杨奉，二人临阵倒戈，吕布获得大胜。

198 年： 吕布派高顺、张辽进攻刘备，曹操派夏侯惇救援，但被击败，高顺等人攻破小沛，并再次俘虏了刘备家眷。曹操亲征吕布，吕布本想投降，但被陈宫阻止。曹操围攻下邳城三个月，吕布部将宋宪、魏续反叛，生擒陈宫、高顺，吕布见大势已去，下城投降。

199 年： 曹操采纳刘备建议，在白门楼将吕布绞死。

人物能力

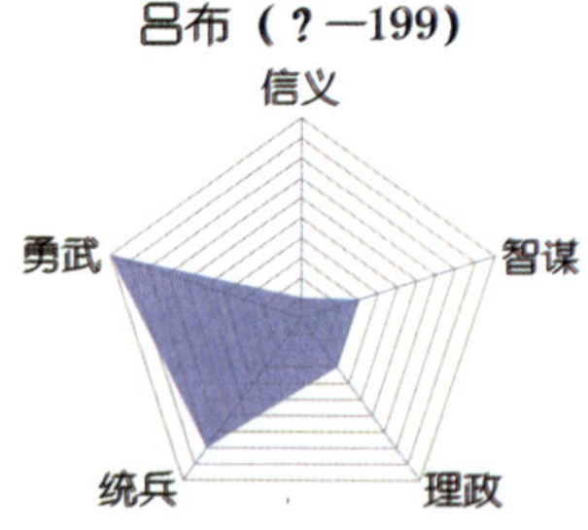

信义（1）：演义中，张飞骂吕布三姓家奴，吕布本来姓吕，父亲早逝，认并州刺史丁原为义父，后获赠董卓的赤兔马，杀死丁原，认董卓为义父。之后，吕布为了得到貂蝉，又杀死董卓。三国时代，良臣择主而事十分正常，但像吕布这种，多次反杀旧主实属罕见。曹操生擒吕布，有爱将之意，咨询刘备意见，刘备说："明公不见布之事丁建阳及董太师事乎！"曹操顿时醒悟，绞杀吕布。

勇武（10）：历史上的吕布，"便弓马，膂力过人，号为飞将"，曾经上演过辕门射戟的好戏。演义中的吕布，更是天下无双的第一武将。在虎牢关前，吕布独战三英："飞抖擞精神，酣战吕布。连斗五十余合，不分胜负。云长见了，把马一拍，舞八十二斤青龙偃月刀，来夹攻吕布。三匹马丁字儿厮杀。战到三十合，战不倒吕布。刘玄德掣双股剑，骤黄鬃马，刺斜里也来助战。这三个围住吕布，转灯儿般厮杀。"但是，这还不是吕布的巅峰，吕布的最佳一战是独战六将："（吕布）遂不听宫言，引兵出阵，横戟大骂。许褚便出。斗二十合，不分胜负。操曰：'吕布非一人可胜。'便差典韦助战，两将夹攻；左边夏侯惇、夏侯渊，右边李典、乐进齐到，六员将共攻吕布。"

智谋（3）：用头脑简单、四肢发达来形容吕布再恰当不过了。曹操兵进彭城，陈宫建议吕布迎击曹军，但吕布说要利用泗水防御，结果曹操顺利渡过泗水，包围下邳，反倒放泗水淹下邳。陈宫建议吕布出城切断曹操粮道，吕布同意，但吕布妻子不愿吕布离开，吕布听妇人之言，又没有采纳陈宫的计策。

统兵（8）：吕布的统兵能力十分优秀，在常山，曾击败黑山贼张燕的万余精兵。濮阳之战，吕布率骑兵冲散曹操的青州兵，曹军大乱，曹操险些被吕布所杀。袁术联合韩暹、杨奉发兵七路大军进攻吕布，吕布听从陈珪建议，离间韩暹、杨奉，大破袁军，生擒袁术大将桥蕤。

理政（3）：历史上，吕布没有什么政绩，在处理人际关系上也有问题。在董卓手下时，吕布与董卓婢女私通，引起董卓不满。自己当老大时，他又与部下的妻子有染，最后众叛亲离，兵败被杀。

三国人物大数据 9：单挑篇

我小时候看《三国演义》，对政治、经济丝毫不关心，最吸引我的是武将之间的单挑情节，比如许褚裸衣战马超、关黄对刀等。下面，我们从大数据的视角聊聊《三国演义》中的武将单挑。

满打满算，《三国演义》中的单挑一共有 418 场，按照战斗的类型，可以分为马战、步战、水战，三者的占比如图所示：

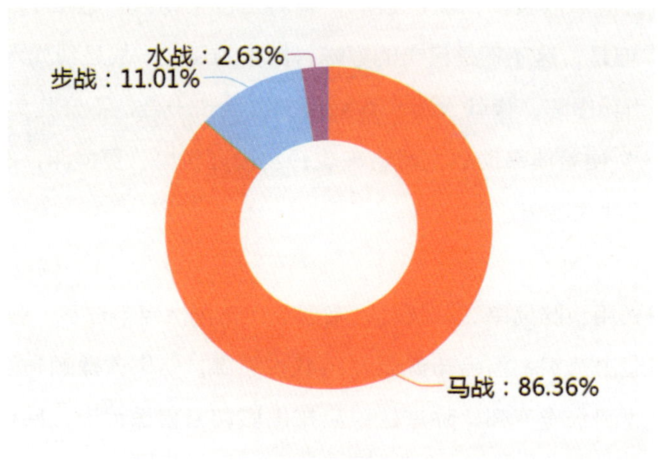

《三国演义》单挑类型

由图可见，《三国演义》中 86.36% 的单挑都是马战，正所谓金戈铁马男儿梦。战马的好坏往往可以决定一个武将的生死。在长沙，黄忠因为战马久疏战阵，差点被关羽杀死：

黄忠赶来。云长方欲用刀砍去，忽听得脑后一声响；急回头看时，见黄忠被战马前失，掀在地下。云长急回马，双手举刀猛喝曰：“我且饶你性命！快换马来厮杀！”（第 53 回）

“人中吕布，马中赤兔”，赤兔是当之无愧的三国第一战马，关羽斩颜良诛杀文丑，都得益于赤兔马快：

颜良正在麾盖下，见关公冲来，方欲问时，关公赤兔马快，早已跑到面前；颜良措手不及，被云长手起一刀，刺于马下。（第 25 回）

关公马快，赶上文丑，脑后一刀，将文丑斩下马来。（第 26 回）

步战占 11.01%，虽然数量不多，但也不乏亮点，典韦、庞德、马超等人都有精彩表现。

典韦一夫当关：

韦方醉卧，睡梦中听得金鼓喊杀之声，便跳起身来，却寻不见了双戟。时敌兵已到辕门，韦急掣步卒腰刀在手。只见门首无数军马，各挺长枪，抢入寨来。韦奋力向前，砍死二十余人。马军方退，步军又到，两边枪如苇列。韦身无片甲，上下被数十枪，兀自死战。刀砍缺不堪用，韦即弃刀，双手提着两个军人迎敌，击死者八九人。群贼不敢近，只远远以箭射之，箭如骤雨。韦犹死拒寨门。争奈寨后贼军已入，韦背上又中一枪，乃大叫数声，血流满地而死。死了半晌，还无一人敢从前门而入者。（第 16 回）

庞德跃坑夺马：

庞德先引铁骑千余，冲突而来。喊声起处，人马俱落于陷马坑内。庞德踊身一跳，跃出土坑，立于平地，立杀数人，步行砍出重围。韩遂已被困在垓心，庞德步行救之。正遇着曹仁部将曹永，被庞德一刀砍于马下，夺其马，杀开一条血路，救出韩遂，投东南而走。（第 58 回）

马超力敌六将：

超潜步入韩遂帐中，只见五将与韩遂密语，只听得杨秋口中说道："事不宜迟，可速行之！"超大怒，挥剑直入，大喝曰："群贼焉敢谋害我！"众皆大惊。超一剑望韩遂面门剁去，遂慌以手迎之，左手早被砍落。五将挥刀齐出。超纵步出帐外，五将围绕混杀。超独挥宝剑，力敌五将。剑光明处，鲜血溅飞：砍翻马玩，剁倒梁兴，三将各自逃生。（第 59 回）

《三国演义》的水战有 11 场，只占所有单挑的 2.63%。这 11 场水战有 10 场其实是船战，比如甘宁杀邓龙、吕蒙杀陈就：

乃选小船百余只，每船用精兵五十人：二十人撑船，三十人各披衣甲，手执钢刀，不避矢石，直至艨艟傍边，砍断大索，艨艟遂横。甘宁飞上艨艟，将邓龙砍死。陈就弃船而走。吕蒙见了，跳下小船，自举橹棹，直入船队，放火烧船。陈就急待上岸，吕蒙舍命赶到跟前，当胸一刀砍翻。（第 38 回）

真正的水战，全《三国演义》只有一场，就是周仓擒庞德：

庞德一手提刀，一手使短棹，欲向樊城而走。只见上流头，一将撑大筏而至，将小船撞翻，庞德落于水中。船上那将跳下水去，生擒庞德上船。众视之，擒庞德者，乃周仓也。仓素知水性，又在荆州住了数年，愈加惯熟；更兼力大，因此擒了庞德。（第 74 回）

我们再来看看单挑的回合数。《三国演义》中，对单挑的文学性描写不多，最常见的就是两人战了多少回合。但究竟什么是一回合，不同的人有不同的看法。

有人说一回合就是两方骑马冲一次，有人说一回合就是武器磕碰一下。两种说法都有道理，但也都有问题。第 12 回曹洪战何曼，两人是步战，没有马，但作者也用了回合，可见回合的概念与马无关。第 65 回张飞战马超两人一下午才打了 200 多回合，如果一回合就是武器磕碰一次那两人磕碰的次数有点儿太少了。

我觉得，还是从回合的本意理解比较好。武将单挑时，互相寻找战机，看准机会，拍马靠近，与对手展开近距离械斗。其间，武器可能磕碰一下，也可能磕碰很多下。如果没击倒对手，两员武将会再次分开，继续寻找战机，如此反复。由此，两员武将每一次靠近为一合，每一次分开为一回，整个过程为一回合。

《三国演义》418 场单挑中，有 334 场有明确的单挑回合数。在这 334 场中，不同回合数的单挑占比如下：

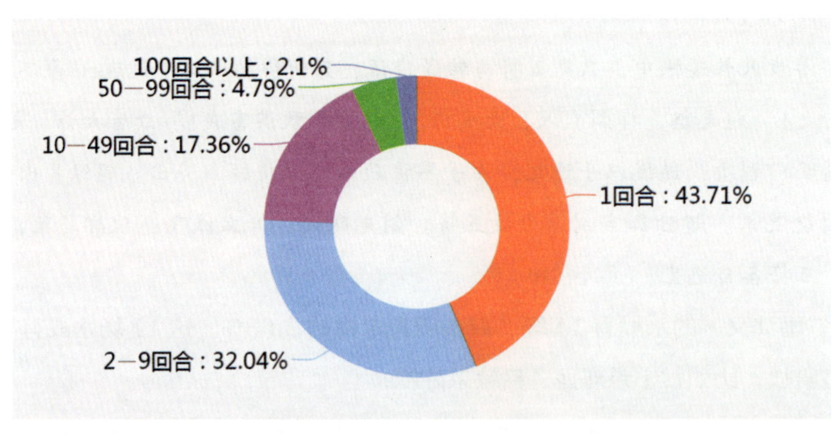

《三国演义》单挑回合数

在我们的印象中，《三国演义》的武将经常嚷嚷要大战300回合，但是，上图告诉我们，有43.71%的单挑是秒杀，1回合解决战斗。加上2~9回合的单挑，10回合内的单挑超过了四分之三。可见，虽然都是武将，但武力的差距还是很大的。

单挑回合数超过100的一共只有7次，分别是孙策VS太史慈（100回合以上）、吕布VS张飞（100回合以上）、关羽VS黄忠（100回合以上）、关羽VS庞德（100回合以上）、马超VS许褚（200回合以上）、张飞VS马超（200回合以上）、典韦VS许褚（具体回合数不详，但两人打了一整天）。

典韦与许褚之战，也是《三国演义》中耗时最长的一次单挑：

两个从辰至午，不分胜负，各自少歇。不一时，那壮士又出搦战，典韦亦出。直战到黄昏，各因马乏暂止。（第12回）

马超与张飞半天时间打了200多回合，由此看来，典韦与许褚至少打了300回合，这也是《三国演义》中唯一一次真正大战了300回合的单挑。

武将中，关羽参与了两次100回合以上的单挑，张飞参与了一次100回合以上、一次200回合以上的单挑，马超参与了两次200回合以上的单挑，许褚参与了一次200回合以上、一次300回合以上的单挑。许褚外号虎痴，果真如猛虎般痴战。

单挑就意味着伤亡，或死或伤或被俘，《三国演义》单挑结果占比如下：

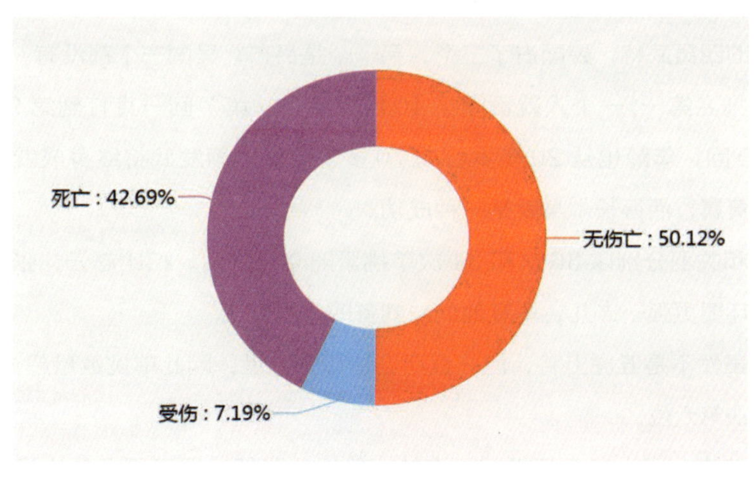

《三国演义》单挑结果

418 场单挑中，42.69% 的人在单挑中被杀，还有 7.19% 的人在单挑中受伤，两者相加，单挑伤亡率接近 50%。看来，武将是个高危行业，一般人承受不了。

关于三国武将的排名，民间有“一吕二赵三典韦，四关五马六张飞”之说，但是，若论单挑次数，谁是第一呢?《三国演义》武将单挑次数前十名如图所示：

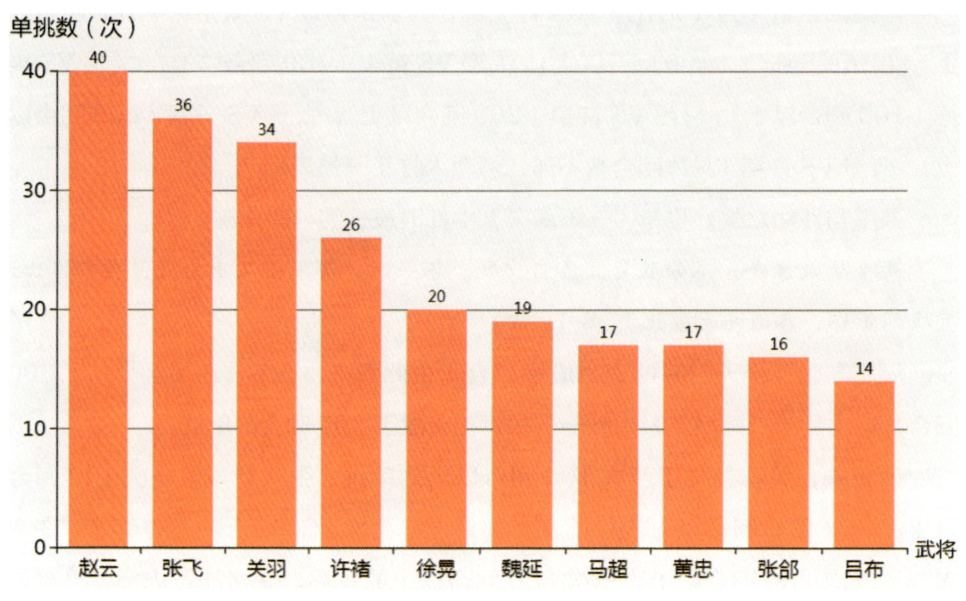

《三国演义》武将单挑榜

这十员武将中，蜀国一共有六位，而且前三名都是蜀将，尊刘的倾向十分明显。剩下的四员武将，魏国占了三个，另一个是吕布，吴国一个都没有。

赵云排名第一，一个人就贡献了 40 次单挑，从第 7 回一直打到第 96 回，整整打了 70 回，年龄也从 20 多岁打到 70 多岁。如果颁发武将终身成就奖，非常山赵子龙莫属，活得长本身就是一种成功。

张飞和关羽分别以 36 次和 34 次单挑紧随赵云之后。相比赵云，张飞、关羽的主角光环要更强一点儿，毕竟他们与刘备的关系更近。

魏延虽然不是五虎上将，但一直活到诸葛亮去世，因此单挑数量超过了马超、黄忠，排在第六位。

魏国这边，因为典韦死得早，许褚、徐晃、张郃获得了更多的出场机会，分别以 26 次、20 次、16 次单挑排名第四、第五和第九位。

在民间的武将排名里，典韦高居第三，但典韦自第 10 回出场，至第 16 回救主牺牲，只出现了 7 回，单挑次数只有 9 次，连前十名都没进去。

吕布是在《三国演义》中当之无愧的单挑第一人，但他第 3 回登场，第 19 回就殒命白门楼了，只活了不到 20 回，大大影响了吕布的单挑数量。

颜良也存在这个问题，我在《三国武将排名》一书中，把颜良的武力排在第三名，因为颜良曾经 20 回合击败徐晃，而许褚 50 余回合才与徐晃战平，但颜良的单挑次数只有可怜的 5 次。

由此可见，单挑次数与武力水平并不存在必然联系。在《三国演义》中，单挑数量多，要满足两个条件：一是身为蜀国武将，二是活得长。

吴国这边，单挑次数前三名分别是：甘宁 12 次，孙策 8 次，周泰 6 次，远远不及蜀国和魏国的武将，没一个进入前十。《三国演义》中，蜀国是主角，魏国是反派，吴国只是配角，武将的单挑次数也是如此。

在《三国演义》的诸多武将中，谁斩杀的武将最多呢？我们看一下《三国演义》斩将榜：

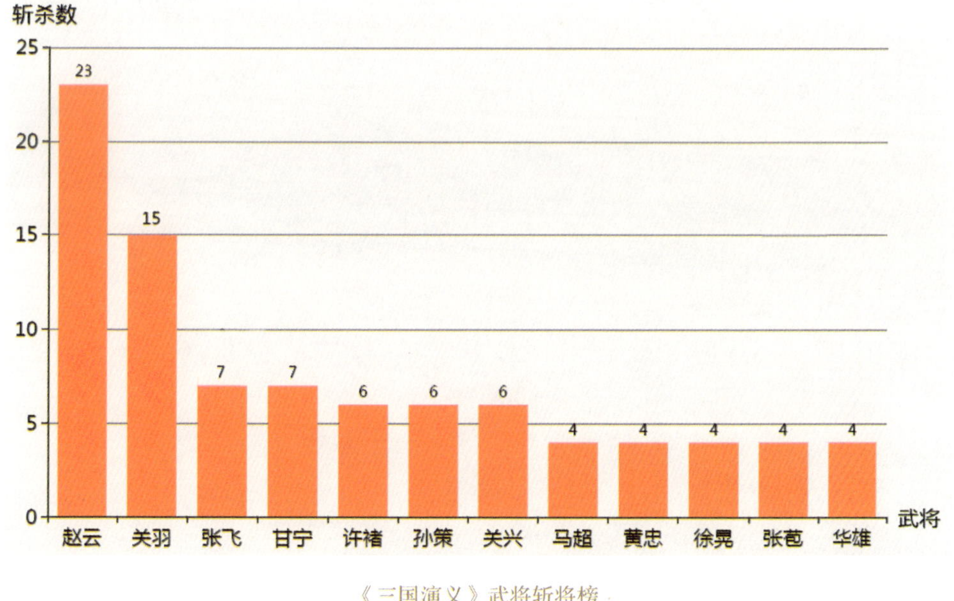

《三国演义》武将斩将榜

赵云在《三国演义》中一共单挑过 40 次，斩杀 23 人，斩杀率超过了 50%，排名第一。赵云斩将一串一串的，比如长坂坡，赵云接连斩杀了淳于导、夏侯恩、晏明、钟绅和钟缙等人。即使到了 70 多岁，赵云还一手制造了“凤鸣山灭门惨案”，杀了韩德一家五口。仅长坂坡和凤鸣关两战，赵云就斩杀了 10 员武将（这还是留有姓名的，长坂坡时说他“杀死曹营五十余员名将”），这比很多武将整个生涯的斩将数量还多。

关羽屈居亚军，一共斩将 15 人。关羽杀人也是一杀一串，千里走单骑一回关羽过五关斩六将，孔秀、孟坦、韩福、卞喜、王植、秦琪都成了关羽的刀下之鬼。论斩杀数量，关羽不如赵云，但是关羽的斩将质量最高，华雄、颜良、文丑这些响当当的大将都死在关羽刀下。

紧随关羽之后的是他的三弟张飞和东吴虎将甘宁，两人都斩杀了 7 人。其中，凌操、黄祖、蔡埙这三人都是被甘宁射杀的。如果评选《三国演义》第一狙击手，非甘宁莫属。

许褚、孙策、关兴都斩将 6 人。马超、黄忠、徐晃、张苞、华雄都斩杀过 4 人。

与单挑次数一样，吕布、典韦等顶尖武将由于出场较少，都没能上榜。吕布只斩杀过方悦和穆顺两人，典韦只斩杀过何仪的副元帅一人，这三人都没有什么名气。

鹰视狼顾：司马懿

人物资料

字号： 字仲达

生卒： 179—251 年

籍贯： 司隶河内郡温县（今河南省焦作市温县）

相貌： 鹰视狼顾。（《三国演义》）

官职： 太尉、太傅、大将军

爵位： 舞阳侯

谥号： 宣皇帝

庙号： 高祖

评　价

曹操：司马懿非人臣也，必预汝家事。

崔琰：聪亮明允，刚断英特，非子所及也。

杨俊：此非常之人也。

曹植：魁杰雄特，秉心平直。威严允惮，风行草靡。在朝则匡赞时俗，百僚仪一；临事则戎昭果毅，折冲厌难者，司马骠骑也。

曹叡：吾得司马懿二人，复何忧哉！

曹芳：太尉体道正直，尽忠三世，南擒孟达，西破蜀虏，东灭公孙渊，功盖海内。

吴质：骠骑将军司马懿，忠智至公，社稷之臣也。

孙权：司马公善用兵，变化若神，所向无前。

房玄龄：帝内忌而外宽，猜忌多权变。

司马光：司马懿，少聪达，多大略。

毛泽东：司马懿是个了不起的人物，历来说他坏，我看有几手比曹操高明。

诸葛亮（演义）：吾岂惧曹叡耶？所患者惟司马懿一人而已。

人物生平

179年：司马懿出生，是京兆尹司马防次子，司马防育有八子，人称“司马八达”。

201年：郡中推荐司马懿为上计掾，时任司空的曹操征召司马懿入朝为官，但司马懿不愿屈从曹氏，托病不出。

208年：曹操担任丞相，再次征召司马懿为文学掾，并警告司马懿如再推辞就杀了他。司马懿畏惧，只得赴任。司马懿与曹丕交往甚密，历任黄门侍郎、议郎、丞相东曹属、主簿、太子中庶子、军司马等职，屡献奇策。

220年：曹操去世，曹丕即魏王位，司马懿受封河津亭侯，转丞相长史。同年，曹丕篡汉称帝，任命司马懿为尚书，不久转督军、御史中丞，封安国乡侯。后又担任侍中、尚书右仆射、抚军，封向乡侯，加给事中、录尚书事。

226 年：曹丕病逝，临终时任命司马懿与曹真、陈群、曹休为辅政大臣。曹叡即位，改封司马懿舞阳侯。同年，孙权进攻曹魏，司马懿击退孙权，升任骠骑将军。

227 年：曹叡命司马懿驻军宛城，加督荆、豫二州诸军事。

228 年：孟达反叛，司马懿前去讨伐，日夜兼程，八日内兵临城下，将孟达斩首。诸葛亮第一次北伐，演义中司马懿击败蜀军，但中了诸葛亮的空城计。

230 年：司马懿升任大将军，与大司马曹真一起伐蜀，后遇大雨退军。

231 年：诸葛亮第四次北伐，兵出祁山，曹叡派司马懿抵御蜀军，诸葛亮无功而返。

234 年：诸葛亮第五次北伐，司马懿与诸葛亮对峙于渭水，司马懿坚守不出。秋，诸葛亮于五丈原病逝，蜀军退兵，司马懿迁升为太尉。

238 年：司马懿率军四万，进攻辽东，斩杀公孙渊，攻破襄平城。

239 年：曹叡去世，曹芳即位，司马懿与曹爽受遗诏辅少主。曹爽欲专权，进言曹芳，令司马懿改任大司马，试图削弱其兵权。曹芳改任司马懿为太傅。

249 年：司马懿趁曹芳与曹爽拜祭高平陵之机，发动政变，控制太后，曹爽投降，司马懿以谋反之罪将其杀死。

251 年：太尉王凌于淮南反叛，欲立楚王曹彪为帝，司马懿率军征讨。王凌畏罪投降，后服毒自杀，曹彪也被赐死。同年，司马懿在洛阳去世，时年 73 岁。

人物能力

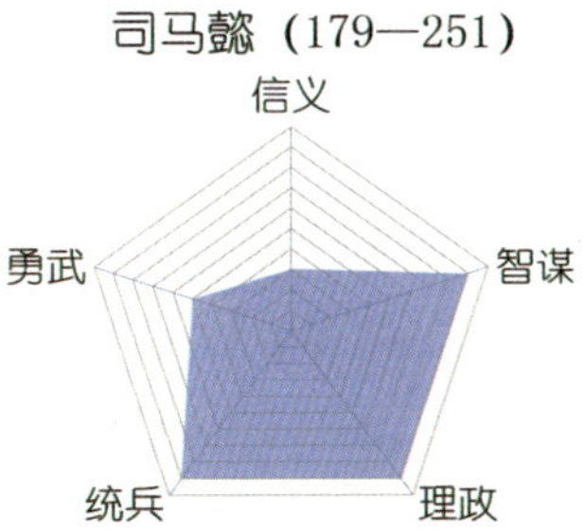

信义（3）：司马懿为人阴险狡诈，为达目的不择手段，常常出尔反尔。高平陵之变，司马懿趁曹爽与魏帝曹芳拜谒皇陵之机，发动政变，控制太后。司马懿派人劝降曹爽，承诺曹爽如果放弃抵抗，仍不失富家翁，并指洛水发誓。曹爽相信，投降司马懿。但司马懿违背诺言，以谋反之罪夷灭曹爽三族。太尉王凌在淮南起兵反对司马懿，欲立曹操之子楚王曹彪为帝，司马懿故技重施，先下赦书赦免王凌之罪，写信安慰他，但不久率军突至。王凌自知势穷，卸甲投降，畏罪自杀。司马懿逼曹彪自尽，夷灭王凌三族，并将坟墓挖开，剖棺暴尸三天。

勇武（5）：正史中，司马懿并没有勇武方面的表现，但在演义里，司马懿曾与魏延单挑，第 103 回："（魏延）舞刀相迎。懿挺枪接战。不上三合，延拨回马便走，懿随后赶来。"虽然魏延设计诈败，但司马懿能走上三合，已不寻常。

智谋（9）：司马懿目光敏锐，善于发现战机。215 年，曹操占据汉中，司马懿献策："刘备以诈力虏刘璋，蜀人未附而远争江陵，此机不可失也。今若曜威汉中，益州震动，进兵临之，势必瓦解。"可惜曹操没有听从。219 年，关羽围困襄樊，水淹七军，威震华夏，曹操考虑迁都避其锋芒。司马懿提出："孙权、刘备，外亲内疏，羽之得意，权所不愿也。可喻权所，令掎其后，则樊围自解。"曹操采纳，写信联合孙权，夹击关羽，关羽退军被杀。

统兵（9）：司马懿一生东征西讨，南征北战，克敌无数。曹丕去世，孙权趁机进攻荆北，司马懿讨孙权，败诸葛瑾，斩张霸，击退吴军。诸葛亮多次兴兵北伐，司马懿率军相持，与诸葛亮缠斗，最终将诸葛亮熬死。公孙渊反叛，司马懿出兵辽东，破襄平，斩公孙，彻底解决了曹操时代遗留的辽东问题。淮南反叛，司马懿恩威并施，逼降王凌。

理政（9）：理政方面，曹丕出征，都留司马懿总理军国事务，曹丕曾说："吾东，抚军当总西事；吾西，抚军当总东事。"经济方面，司马懿重视屯田，曾建议曹操："昔箕子陈谋，以食为首。今天下不耕者盖二十余万，非经国远筹也。虽戎甲未卷，自宜且耕且守。"上邽和淮南等处的屯田，都是司马懿倡导的。

人物资料

字号：字子元

生卒：208—255 年

籍贯：司隶河内郡温县（今河南省焦作市温县）

相貌：目有瘤疾。（《晋书》）圆面大耳，方口厚唇，左目下生个黑瘤，瘤上生数十根黑毛。（《三国演义》）

官职：大将军、相国

爵位：长平乡侯

谥号：景皇帝

庙号：世宗

评　价

何晏：惟几也能成天下之务，司马子元是也。

司马懿：此子竟可也。

毌丘俭：师为大臣，当除国难，又为人子，当卒父业。哀声未绝而便罢息，为臣不忠，为子不孝。

文钦：司马师滔天作逆，废害二主，辛、癸、高、莽，恶不足喻。

孙盛：初，夏侯玄、何晏等名盛于时，司马景王亦预焉。

房玄龄：世宗以睿略创基，太祖以雄才成务。

房玄龄：世宗继文，邦权未分。三千之士，其从如云。

胡三省：王莽、司马师、萧鸾同是心也。国之奸贼，必有羽翼，有天下者，其戒之哉。

人物生平

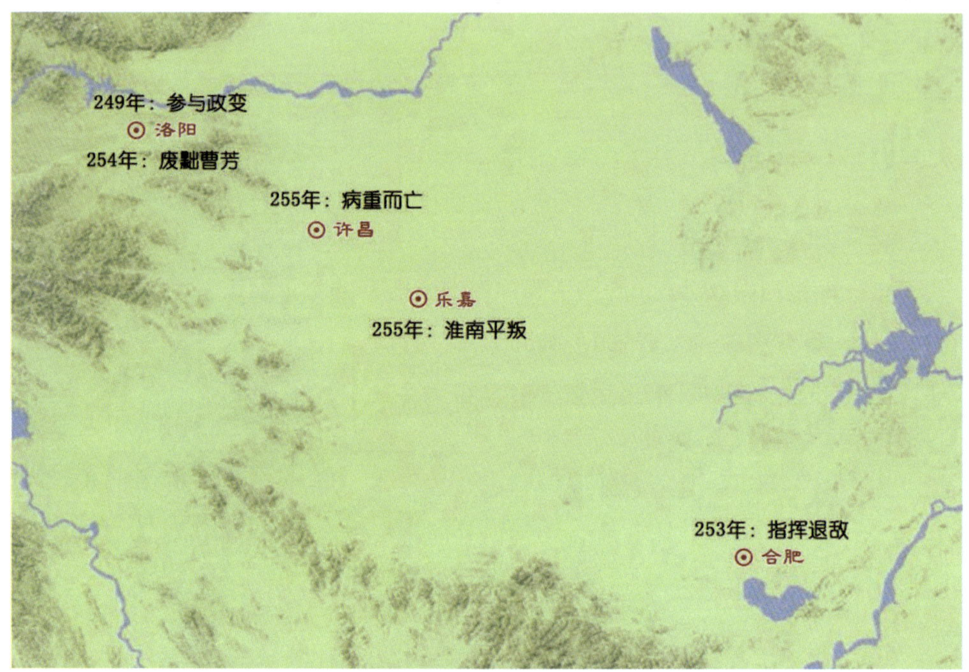

208 年：司马师出生，其父司马懿当时在曹操处担任文学掾。

238 年：司马师被拜为散骑常侍，累官至中护军。

247 年：司马师的母亲张春华去世，司马师为母守孝。

249 年：司马懿准备发动高平陵之变，只与司马师密谋，而未告诉司马昭。发动政变当天，司马师率领私养的三千死士帮助司马懿成功控制洛阳。事成后，司马师被封为长平乡侯，不久又迁升为卫将军。

251 年：司马懿去世，魏帝曹芳任命司马师为抚军大将军，执掌魏国军政大权。

252 年：司马师迁升为大将军，加侍中，都督中外诸军、录尚书事。司马师命百官推荐人才，魏国上下一心，朝野肃然。

253 年：吴国太傅诸葛恪率军包围合肥新城，司马师派镇东将军毌丘俭与扬州刺史文钦前去应敌，并命令诸将坚守不出。数月后，诸葛恪攻城不下，死伤过半。

司马师命文钦切断诸葛恪的退路，诸葛恪畏惧逃走，魏军大获全胜。

254 年：曹芳打算令中书令李丰、光禄大夫张缉等人密谋除掉司马师，以太常夏侯玄辅政。司马师得知后，诱杀李丰，又逮捕夏侯玄、张缉等人，全部夷灭三族。不久，司马师又废除皇后张氏。同年，司马师废黜曹芳为齐王，拥立年仅 14 岁的高贵乡公曹髦。

255 年：毌丘俭和文钦假称太后诏书，在寿春起兵，并向各州郡发檄文以共同讨伐司马师。当时司马师刚刚割掉眼瘤，但仍命其弟司马昭留守洛阳，自己亲率大军前去寿春平叛。到了寿春，司马师坚守不出，淮南叛军内部产生分歧，文钦投降东吴，毌丘俭逃走被杀。在战斗中，司马师受到惊吓，眼球迸出，回到许昌后病重身亡，时年 48 岁，谥号忠武侯。

264 年：司马昭受封晋王，追尊司马师为晋景王。

265 年：司马炎称帝，尊司马师为景帝。

人物能力

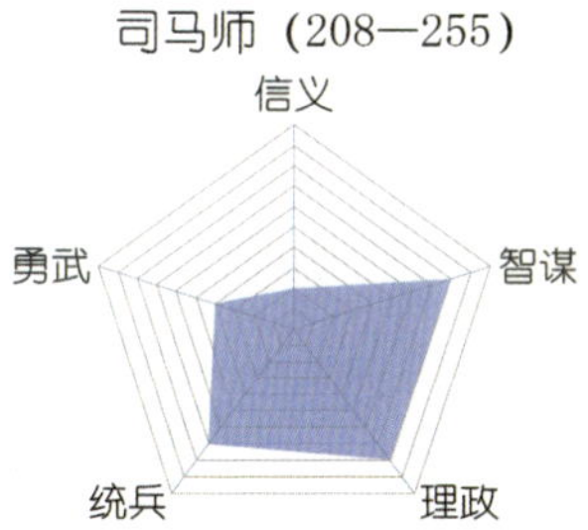

信义（2）：相比于司马懿，司马师更加心狠手辣，目无纲常。中书令李丰、光禄大夫张缉、黄门监苏铄、永宁署令乐敦、冗从仆射刘宝贤等商议以太常夏侯玄代司马师辅政。司马师得到消息，将李丰骗入府中杀死，又逮捕张缉、苏铄、乐敦、刘宝贤、夏侯玄等人，全部夷灭三族。司马师甚至连皇后和皇帝也不放过，除掉反对他的大臣后，又假借皇帝之命废除皇后张氏，再假借太后之命废除皇帝曹芳。

勇武（4）：历史上的司马师是个运筹帷幄的阴谋家，但在《三国演义》中，他也曾上阵厮杀，第 107 回，司马师曾与姜维单挑：“（姜维）拍马挺枪，直来刺师。师挥刀相迎。只三合，杀败了司马师。”

智谋（8）：房玄龄称司马师“以睿略创基”，的确，司马师考虑问题常常有过人之处。诸葛恪率兵攻打合肥，群臣担心诸葛恪分兵攻打淮泗地区，建议派兵守卫各水路口岸，但司马师认为诸葛恪刚刚获得吴国军政大权，想毕其功于一役，会全力攻打合肥，不会分兵。况且水路口岸不止一个，重兵把守需要大量兵力，兵少根本没有作用。事后，果如司马师所料，诸葛恪全力进攻合肥，并未分兵。毌丘俭与文钦在寿春反叛，司马师命诸军坚守，但诸将都认为应该主动进攻，司马师说淮南叛军内忧外患，自知必败。困兽犹斗，他们非常想速战速决。主动进攻，虽然也能获胜，但伤亡必然惨重。如果继续坚守，则会不战而胜。不久，淮南叛军人心涣散，魏军兵不血刃取得胜利。

统兵（7）：司马师历任中护军、卫将军、抚军大将军、大将军等职。面对强敌，能做到临危不乱。乐嘉之战，文鸯趁夜偷袭，当时司马师刚刚割掉眼瘤，受到惊吓，病眼迸出，司马师怕动摇军心，咬着被子指挥应敌，击退文鸯。战后，司马师发现被子都被咬破了。

理政（8）：司马师早年做中护军时，就非常重视人才选拔，《晋书》称其：“为选用之法，举不越功，吏无私焉。”成为大将军后，司马师提拔了一批才俊，邓艾、钟会等人都在司马师手下得到重用。三国最后归于司马氏，与司马师善于选贤任能有很大关系。

路人皆知：司马昭

人物资料

字号： 字子上

生卒： 211—265 年

籍贯： 司隶河内郡温县（今河南省焦作市温县）

相貌： 不详

官职： 相国

爵位： 晋王

谥号： 文皇帝

庙号： 太祖

评　价

毌丘俭、文钦：忠肃宽明，乐善好士，有高世君子之度，忠诚为国。

曹髦：司马昭之心，路人所知也。

羊祜：先帝（司马昭）顺天应时，西平巴、蜀，南和吴会，海内得以休息，兆庶有乐安之心。

张悌：摧坚敌如折枯，荡异同如反掌，任贤使能，各尽其心，非智勇兼人，孰能如之？

房玄龄：世宗以睿略创基，太祖以雄才成务。

房玄龄：世祖无外，灵关静氛。反虽讨贼，终为弑君。

王应麟：司马师引二败以为己过，司马昭怒王仪责在元帅之言。昭之恶，甚于师。

王夫之：司马昭、郭威虽逆，而固非朱温之暴，可以理夺者也。

王夫之：使司马昭杀贾充以谢天下，天下其可谢，而天其弗亟绝之邪？己谋逆而人成之，事成而恶其人，心之不昧者也。

赵翼：司马氏当魏室未衰，乘机窃权，废一帝、弑一帝而夺其位，比之于操，其功罪不可同日语矣！

人物生平

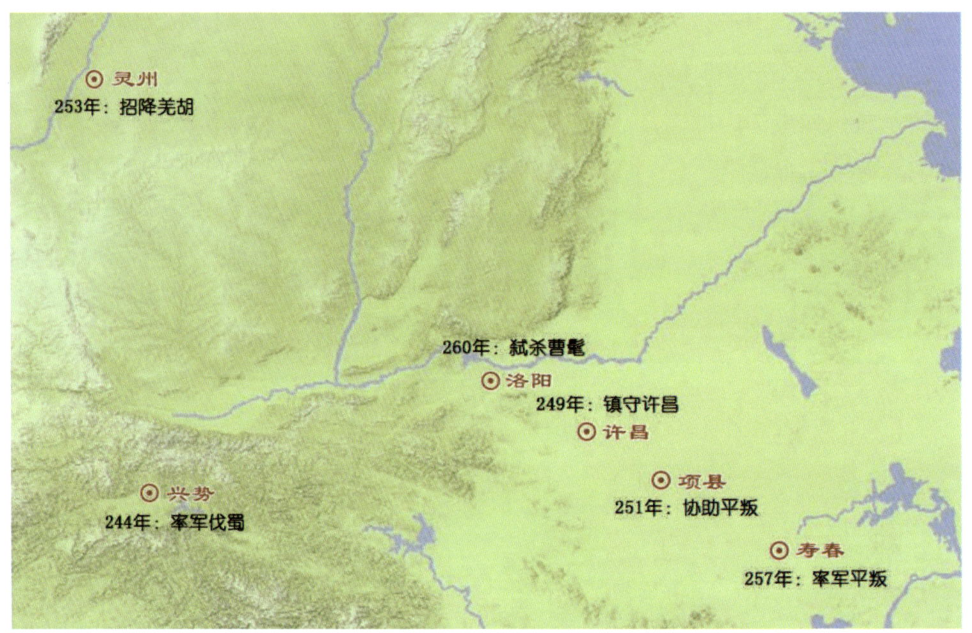

211 年：司马昭出生，是司马懿的次子，司马师的弟弟。

238 年：司马昭被封为新城乡侯。

240 年：司马昭担任洛阳典农中郎将，颇有政绩，后转任散骑常侍。

244 年：大将军曹爽伐蜀，以司马昭为征蜀将军，率军出骆谷，驻扎兴势。司马昭见蜀军凭险据守，建议退兵，曹爽采纳。回到洛阳，司马昭被拜为议郎。

249 年：司马懿发动高平陵之变，司马昭率兵保卫二宫。同年，蜀将姜维出兵陇右，司马昭担任安西将军，屯兵关中，调度诸军逼降蜀将句安。后转为安东将军，镇守许昌。

251 年：淮南王凌反叛，司马昭都督淮北诸军事，协助司马懿平定叛乱。

252 年：司马昭作为都督统率征东将军胡遵、镇东将军诸葛诞伐吴，战于东兴。胡遵、诸葛诞军大败，司马昭因此被削去侯爵。

253 年：姜维再次出兵陇右，曹芳任命司马昭征西将军，驻军长安。姜维扬言要攻狄道，被司马昭识破，姜维无奈退兵，司马昭又招降羌胡。因陇右之功，司马昭复封新城乡侯。

254 年：司马师废黜曹芳，立曹髦为帝，司马昭参与谋划有功，进封高都侯。

255 年：淮南毌丘俭与文钦反叛，司马师率军东征，司马昭兼任中领军，留镇洛阳。回军后，司马师病故，司马昭进位大将军，都督中外诸军，权倾朝野。

257 年：淮南诸葛诞反叛，司马昭携曹髦与郭太后一起东征，吴国派降将文钦救援。司马昭围而不攻，诸葛诞与文钦产生矛盾，后文钦被诸葛诞杀死。司马昭趁机攻城，大破叛军，杀死诸葛诞，夷灭三族。

260 年：魏帝曹髦讨伐司马昭，司马昭派贾充杀死曹髦，改立曹奂为天子。

263 年：司马昭兴兵十八万，分三路伐蜀，钟会攻破汉中，邓艾偷渡阴平，蜀主刘禅投降，司马昭晋封为相国。

264 年：曹奂封司马昭为晋王，加九锡。

265 年：司马昭病逝，谥号文王。司马炎称帝后，追封司马昭为文帝。

人物能力

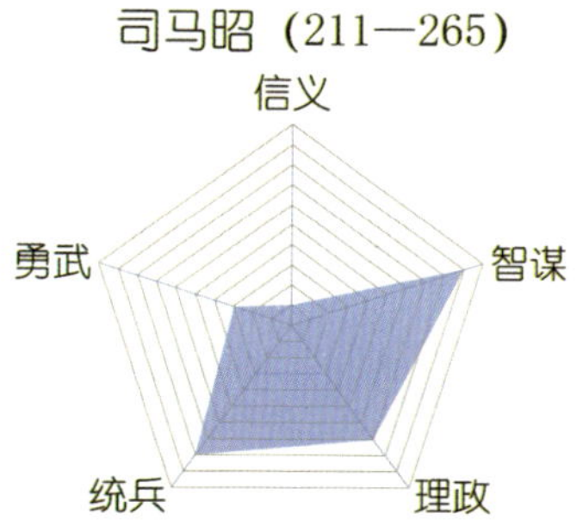

信义（1）：接任司马师成为大将军后，司马昭之心，路人皆知。曹髦殊死一搏，亲率左右攻打司马昭。司马昭心狠手辣，命亲信贾充率军迎战，贾充手下武士成济手刃曹髦。事后，司马昭仅处死成济，然后上书太后，虚伪地说：他听说做人臣的节义，应该至死不渝，迎难而上。天子率兵前来，他本想舍身等死，听候天子裁决。但考虑到这次变故可能会危害太后生命，倾覆社稷宗庙，他作为辅政大臣，有保全国家的义务，于是立即发布命令，不得靠近天子座驾。而成济私自闯入兵阵，以致发生这样的大变故，这让他痛心疾首，五脏摧裂。

勇武（3）：相比于司马懿单挑魏延，司马师单挑姜维，司马昭并没有任何单挑战绩，考虑他曾率军上阵，勇武可以给到 3 分。

智谋（9）：战争中，司马昭常有奇谋。围攻寿春时，司马昭故意制造缺粮假象，派一些老弱残兵外出觅食，前线士兵每人只发给三升大豆，让士兵装作食不果腹的样子给敌人看，并放出很多间谍到贼军中，扬言救兵就要来到。诸葛诞见魏军缺粮，救兵将至，就任由士兵尽情吃喝，城中粮食很快短缺，人心大乱。战略上，司马昭目光深远。在应该先灭蜀还是先灭吴的问题上，司马昭认为，灭吴的话，需要造战船，通水道，不是一朝一夕能完成的。而且南方潮湿，容易生病。应先取蜀国，灭蜀之后，顺流而下，水陆并进，一举吞灭吴国。司马氏 263 年灭蜀，280 年灭吴，完全是按照司马昭的战略计划执行的。

统兵（8）：249 年，姜维出兵陇右，司马昭占据长城，在骆谷设疑兵，姜维畏惧，退保南郑，蜀将句安投降。253 年，姜维再次出兵陇右，司马昭识破姜维疑兵之计，再次将其逼退，并趁机降服了与姜维亲近的羌胡。257 年，诸葛诞叛乱，司马昭率军前往，以逸待劳，造成叛军内乱，用最小的代价彻底解决了淮南问题。

理政（7）：司马昭在洛阳担任典农中郎将时，魏明帝大兴奢侈之风，司马昭免除苛捐杂税，不误农时，百姓大为喜悦。灭蜀之后，司马昭命“司空荀𫖮定礼仪，中护军贾充正法律，尚书仆射裴秀议官制，太保郑冲总而裁焉”，群臣各司其能，为统一天下奠定了扎实的政治基础。

挟术难保：钟会

人物资料

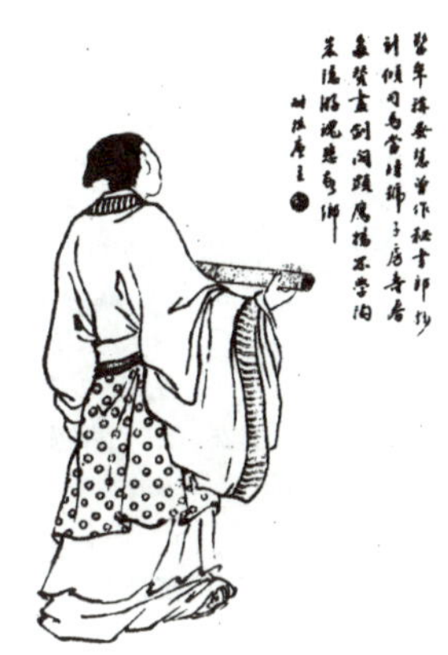

字号：字士季

生卒：225—264 年

籍贯：豫州颍川郡长社县（河南省许昌市长葛市）

相貌：不详

官职：司徒

爵位：陈侯

评　价

蒋济：非常人也。

司马师：此真王佐材也！

傅嘏：子志大其量，而勋业难为也，可不慎哉！

曹髦：会典综军事，参同计策，料敌制胜，有谋谟之勋，而推宠固让，辞指款实，前后累重，志不可夺。

王元姬：会见利忘义，好为事端，宠过必乱，不可大任。

辛宪英：会在事纵恣，非特久处下之道。

夏侯霸：有钟士季者，其人虽少，终为吴、蜀之忧，然非非常之人亦不能用也。

钟毓：会挟术难保，不可专任。

姜维：闻君自淮南已来，算无遗策，晋道克昌，皆君之力。今复定蜀，威德振世，民高其功，主畏其谋，欲以此安归乎！

裴楷：钟会如观武库森森，但见矛戟在前。

荀勖：会虽受恩，然其性未可许以见得思义，不可不速为之备。

陈寿：少敏惠夙成。

陈寿：钟会精练策数。

人物生平

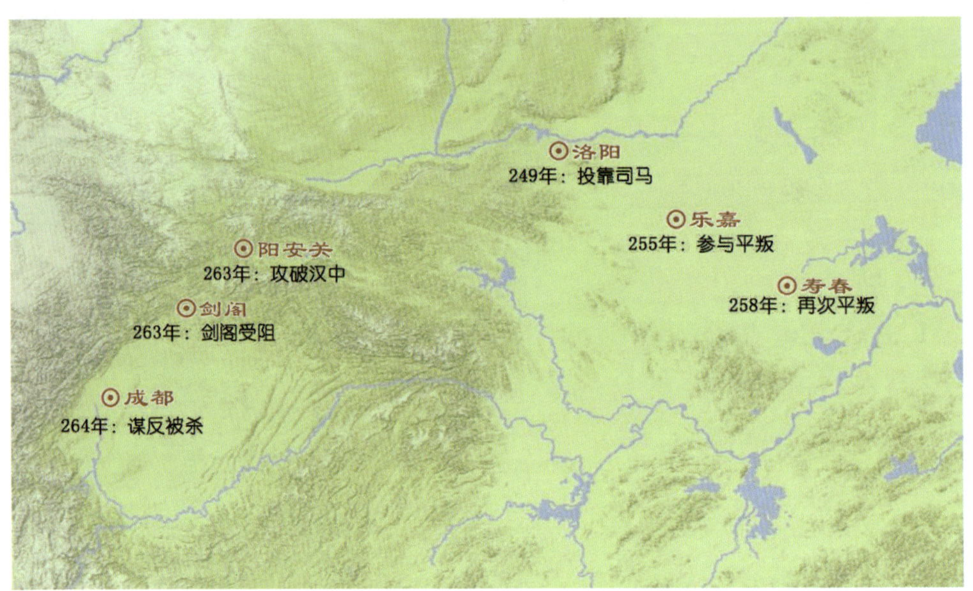

225 年：钟会出生，是太傅钟繇的次子，其兄为钟毓。

229 年：钟会从小聪明伶俐，5 岁时，钟会前去拜见蒋济，蒋济非常惊讶，认为钟会不同寻常。

245 年：钟会担任秘书郎。

247 年：钟会迁升为尚书郎。

249 年：司马懿发动高平陵之变，独揽大权，钟会时为中书郎，受到司马师赏识，成为司马家族的重要幕僚。

254 年：高贵乡公曹髦即位，钟会被封为关内侯。

255 年：毌丘俭在淮南起兵谋反，钟会跟随司马师东征平叛，参与军机要事。司马师回到许昌后病死，钟会继续在司马昭手下担任幕僚，帮助司马昭接替司马师掌权。司马昭提拔钟会为黄门侍郎，封东武亭侯。

257 年：司马昭征辟诸葛诞为司空，钟会预料诸葛诞不会应召，后果如钟会所料，诸葛诞在淮南谋反。司马昭率钟会等人前去讨伐，攻打寿春期间，钟会多次献策，协助司马昭成功平叛。后论功行赏，司马昭准备提拔钟会为太仆，但钟会坚决推辞不受，只以中郎的身份在大将军府管记室事。司马昭又欲赐钟会陈侯之爵位，钟会依然不受。

261 年：司马昭提拔钟会为司隶校尉，负责朝廷大小事务与官员任免。

262 年：钟会被任命为镇西将军，都督关中军事。

263 年：司马昭下诏，三路伐蜀，钟会亲率十万大军，从斜谷和骆谷进攻汉中。蜀军坚守不出，钟会强攻，终于攻破阳安关，夺取汉中。钟会继续南下，在剑阁受到姜维的顽强抵御，无法突破。后邓艾偷渡阴平，刘禅放弃抵抗，命姜维向钟会投降。钟会因伐蜀之功被拜为司徒，领县侯。

264 年：灭蜀后，钟会与邓艾产生矛盾，钟会上书称邓艾谋反，司马昭下令将邓艾押送到洛阳。除掉邓艾后，钟会心生反意，计划与姜维联合，反攻曹魏夺取天下。但钟会手下将领胡烈兵变，钟会被杀，时年 40 岁。

人物能力

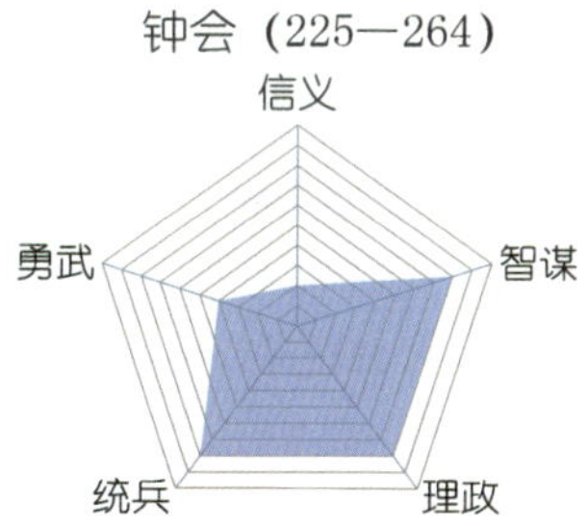

信义（2）：司马师剿灭淮南二叛后病逝于许昌，魏帝曹髦以东南刚刚平定为由，命司马昭驻守许昌，负责内外接应，由傅嘏率领军队回朝，意在剥夺司马昭的兵权。钟会与傅嘏密谋，私自与司马昭一起返回，驻军洛阳附近，曹髦无奈，只得拜司马昭为大将军，魏室失去了最后一次从司马氏手中夺回权力的机会。钟会的哥哥钟毓很早就看出他弟弟挟术难保，声明与他划清界限。钟会伐蜀前，钟毓对司马昭说，他的弟弟才智过人，但好玩弄权术，野心不小，不可不提防。果然，灭蜀后，钟会野心膨胀，自命不凡，先除掉邓艾，又与姜维合谋，计划反攻魏国，称霸天下。先叛魏，后叛晋，钟会心中并无信义，只有野心。

勇武（4）：钟会虽然是员名将，但在勇武方面一般。与姜维谋反，事情败露，胡烈率兵来攻，钟会十分慌张，问姜维："兵来似欲作恶，当云何？"姜维说："但当击之耳。"交战时，姜维手刃五六人后才被杀，而钟会则是引颈受戮。

智谋（8）：在司马氏手下担任幕僚期间，钟会运筹帷幄，被称为当代张良。司马昭任命诸葛诞为司空，想将其召回洛阳除掉，当时钟会正在家守丧，他料定诸葛诞肯定不会听命，于是驰马报告司马昭。后来诸葛诞果然谋反。司马昭兴兵伐蜀，群臣都认为不可行，唯独钟会坚持可以灭掉蜀国，并与司马昭共同勘察地形，讨论进攻方案。263 年，司马昭下令大举伐蜀，仅用了一年时间，就逼降刘禅，灭掉蜀国，证明钟会的判断十分正确。

统兵（8）：钟会治军严格，攻打汉中时，钟会命许褚之子许仪在前修路，但过桥时，战马蹄陷入坑中，钟会不顾及许仪先父许褚立下过汗马功劳，将许仪斩首，诸军从此不敢怠慢。到了汉中，蜀军坚守不出，钟会声东击西，命护军荀恺、前将军李辅各统领万人，分别包围汉城和乐城，又派护军胡烈猛攻阳安关，成功夺取汉中。

理政（8）：钟会助司马昭平定诸葛诞叛乱后，被任命为司隶校尉。虽然不是内臣，但军政大事、人员任免都由钟会按照规程处理。蜀汉灭亡后，钟会下令严禁士兵抢掠，又主动结交蜀国臣僚，对蜀汉政权的顺利过渡起到了维稳的作用。

口吃将军：邓艾

人物资料

字号：字士载，本名邓范

生卒：197—264 年

籍贯：荆州义阳郡棘阳县（今河南省新野市）

相貌：不详

武器：刀

官职：太尉

爵位：邓侯

评　价

曹髦：艾筹画有方，忠勇奋发，斩将十数，馘首千计，国威震于巴蜀，武声扬于江岷。

司马炎：征西将军邓艾，矜功失节，实应大辟。

司马炎：艾有功勋，受罪不逃刑，而子孙为民隶，朕常愍之。

陈寿：邓艾矫然强壮，立功立事，然阇于防患，咎败旋至，岂远知乎诸葛恪而不能近自见，此盖古人所谓目论者也。

孟知祥：奈何躁愤，自毁功庸，入此槛车，还为邓艾，深可痛惜，谁肯愍之！

虞预：王基、邓艾、周秦、贾越之徒，皆起自寒门，而著绩于朝。

王安石：昔邓艾不赖蔡河漕运，故能并水东下，大兴水田。

成淹：至如邓艾怀忠，矫命宁国，赤心皎然，幽显同见，而横受屠戮，良可悲哀。

卢弼：邓艾耄年，裹毡履险，报国精忠，允宜彰表。

何去非：观艾之为将也，急于智名而锐于勇功，喜激前利而忘顾后患者也。

项忠：昔马援薏苡蒙谤，邓艾槛车被征。功不见录，身更不保。

人物生平

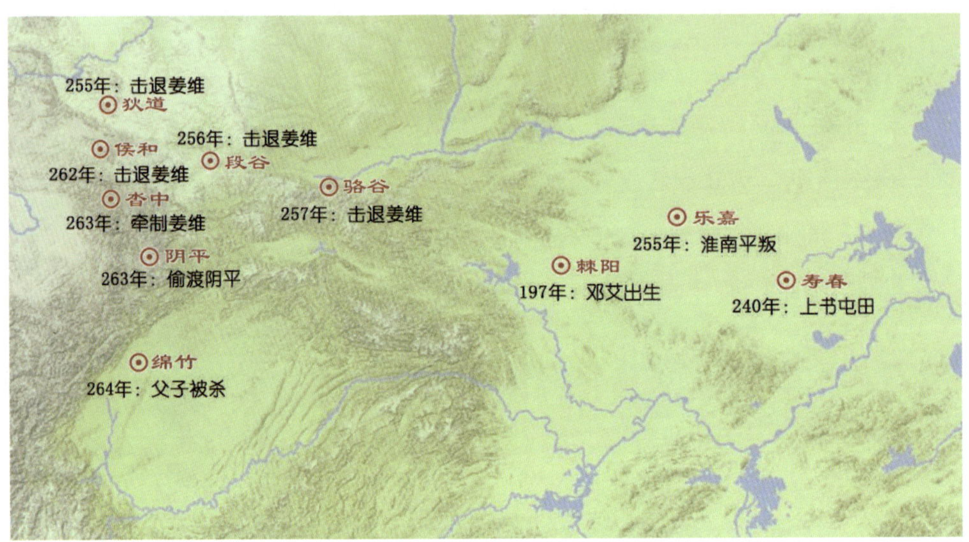

197 年：邓艾出生，很小就失去了父亲，由母亲抚养长大。

208 年：曹操南下荆州，邓艾逃到汝南郡，以放牛为生，后又到颍川郡。成年后，邓艾被推举为都尉学士，但因口吃仅担任看管稻田的小吏。

236 年：担任典农纲纪、上计吏期间，邓艾因公事被派到洛阳，见到了时任太尉的司马懿，受到司马懿赏识，召为掾属，后迁升为尚书郎。

240 年：邓艾撰写《济河论》，提出在淮河两岸兴修水利，扩展屯田的建议。司马懿采纳了邓艾的意见，广开河道，修建漕渠。

249 年：姜维兵犯西平，邓艾迁升为南安太守，与征西将军郭淮击败姜维。邓艾被封为关内侯，加讨寇将军，后迁升为城阳太守。

251 年：司马懿去世，司马师辅政，采纳了邓艾的很多建议，升邓艾为汝南太守。

253 年：邓艾迁升为兖州刺史，并获封振威将军。邓艾上表，再次强调农业的重要性，建议以“积粟富民”作为官员政绩的标准。

254 年：曹髦即位，进封邓艾为方城亭侯。

255 年：毌丘俭、文钦在淮南谋反，邓艾前去平叛，斩杀毌丘俭，击退文钦。吴国大将孙峻率兵十万来袭，邓艾据守附亭，迫使孙峻退兵。邓艾担任长水校尉，进封方城乡侯。同年，邓艾在狄道击败姜维，迁安西将军，兼领护东羌校尉。

256 年：邓艾于段谷击退姜维。曹髦下诏褒奖邓艾，命邓艾为镇西将军，都督陇右诸军事，进封邓侯。

257 年：邓艾在长城击退姜维，迁升为征西将军。

262 年：邓艾在侯和击败姜维，迫使姜维退保沓中。

263 年：司马昭起三路大军灭蜀，邓艾牵制姜维助钟会攻占汉中，姜维退守剑阁，钟会无法攻破，考虑退军。邓艾偷渡阴平，深入蜀国腹地，迫降马邈，击杀诸葛瞻、张遵，刘禅投降。司马昭下诏封邓艾为太尉。

264 年：灭蜀之后，邓艾居功自傲，擅加封赏，钟会与邓艾不和，趁机举报邓艾谋反，司马昭下令，将邓艾下狱，押送回洛阳受审。钟会独霸成都后与姜维密谋反叛，事泄被杀。邓艾部下抢回邓艾，但被监军卫瓘派兵杀死。

273 年：西晋皇帝司马炎下诏，为邓艾平反，并任用邓艾嫡孙邓郎为郎中。

人物能力

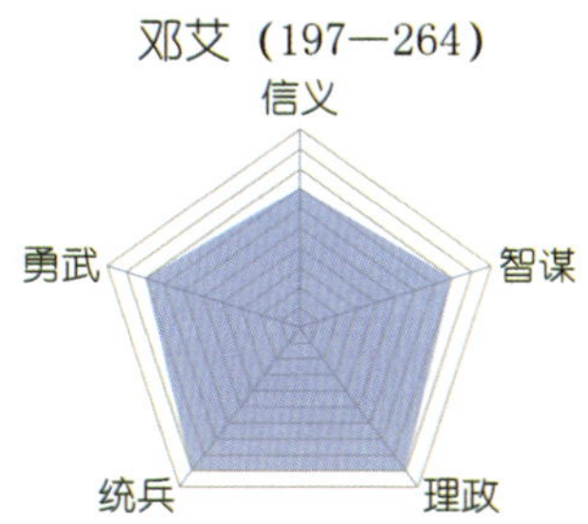

信义（7）：邓艾早年因为口吃只混上一个看守稻田的小官，靠同郡人的父亲接济度日。邓艾当上汝南太守后，便去寻找当年资助过自己的老人，但老人已经去世，邓艾以厚礼赠予他的遗孀，并提拔他的儿子为计吏。邓艾之死虽因“悖逆”

之罪，但邓艾并无叛逆之心，钟会诬告邓艾是为了自己的野心，司马昭除掉邓艾是因为他功高盖主，两人不谋而合。诚然，邓艾灭蜀之后有些膨胀，但这与谋反还差十万八千里，否则手握重兵的他也不会束手就擒。

勇武（8）：演义中，邓艾与姜维有过两次单挑，一次是在第 115 回：“二人交锋数十余合，不分胜负。”一次是在第 116 回：“维抖擞精神，与艾战十有余合，不分胜负。”能和姜维不相上下，邓艾的勇武可以给到 8 分。

智谋（8）：姜维后几次北伐的对手都是邓艾，在几次斗智中，邓艾完胜。249 年，姜维兵出西平，进攻受阻选择退兵。邓艾说：“敌军并未走远，也许还会回来，应该分兵把守。”三天后，姜维果然派廖化前来。邓艾又说：“姜维突然返回，我军人少，按照兵法他们渡河不必搭浮桥。这一定是姜维派廖化来牵制我军，姜维必会袭取洮城。”于是，邓艾率先占据洮城。不久，姜维果然率重兵进攻洮城，但发现洮城已经被邓艾占领，姜维只得退军。

统兵（9）：邓艾年轻时非常喜欢研究兵法，每次见到高山大川，都设想该如何安营扎寨。249 年，邓艾随名将郭淮击退姜维，获封讨寇将军。从此，邓艾开始了他作为军事家的辉煌人生。东线战场，邓艾斩杀毌丘俭，攻破文钦，击退孙峻；西线战场，邓艾先后多次击败姜维，迫使姜维无力北伐。灭蜀之战，邓艾牵制姜维主力助钟会攻取汉中，钟会受阻剑阁，邓艾又率军偷渡阴平，沿途七百里，邓艾凿山通道，造桥作阁，直抵成都，迫使刘禅投降，几乎凭借一己之力荡平巴蜀。

理政（9）：邓艾家境贫寒，又是稻田守丛草吏出身，比官二代富二代更明白粮食对百姓的重要性，因此非常重视农业。241 年，在邓艾的建议下，曹魏在淮河两岸广开河道，大举屯田。每当东南有战事，大军便可乘船而下，直达江淮。同时，军粮充足，水灾也基本消除。邓艾一生在多地做官，每到一处都鼓励开荒种田，当地百姓和军队在乱世中生活得都很富足。

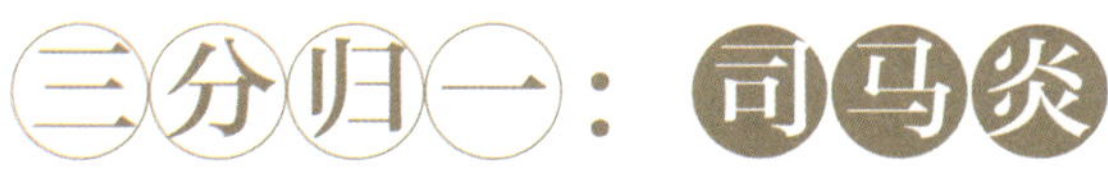

三分归一：司马炎

人物资料

字号：字安世

生卒：236—290 年

籍贯：司隶河内郡温县（今河南焦作市温县）

相貌：发委地，手过膝。（《晋书》）人物魁伟，立发垂地，两手过膝。（《三国演义》）

年号：泰始、咸宁、太康、太熙

谥号：晋武帝

庙号：晋世祖

评　价

何曾：聪明神武，有超世之才。

刘毅：桓、灵卖官，钱入官库，陛下卖官，钱入私门。以此言之，殆不如也。

陆云：世祖武皇帝临朝拱默，训世以俭，即位二十有六载，宫室台榭无所新营，屡发明诏，厚戒丰奢。

虞世南：武帝平吴之后，怠于政事，蔽惑邪佞，留心内宠，用冯统之谗言，拒和峤之正谏，智士永叹，有识寒心。

房玄龄：帝宇量弘厚，造次必于仁恕；容纳谠正，未尝失色于人；明达善谋，能断大事，故得抚宁万国，绥静四方。

李世民：虽则善始于初，而乖令终于末，所以殷勤史策，不能无慷慨焉。

司马光：至于晋武独以天性矫而行之，可谓不世之贤君。

苏辙：武帝之为人，好善而不择人，苟安而无远虑。

人物生平

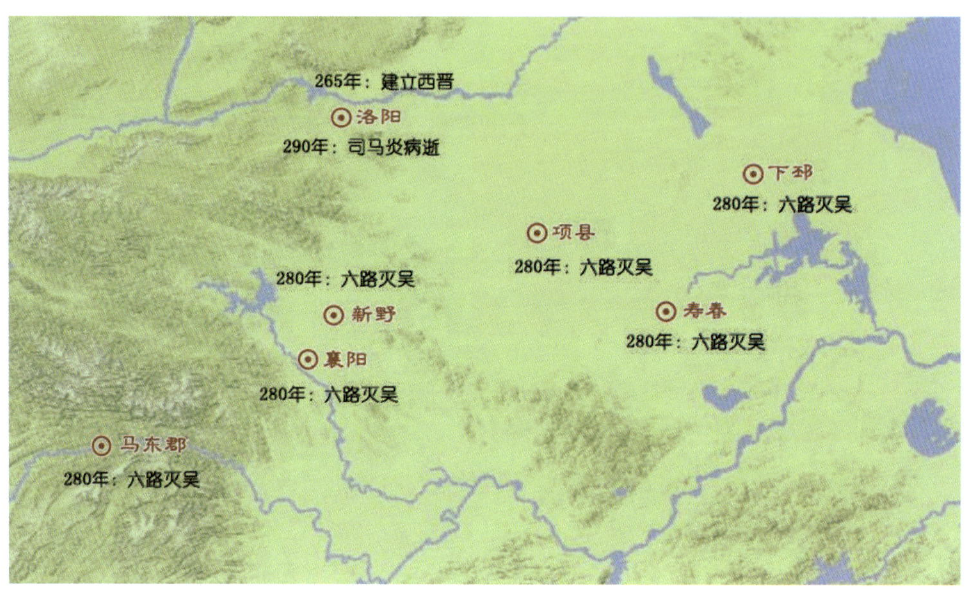

236 年：司马炎出生，为司马昭的长子、司马懿的长孙。

254 年：司马炎被封为北平亭侯，先后担任给事中、奉车都尉、中垒将军，加散骑常侍，累迁至中护军。

260 年：司马炎迁升为中抚军，晋封为新昌乡侯。

265 年：司马炎被司马昭立为世子，担任抚军大将军，副贰相国，开府治事。八月，司马昭病逝，司马炎继任相国和晋王。十二月，魏元帝曹奂禅位，司马炎建立晋国，改元泰始，封曹奂为陈留王，追尊司马懿为宣皇帝，司马师为景皇帝，司马昭为文皇帝。

266 年：司马炎立杨艳为皇后。

267 年：司马炎立次子司马衷为皇太子。

268 年：司马炎颁布《泰始令》，这是中国第一部儒家化的法典。

275 年：司马炎大赦天下，改元咸宁，追尊宣帝司马懿为高祖，景帝司马师为世宗，文帝司马昭为太祖。

276 年：司马炎于皇后杨艳去世两年后，立杨艳堂妹杨芷为皇后，大赦天下。

277 年： 司马炎封多位同姓王，这为日后八王之乱埋下伏笔。同年，司马炎在宣武观举行大规模阅兵，为灭吴做准备。

279 年： 杀死秃发树机能，平定凉州。司马炎下诏全面伐吴，命镇军将军、琅邪王伷出涂中，安东将军王浑出江西，建威将军王戎出武昌，平南将军胡奋出夏口，镇南大将军杜预出江陵，龙骧将军王濬、广武将军唐彬出益州。东西兵力共二十余万，以太尉贾充为大都督，行冠军将军杨济为副都督。

280 年： 晋军势如破竹，连战连捷，直逼吴国都城建业。孙皓畏惧，向晋军投降，被送到洛阳，司马炎封孙皓为归命侯。司马炎下令，保留牧守以下官员不动，并免除孙皓时期的苛捐杂税，百姓十分高兴。同年，司马炎改元太康，大赦天下。

290 年： 司马炎改元太熙。同年，司马炎病逝，时年 55 岁，庙号始祖。

人物能力

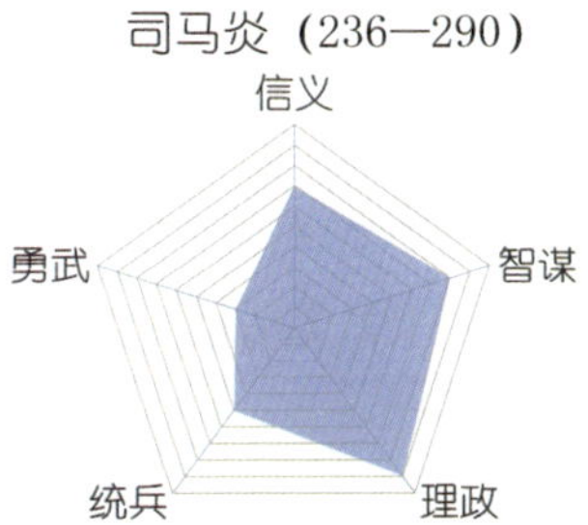

信义（7）： 司马炎篡魏称帝是大势所趋，并未过多影响他的信义。从司马炎对曹奂等人的做法来看，甚至可以加分。废黜曹奂后，司马炎封曹奂为陈留王，食邑万户，居住在邺城的宫殿，享受天子一样的待遇。刘禅投降后，司马炎封他为安乐县公，“食邑万户，赐绢万匹，奴婢百人”。孙皓投降后，司马炎封他为归命侯，“进给衣服车乘，田三十顷，岁给谷五千斛，钱五十万，绢五百匹，绵五百斤”。

勇武（3）： 正史和演义中，司马炎都不曾上阵杀敌，但演义说司马炎身材“魁伟”，还曾带剑进入曹奂寝宫，勇武可以给 3 分。

智谋（8）：凉州叛乱，司马炎任命马隆为讨虏将军、武威太守，前去平叛。大臣们都反对，认为马隆只是一员小将，不值得信任。但司马炎力排众议，给予马隆许多特权。后来马隆果然平定凉州叛乱。准备征吴时，重臣贾充、荀勖、冯统都坚决反对，但司马炎认为时机成熟，巧妙布局，六路大军同时进发，在一年内就逼迫孙皓投降。

统兵（5）：司马炎曾先后担任中护军、中抚军、抚军大将军，具备一定的统兵能力。伐吴时，司马炎派贾充任大都督，贾充以年老为由推脱，司马炎说，贾充若是不去，他就亲自率兵前往。

理政（9）：司马炎一统三国，结束了长达百年的乱世，开启了太康之治。司马炎很注意开垦荒地，兴修水利，在汲郡开荒五千多顷，郡内的百姓丰衣足食；整修陂渠，对灌溉和运输都起到了重大作用。制度方面，司马炎建国后实行户调制，这一制度限制了世家豪族对百姓的盘剥，用行政的手段将大量的流动人口安置到土地从事生产，对于稳定社会秩序，促进社会经济的恢复与发展，起到了积极作用。选拔官吏方面，司马炎提出六条标准："一曰忠恪匪躬，二曰孝敬尽礼，三曰友于兄弟，四曰洁身劳谦，五曰信义可复，六曰学以为己。"这六条标准深得民心，形成了良好的社会风气。司马炎一生最大的错误就是没有下决心废黜惠帝司马衷，导致西晋很快就灭亡了。

三国人物大数据10：兵器篇

武将单挑，一定要有一件称手的兵器，世界上，恐怕没有哪个国家有中国这样丰富的冷兵器文化了。在民间，一直有“十八般兵器”的说法，也就是“刀、枪、剑、戟、斧、钺、钩、叉、鞭、锏、锤、抓、镋、棍、槊、棒、拐、流星”。《三国演义》就是一座冷兵器的宝库，上述十八般兵器在里面几乎都有出现。而像青龙偃月刀、丈八蛇矛、青釭宝剑、方天画戟这些著名兵器更是带给读者无尽的想象。

对《三国演义》中的兵器进行统计，按照使用人数排序，分别是：

兵器名称	使用人数
刀	89
枪（矛）	67
剑	34
戟	12
斧	6
鞭	2
锤	2
流星锤	2
棒	2
牌	2
槊	1
叉	1
戈	1
四楞铁简	1
铁蒺藜骨朵	1

刀、枪、剑、戟、斧的顺序与十八般兵器的前五位不谋而合。

《三国演义》中用刀的武将有 89 人，其中的名将有许褚、庞德、张辽、夏侯渊、关羽、黄忠、魏延、马岱、孙坚、周泰、丁奉、颜良等。最著名的刀当属关羽的青龙偃月刀，温酒斩华雄、斩颜良诛文丑、过五关斩六将用的都是它，与赤兔马同为关羽的标志。青龙指的是刀吐口的龙头设计，偃月即半弦月，是刀头的形状。

电视剧中的青龙偃月刀

但是，历史上的关羽的兵器不可能是青龙偃月刀，因为偃月刀不适合上阵杀敌，只适合操练，明代兵书《武备志·军资乘·器械》明确说：

偃月刀以之操习示雄，实不可施于阵也。

甚至，历史上关羽用的是不是刀都有争议，《三国志·关张马黄赵传》记载：

曹公使张辽及羽为先锋击之。羽望见良麾盖，策马刺良于万众之中，斩其首还。

很多学者因为一个“刺”字推测关羽的武器是矛或枪，而不是刀。这也有些武断，刀就一定不能刺吗？《汉书·苏武传》记载：

武谓惠等：“屈节辱命，虽生，何面目以归汉！”引佩刀自刺。

刺和劈都是人类的本能，认为刀不能刺，枪不能劈，是典型的纸上谈兵。关羽不可能用青龙偃月刀，但不排除用的是大刀或长刀，这在魏晋时期很普遍：

韦好持大双戟与长刀等。（《三国志·典韦传》）

安与壮士十余骑于陕中格战，安左手奋七尺大刀，右手执丈八蛇矛，近交则刀矛俱发，辄害五六。(《晋书·载记第三》)

关羽杀完颜良后“斩其首还”，可见，即使关羽的武器是枪或矛，关羽也是佩戴短刀的。南朝陶弘景所撰《古今刀剑录》中还记录了关羽所用之刀的名称：

关羽为先主所重，不惜身命。自采都山铁为二刀，铭曰“万人”。及羽败，羽惜刀，投之水中。

除了青龙偃月刀，还有一些特殊的刀，比如孙坚的古锭刀、祖茂的双刀、纪灵的三尖刀、晏明的三尖两刃刀、祝融夫人的飞刀、韩琪的日月刀、夏侯楙的大砍刀、忙牙长的截头大刀，等等。

《三国演义》中用枪或矛的武将有 67 位，其中的名将有夏侯惇、张郃、文鸯、赵云、马超、张飞、姜维、太史慈、程普等。

矛头比枪头更重，因此矛比枪更适合劈砸。枪更灵动一些，被誉为“百兵之贼”。通常，为了防止刺中敌人后被血溅到，枪头通常会系上红缨，而矛不会。但总体来说，枪和矛差别不大，《三国演义》也不做区分。张飞用的是丈八蛇矛，但第 39 回张飞杀夏侯兰时，原文说“张飞一枪刺夏侯兰于马下”。

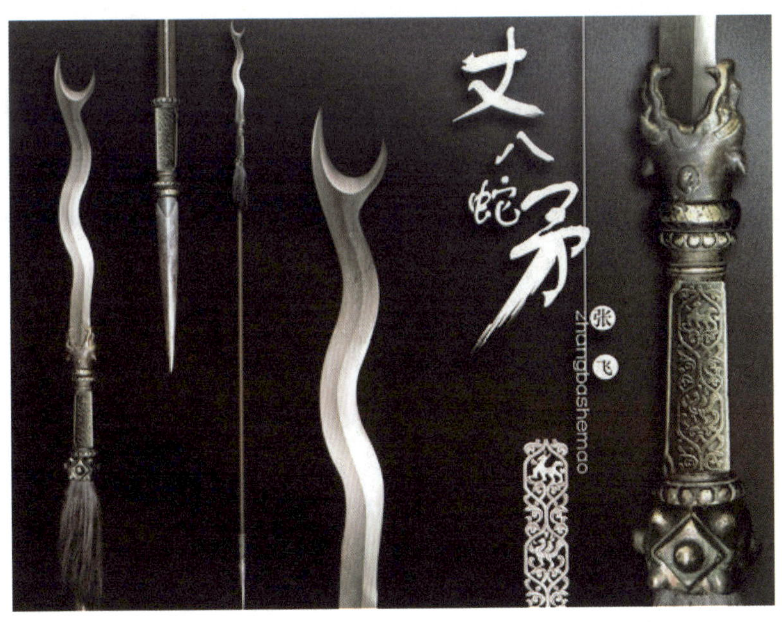

电视剧中的丈八蛇矛

《三国演义》中最著名的枪矛就是张飞的丈八蛇矛，张飞用它于虎牢关战吕布，葭萌关斗马超。《三国志·张飞传》记载：

先主闻曹公卒至，弃妻子走，使飞将二十骑拒后。飞据水断桥，瞋目横矛曰："身是张益德也，可来共决死！"敌皆无敢近者，故遂得免。

历史上张飞的兵器的确是矛，但真的是丈八蛇矛吗？所谓蛇矛，指的是矛头弯弯曲曲的形状，而丈八指的是蛇矛的长度。一汉尺大约是 24 厘米，一丈 10 尺，丈八共 18 尺，即 4.32 米。这是不是太长了呢？民间武谚说："七尺为枪，八尺为棍，长矛一丈零八寸。"一丈零八寸大约 2.6 米，似乎更容易上手。到底是一丈八尺还是一丈八寸呢？至少在三国时代，应该是一丈八尺，东汉张揖《埤苍》载：

矛长一丈八尺。

甚至，在三国时代，还有三丈的矛，《三国志·东夷传》：

作矛长三丈，或数人共持之，能步战。

而且，丈八蛇矛也的确可以用于战场，《晋书·载记第三》：

安与壮士十余骑于陕中格战，安左手奋七尺大刀，右手执丈八蛇矛，近交则刀矛俱发，辄害五六。

所以，张飞用丈八蛇矛完全是可能的。

《三国演义》中用剑作为武器的武将有 34 人。剑属于短兵器，不适合武将马上单挑，通常作为佩戴兵器出现，用来防身或步战。《三国演义》中关羽、张飞、赵云、马超都曾用佩剑杀人。但也有一些人在马上用剑，最典型的就是刘备。刘备之所以选择双股剑作为马上兵器，大概因为他手臂较长，双手过膝，可以弥补武器的不足。

所有的宝剑中，赵云的青钉剑名气最大。青钉剑本是曹操的两口宝剑之一，嘉靖本八十二则：

原来曹操有剑二口：一名倚天，一名青钉。倚天剑自佩之，青钉剑教夏侯恩佩之。倚天剑镇威，青钉剑杀人。

人夏侯恩。原来曹操有劍二口。一名倚天。一
名青釭。倚天劍自佩之。青釭劍教夏侯恩佩
之。倚天劍鎮威。青釭劍殺人。夏侯恩以為無
敵之處。乃撇了曹操。只顧引人搶奪擄掠。正
撞子龍。一鎗刺於馬下。就奪那口劍。視看靶
上有金嵌青釭二字。方知是寶劍也。雲聽後
軍已到。看時馬步官軍漫山遍野。盡皆圍定
百姓擄掠殺害老小。趙雲挺鎗拍馬。直殺透
重圍。回頭觀之。將士漸漸蕩消。又殺一陣。只

剩得孤身。趙雲無半點退心。只顧往來尋覓
但逢百姓。便問糜夫人消息。忽一人指曰。夫
人抱着孩兒。左腿上着鎗了。走不動。只在面
前墻缺內坐的。趙雲慌來追尋。只見一箇人
家被火燒壞矮墻。糜夫人抱着三歲幼子。坐
地上而哭。趙雲慌忙下馬。入見糜夫人。夫人
曰。妾身得見將軍。此子有命矣。望將軍可憐
他父親飄蕩半世。只有這點骨肉。將軍可護
持此子。教他得見父面。妾死無恨矣。趙雲曰。

青釭剑与倚天剑（嘉靖本《三国志通俗演义》）

釭的本意是油灯，青釭即青灯，常与“寒”“冷”等词连用。刘基《寒夜》：“青釭冷暗愁眠怯，楼外频移北斗杓。”黄景仁《焦节妇行》：“荧荧一点青釭寒，蟋蟀在户鬼在室。”青釭指宝剑寒光逼人。

三国故事源于评书艺术，“釭”这个字较生僻，不易传播，不符合评书艺人的创作规律。或许，青釭原本作青虹，好事者以剑为金属改了个金字旁，成了青釭，却不知道“釭”这个字原本就存在。在明清两代的诗词中，青虹常常形容剑气或剑光，如王稚登《碧云寺月出赠朱十六短歌》：“渐离筑傍流水立，干将剑上青虹绕。”于谦《秋兴用陈绣衣韵》：“黄鹄摩云壮气增，青虹贯斗剑光腾。”陈日昌《次韵答唐卧公其二》：“几淬青虹怜古剑，独翻黄石得奇篇。”戚继光《秋日其二》：“旗翻紫电皇威远，剑跃青虹阃令明。”李慈铭《水龙吟》：“恁奔雷战夕，痴云遏晓，看长剑，青虹吐。”姚燮《怀九老诗九章其九》：“延平剑气逼牛斗，郁然远见青虹光。”甚至，黎崇敕《赠朱季美》一诗中，明确提到了青虹剑：“握里青虹剑，囊中白雪章。”青釭与倚天，两者在意象上并无多大关联。换成青虹倚天，就非常有诗意了。

《三国演义》中用戟的武将有 12 人，其中的名将包括吕布、典韦、甘宁、太史慈等。最著名的是吕布的方天画戟和典韦的双铁戟。

《三国演义》第 16 回，张绣偷袭曹操，忌惮典韦，张绣部将胡车儿说："典韦之可畏者，双铁戟耳。主公明日可请他来吃酒，使尽醉而归。那时某便混入他跟来军士数内，偷入帐房，先盗其戟，此人不足畏矣。"于是胡车儿偷走典韦双铁戟，典韦只能手提两人作战，悲壮战死。正史中，典韦的确善于用双戟，《三国志·典韦传》记载：

韦好持大双戟与长刀等，军中为之语曰："帐下壮士有典君，提一双戟八十斤。"

而宛城之战时，典韦的双戟并没有被胡车儿偷走，《三国志·典韦传》是这样描述宛城之战的：

韦战于门中，贼不得入。兵遂散从他门并入。时韦校尚有十余人，皆殊死战，无不一当十。贼前后至稍多，韦以长戟左右击之，一叉入，辄十余矛摧。左右死伤者略尽。韦被数十创，短兵接战，贼前搏之。韦双挟两贼击杀之，余贼不敢前。韦复前突贼，杀数人，创重发，瞋目大骂而死。贼乃敢前，取其头，传观之，覆军就视其躯。

除了长戟，典韦还擅长投掷手戟：

时西面又急，韦进当之，贼弓弩乱发，矢至如雨，韦不视，谓等人曰："虏来十步，乃白之。"等人曰："十步矣。"又曰："五步乃白。"等人惧，疾言"虏至矣"！韦手持十余戟，大呼起，所抵无不应手倒者。

手戟类似短剑，是一种佩戴短兵器，通常背在背后，可格斗，可投掷，三国时代很多人用手戟防身：

先主之败，有人言云已北去者，先主以手戟擿之曰："子龙不弃我走也。"(《三国志·赵云传》)

（慈）时独与一骑卒遇策。策从骑十三，皆韩当、宋谦、黄盖辈也。慈便前斗，正与策对。策刺慈马，而揽得慈项上手戟，慈亦得策兜鍪。(《三国志·太史慈传》)

太祖尝私入中常侍张让室，让觉之；乃舞手戟于庭，逾垣而出。才武绝人，莫之能害。(《三国志·武帝纪》)

既会，策引白刃斫席，舆体动，策笑曰："闻卿能坐跃，剿捷不常，聊戏卿耳！"舆曰："我见刃乃然。"策知其无能也，乃以手戟投之，立死。(《三国志·孙破虏讨逆传》)

汉画像石上的短戟

《三国演义》中吕布的兵器是方天画戟，这种设定大概源于《三国志·吕布传》，其中多次提到戟：

然卓性刚而褊，忿不思难，尝小失意，拔手戟掷布。

布令门候于营门中举一只戟，布言："诸君观布射戟小支，一发中者诸君当解去，不中可留决斗。"布举弓射戟，正中小支。

布因登求徐州牧，登还，布怒，拔戟斫几曰："卿父劝吾协同曹公，绝婚公路；今吾所求无一获，而卿父子并显重，为卿所卖耳！卿为吾言，其说云何？"

这似乎坐实了吕布用戟，但仔细一想，就会发现问题。首先，董卓掷向吕布的戟是手戟，并非小说中的方天画戟，而且根据描述，这个手戟应该是董卓自己的。其次，辕门射戟的戟也没明确说是吕布的，而且很多习武之人认为这个戟不可能是吕布的，因为武将不会用箭射自己心爱的兵器。最后，砍桌子的戟是吕布的，但应该是手戟，而非方天画戟。手戟通常背在背上，因此用前需要拔，而方天画戟则不需要。

其实，关于吕布的兵器，《后汉书》和《英雄记》上有明确记载，不是戟，而是矛：

肃以戟刺之，卓衷甲不入，伤臂堕车，顾大呼曰：“吕布何在？”布曰：“有诏讨贼臣。”卓大骂曰：“庸狗敢如是邪！”布应声持矛刺卓，趣兵斩之。(《后汉书·董卓列传》)

郭汜在城北。布开城门，将兵就汜，言：“且却兵，但身决胜负。”汜、布乃独共对战，布以矛刺中汜，汜后骑遂前救汜，汜、布遂各两罢。(《英雄记》)

《三国演义》中有6人用斧，最著名的是徐晃。《三国志》中，有关于典韦用大斧的记载：

太祖征荆州，至宛，张绣迎降。太祖甚悦，延绣及其将帅，置酒高会。太祖行酒，韦持大斧立后，刃径尺，太祖所至之前，韦辄举斧目之。竟酒，绣及其将帅莫敢仰视。(《三国志·典韦传》)

如果斧背上装有枪刺，则称为钺。《三国演义》和《三国志》中多次提到“黄钺”，指饰以黄金的长钺。但黄钺并非武器，而是一种身份的象征，古为皇帝专用，或由皇帝赐给专主征伐的重臣。

除了刀、枪、剑、戟、斧这些常见兵器，还有一些稀有兵器，下面以《三国演义》中出现的略举几例：

赵弘、公孙瓒的槊

赵弘飞马突槊，直取孙坚。坚从城上飞身夺弘槊，刺弘下马；却骑弘马，飞身往来杀贼。(第2回)

正议间，吕布复引兵搦战。八路诸侯齐出。公孙瓒挥槊亲战吕布。战不数合，瓒败走。(第5回)

槊形状似矛，是骑兵用的重兵器。槊很长，不便挥舞，只能用一只手固定在一定的位置上利用马的冲击力来攻击敌人。因此，槊主要用于刺，挑、扫、削的功能稍弱。槊分为马槊、步槊、枣阳槊、狼牙槊等。历史上的公孙瓒拥有强大的铁骑，罗贯中安排他使用槊作为兵器非常恰当。

武安国、越吉的铁锤

北海太守孔融部将武安国，使铁锤飞马而出。吕布挥戟拍马来迎。战到十余合，一戟砍断安国手腕，弃锤于地而走。（第 5 回）

兴终是胆寒，抵敌不住，望涧中而逃；被越吉赶到，一铁锤打来，兴急闪过，正中马胯。那马望涧中便倒，兴落于水中。（第 94 回）

锤是一种头部呈球形的钝器，以力伤人，使用者一般力气都比较大。锤分长柄单锤、短柄双锤，从描述上看，武安国、越吉用的都是长柄单锤。

黄盖、文鸯的鞭

坚大怒，命黄盖出战。蔡瑁舞刀来迎。斗到数合，盖挥鞭打瑁正中护心镜，瑁拨回马走。（第 6 回）

鸯忽然勒回马大喝一声，直冲入魏将阵中来；钢鞭起处，纷纷落马，各各倒退。（第 110 回）

鞭有软鞭和硬鞭之分，黄盖和文鸯的鞭是铁鞭或钢鞭，都属于硬鞭。硬鞭重而无刃，与锤一样，都是以力伤人，使用者也要有力气。但鞭的末端尖锐，也可以刺杀。

甘宁的铁链

甘宁手执铁链，冒矢石而上。朱光令弓弩手齐射，甘宁拨开箭林，一链打倒朱光。（第 67 回）

以铁链作为武器的不多，除了《三国演义》中的甘宁，只有《水浒传》里的火眼狻猊邓飞。铁链有两种，一种是纯铁链，用法有点像鞭子，可叫铁链鞭；一种是在铁链的一头带一个铁球，用法类似流星锤，可叫铁链锤。甘宁的武器似乎是前者，而邓飞的武器是后者。

沙摩柯的铁蒺藜骨朵

为首乃是番王沙摩柯，生得面如噀血，碧眼突出，使一个铁蒺藜骨朵，腰带两张弓，威风抖擞。甘宁见其势大，不敢交锋，拨马而走；被沙摩柯一箭射中头颅。宁带箭而走，到于富池口，坐于大树之下而死。(第 83 回)

铁蒺藜骨朵一头装柄，一头长圆形，上面装有铁刺。蒺藜是一种植物，这种武器的柄是用蒺藜的枝干制成，“骨朵”是指棒头上面的铁刺像花骨朵。铁蒺藜骨朵是锤的变种，也可以看作加长版的狼牙棒。这种武器要求使用者有极大的力气，也许只有番王沙摩柯这样充满野性的蛮将才能驾驭。

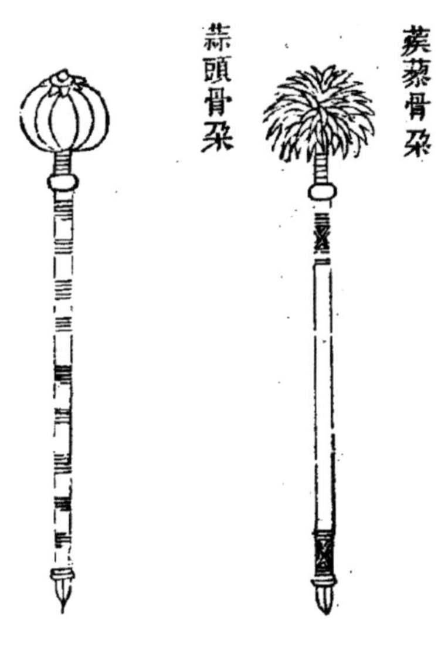

《武备志》中的蒺藜骨朵

卞喜、王双的流星锤

把关将乃并州人氏，姓卞，名喜，善使流星锤……卞喜下堂绕廊而走，关公弃剑执大刀来赶。卞喜暗取飞锤掷打关公。关公用刀隔开锤，赶将入去，一刀劈卞喜为两段。(第 27 回)

王双纵马来与张嶷交马，数合不分胜负。双诈败便走，嶷随后赶去。王平见

张嶷中计，忙叫曰：“休赶！”嶷急回马时，王双流星锤早到，正中其背。嶷伏鞍而走，双回马赶来。（第 97 回）

流星锤是一种将金属锤头系于长绳一端或两端制成的软兵器，亦属索系暗器类。流星大小锤由锤身、软索、把手三部分组成。锤身重量的大小，根据使锤者的力量大小而定。仅系一锤者，称单流星；系两个锤者，称双流星。

傅佥的四楞铁简

李鹏大怒，纵马轮刀来救。佥故意放慢，等李鹏将近，努力掷真于地，暗掣四楞铁简在手；鹏赶上举刀待砍，傅佥偷身回顾，向李鹏面门只一简，打得眼珠迸出，死于马下。（第 112 回）

“楞”通“棱”，“简”通“锏”，四楞铁简即四棱铁锏。四楞铁简与鞭类似，但横截面不是圆形，而是方棱形，也是靠力大伤人。锏后粗前细，呈方锥形。《隋唐演义》中秦琼的武器就是双锏，传说他的锏法中最后一招儿非常凶险，出手即伤人，“撒手锏”这个词也因此而得名。

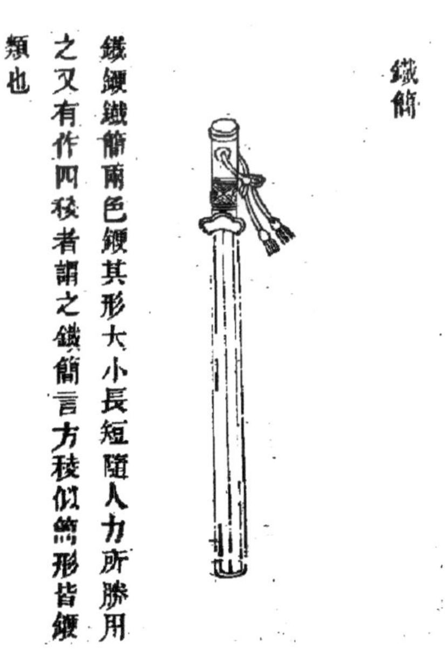

《武备志》中的铁锏

后　记

三国群英们一直承载着我的梦想，伴我一路成长。

小时候，我希望自己成为一员白马银枪的武将，在百万军中杀他个七进七出。为了圆这个梦，我写了第一本关于三国的书——《三国武将排名》。

长大后，我又希望成为一位运筹帷幄的谋士，未出茅庐而三分天下。为了圆这个梦，我写了第二本关于三国的书——《英雄的棋局——三国军事地理大势》。

现在，我意识到，武将梦和谋士梦始终只是梦，我想成为赵云、诸葛亮，但实际上我连潘凤、蒋干都不如。

再看三国故事，我更喜欢体会三国群英的传奇人生。我不再想成为他们，只希望理解他们。于是，就有了您正在读的这本书——《三国群英谱》。

《三国群英谱》一共写了 60 个人物，对于每一个三国人物，除了资料和年谱外，我还尝试对他们的能力加以量化。儒家讲做人五常：仁、义、礼、智、信；《孙子兵法》讲为将五德：智、信、仁、勇、严；现代三国游戏讲人物五维：武力、智力、统率、政治、魅力。综合考虑后，我选取了信义、勇武、智谋、统兵、理政五项能力来考察三国人物，每一项最低 1 分，最高 10 分。根据各项分数我制作了人物的五维图，信义是五维图的头部，决定人物的高度；勇武和智谋是五维图的两翼，决定人物的宽度；统兵和理政是五维图的两足，决定人物的根基。

除此之外，这本书还有十个专题，利用大数据工具从姓名、性别、寿命、籍贯、官职等方面分析《三国演义》全部 1258 个人物，得出了很多客观、有趣的结论，便于读者从整体上把握三国人物。

相信，无论是人物五维或者十个专题，都会引来巨大的争议，如果您有与我不同的看法，欢迎您在我的微信公众号“三国讲坛”上留言，每一条留言我都会认真阅读并回复的。

最后也是最重要的就是感谢了。

感谢桓大司马为这本书写序，谢谢你让我蹭你的热点。

感谢“发现中国”网站，本书人物生平图都是利用“发现中国”网站的编辑工具制作而成。

感谢我的学生赵丽雪，赵丽雪帮我挑出了这本书的很多错误。我以前只知道你代码写得很好，没想到文字工作也十分擅长，你是我见过的最细心最认真的学生，祝你以后工作顺利，生活幸福。

感谢我的朋友王来鹤，王来鹤是地理教师，也是一位诗人，祝你桃李满天下，也祝你佳作不断。

感谢我的朋友王哲，现在我们不在一个城市了，怀念我们一起讨论三国的那段时光，期待再次见到你。

感谢我的朋友张博洋，张博洋与我有两个共同的爱好——三国和NBA，期待与你煮酒、看球、品三国。

感谢我的朋友杨洋，杨洋是三国人物方面的专家，特别是对贾诩、张辽等人十分了解，这本书中很多人物的五维是杨老师给我的建议。

感谢我的编辑张彩霞，写《三国武将排名》时我们就开始合作，我是个马虎的人，张老师做我的编辑肯定十分辛苦，感谢你对我的帮助和指导。

感谢我的妻子向淑静，写这本书的时候，你几乎承担了所有的家务（其实每本书都是这样），感谢你的理解和陪伴。

感谢我的女儿赵云，你是我写书的动力，感谢上帝让你做我的女儿。

赵春阳

2019年10月10日